Antje Holtappel

Go west

Westernreiten

Antje Holtappel

Go west

Westernreiten

Für Einsteiger, Aussteiger und Umsteiger

Franckh-Kosmos

Farbfotos: Dabrock-Werbung, Heiko Schröder, Wingst
Zeichnungen: Jeanne Kloepfer, Heidelberg
Computergrafiken: Dr. Ina Dransfeld, Münster

Umschlaggestaltung von Atelier Reichert, Stuttgart, unter Verwendung eines Farbfotos von Gabriele Boiselle

Die Deutsche Bibliothek – CIP-Einheitsaufnahme

Holtappel, Antje:
Go West : Westernreiten ; für Anfänger, Aussteiger und Umsteiger / Antje Holtappel. [Farbfotos: Dabrock-Werbung, Heiko Schröder. Zeichn.: Jeanne Kloepfer]. – Stuttgart : Franckh-Kosmos, 1996
ISBN 3-440-07000-X

ISBN 3-440-07000-X
Lektorat: Sigrid Eicher
Herstellung: Heiderose Stetter
Printed in Germany / Imprimé en Allemagne
Satz: Fotosatz Janß, Pfungstadt
Druck und buchbinderische Verarbeitung: Westermann Druck Zwickau GmbH, Zwickau

Go West – Westernreiten

Einführung

Westernreiten ist eine Reitweise. Das heißt, sie funktioniert mit jedem Pferd, mit wirklich jedem. Sonst wäre es keine Reitweise, sondern etwas wie Mode – und damit letztendlich Pferdeärgerei.
Westernreiten ist eine komplexe Reitweise mit vielen Stilrichtungen und Darstellungsmöglichkeiten, in denen sie die deutsche Reitweise bei weitem übertrifft. Das allein reicht aus, um den deutschen Reiter reichlich zu verwirren. In den USA tut man sich hier viel leichter, indem man generell zwischen Western und English Style unterscheidet. Das entscheidende Kriterium ist dort die Ausrüstung. English Style ist „in“, weswegen dort viele Reiter überhaupt keine Scheu haben, während eines Turniers die Ausrüstung zu wechseln, um ihr Pferd mal Western, mal English vorzustellen. Dabei würden sich deutsche Reitausbilder die Haare raufen, wenn sie sehen müßten, was dort alles „English“ ist.
Im Gegensatz dazu reagieren US-Westerntrainer auf deutsche Westernreiter erheblich positiver – auch auf Freizeitwesternreiter ohne Turnierambitionen. Das heißt natürlich nicht, daß sie keine Ausbildungsgrundsätze hätten, aber im Gegensatz zur deutschen Reitweise verfügt die Westernreitweise eben nicht über eine einheitliche Reitlehre, die auf alle Pferde und alle Reiter gleichermaßen angewendet wird.
Gerade die Vielfalt und Offenheit des Westernreitens erschwert sicherlich manchem deutschen Neueinsteiger in diese Reitweise den Zugang zum Grundsätzlichen, vor allem, wenn er von Trainer zu Trainer zieht und feststellen muß, daß die Trainingskonzepte recht unterschiedlich sind. Er nimmt von hier die eine und von dort eine andere Übung mit, die seine Reiterei verbessern sollen, versteift sich auf das, was er behalten hat, und strickt sich den Rest selbst zurecht. Darüber vergißt er allzu schnell, was Westernreiten eigentlich ist, nämlich eine Reitweise und nicht die Erfüllung irgendwelcher Übungen.
Natürlich ist die steigende Beliebtheit der Westernreitweise auch den Fachzeitschriften und -verlagen nicht entgangen. Endlose Beiträge über Ausrüstung und Jungpferdeausbildung helfen dem Freizeitreiter, der mitten im Pferdealltag steht, gar nicht oder nur häppchenweise weiter.
Deswegen werde ich mich hüten, wieder einmal mit einem Ausbildungsplan für Jungpferde oder spaltenlangen Ausrüstungstips zu beginnen. Ich fange mittendrin an – im Alltag des Reiters und seines Pferdes.
Wer sich für die Westernreitweise interessiert, hat dafür seine Gründe. Sei es, daß der erfahrene Reiter neue Wege sucht, um sich mit seinem Pferd zu verständigen, sei es, daß der Neueinsteiger von der Romantik der Werbeplakate einer hinlänglich bekannten Zigarettenmarke träumt.
Aber Westernreiter wird man nicht von heute auf morgen. Es braucht Jahre, ja sogar Jahrzehnte – nicht anders als in der deutschen Reitweise auch. Trotzdem spricht nichts dagegen, schon morgen damit zu beginnen, ein Westernreiter zu werden.

Was ist Westernreiten überhaupt?

Ganz gleich, ob man eine Turnierkarriere anstrebt oder sich auf dem Rücken des Pferdes an Gottes schöner Natur (oder was davon übrig ist) erfreuen möchte – Westernreiten ist die selbständige Arbeit des Pferdes auf nur angedeutete, gedachte Hilfen des Reiters (das erfordert selbstverständlich eine Perfektion, die nur im Laufe von Jahrzehnten vom Reiter entwickelt werden kann. Aber beginnen kann man damit schon morgen!).
Westernreiten ist eine Gebrauchsreitweise, eine Arbeitsreitweise, die in erster Linie das Pferd dazu ausbildet, daß es selbständig arbeitet – damit der Reiter sich auf Rinder und Zäune konzentrieren kann.
Es ist eine Reitweise am losen Zügel, an einem Zügel, der nicht durch irgendeine Meterlänge, sondern durch das Vorhandensein der Null-Wirkung funktioniert.
Das gilt ebenso für die restlichen Einwirkun-

gen durch Gewicht und Schenkel, die dem Reiter zur Beeinflussung seines Pferdes zur Verfügung stehen: Er belohnt jede gewünschte Reaktion des Pferdes durch Null-Wirkung. So ist Westernreiten letztendlich eine faule Reitweise, da das perfekt ausgebildete Pferd anscheinend auf Gedankenübertragung reagiert.

Das funktioniert nur, wenn der Reiter in der Lage ist, schon nach der kleinsten Reaktion des Pferdes mit seiner Einwirkung aufzuhören. Das betrifft vor allem das Loslassen des Zügels.

Der Einstieg

Und genau damit kann man sofort anfangen.
Deswegen beginne ich mit Otto-Normal-Reiter und seinem ebenso durchschnittlichen Pferd – und nicht mit irgendwelchen Problemfällen.

Die 1. Übung: Zügel weg, Beine weg

Jeder Reiter kann für sich selbst entscheiden, ob er damit zu Beginn oder erst am Ende des Ausritts anfängt, ob im Schritt oder in einer höheren Gangart. Im Schritt hat bestimmt schon der eine oder andere bislang „alles weggestreckt", ohne dabei gleich ans Westernreiten gedacht zu haben.
Zügel weg: Den Zügel so weit verlängern, daß er durchhängt und im Takt der Gangart leicht hin- und herschaukelt (Reiter ganz großer Pferde werden hier feststellen, daß ihr deutscher Gurtzügel dafür zu kurz ist). Das Pferd spürt im Maul jetzt nur noch das Eigengewicht der Zäumung und der Zügel.
Beine weg: Kein Kontakt mehr zwischen Schenkel und Pferd, auch kein Knieschluß. Das Gewicht der Beine ruht nur noch ganz leicht in den Steigbügeln. Aber das Bein wird nicht künstlich weggestreckt, sondern ist völlig entspannt, wie es der restliche Körper des Reiters auch sein sollte, der im übrigen senkrecht, aber bequem sitzen bleibt.
Ich kenne Reiter, die im Anfang große Schwierigkeiten hatten, die Beine (die Schenkel) vom Pferdekörper zu lösen. Dabei wunderten sie sich, daß ihr Pferd immer schneller lief, als sie es eigentlich beabsichtigten, denn sie waren der festen Überzeugung, daß sie ihr Pferd nicht vorwärtstreiben. Das Pferd sah die Sache aber ganz

Ohne Schenkelkontakt!

anders. Unbewußt benutzen diese Reiter die Beine, um sich am Pferd festzuhalten, und sind deswegen nicht von gleich auf jetzt in der Lage, die Beine vom Pferd zu lösen. Solch einen Schenkelzwang kann man nur

mit festem Willen überwinden, und oft muß man sich erst von einem anderen Reiter beweisen lassen, daß das Pferd ruhig und langsam geht, wenn die Beine „weg" sind. Die Reaktion des Pferdes gibt Aufschluß darüber, was der Reiter bis heute zuviel getan hat:
1. *Verlangsamen oder Stehenbleiben* = Das Pferd ist daran gewöhnt, für jeden Tritt getrieben zu werden.
2. *Beschleunigen oder Weglaufen* = Das Pferd ist daran gewöhnt, durch Zügelzug daran gehindert zu werden.
3. *Keine Tempoveränderung* = Eine Einwirkung mit Zügel und Schenkel ist für die aktuelle Gangart und ihr Tempo nicht erforderlich (sollten diese Einwirkungen vor Beginn dieser Übung stattgefunden haben, waren sie offensichtlich überflüssig).
a) *Streckung des Halses nach vorwärts – abwärts* = Das Pferd verschafft sich Erleichterung, indem es die Hals-Rückenmuskulatur streckt.
Vom Standpunkt des Westernreitens aus ist es für den Reiter viel zu mühsam, sein Pferd ständig zum Gehen antreiben oder vor dem Weglaufen zurückhalten zu müssen, denn das Westernreiten ist eine Gebrauchsreitweise für mehr als acht Stunden täglich im Sattel. Kraftmeierei ist fehl am Platze; keiner wird in den Augen seiner Kollegen dadurch zu einem besseren Reiter, daß er ihnen vorführt, welche wilde Bestie er zu bändigen imstande ist.
Die Reaktion des Pferdes auf das Ausbleiben der Zügel- und Schenkeleinwirkung bestimmt, was der Reiter jetzt tun muß:
1. *Verlangsamen oder Stehenbleiben* – der Reiter treibt so lange, bis das Pferd wieder in der geforderten Gangart, in dem geforderten Tempo ist, und zwar genau so, wie er es (hoffentlich!) gelernt hat, nämlich taktmäßig (und wer nicht weiß, was damit gemeint ist, liest unter „Gangarten" weiter). Dann hört er damit wieder auf – Beine weg –, bis das Pferd wieder verlangsamt, um es erneut zu treiben; diesmal zu Beginn etwas energischer, um dann um so deutlicher aufzuhören. Bleibt das Pferd im geforderten Tempo, wird es mit ruhiger Stimme gelobt. Verlangsamt es daraufhin, siehe oben.

Der Reiter treibt also ab jetzt immer nur noch, wenn es nötig ist.

(Zum Treiben siehe S. 149f.)

Das Pferd lernt auf diese Weise, daß es selbständig, ohne ständige Aufforderung, gehen soll. Es wird zufriedener, weil es nicht ständig „getreten" wird, und aufmerksamer auf die treibenden Einwirkungen.
2. *Beschleunigen oder Weglaufen* – Der Reiter nimmt den Zügel wieder auf und verlangsamt mit seiner Hilfe so, wie er es bislang getan hat, sein Pferd zurück in das geforderte Tempo. Dann läßt er den Zügel fallen – Zügel weg –, bis das Pferd wieder beschleunigt, usw.
So lernt das Pferd, ein gefordertes Tempo ohne Zügel beizubehalten. Es wird zufriedener, weil der Druck im Maul aufhört, und aufmerksamer gegenüber den Zügeleinwirkungen, weil es den lästigen Druck im Maul vermeiden möchte.
3. Wenn sich das Pferd nach *vorwärts-abwärts streckt,* läßt man es gewähren. Es wird sich nach kurzer Zeit wieder ein wenig aufrichten, um in seinem natürlichen Gleichgewicht zu gehen.
Manche Pferde brauchen allerdings einige Zeit, um ihr natürliches Gleichgewicht zu finden, vor allem, wenn sie bislang ständig mit Zügeleinwirkung geritten worden sind. Je größer und langliniger das Pferd ist, um so länger kann es dauern, einfach weil mehr Körpermasse und -länge ausbalanciert werden muß.
Solange sie ihr natürliches Gleichgewicht noch nicht gefunden haben, testen sie aus, welches die bequemste Haltung für Kopf und Halt ist: Sie tragen ihn mal höher, mal tiefer, vergewissern sich, ob da nicht doch irgendwo der gewohnte Widerstand, genannt Anlehnung, zu finden ist. Daß er auf einmal fehlt, macht sie unsicher; sie wackeln mit den Ohren oder schauen sich zum Reiter um. Dann krault man ihnen den Hals und spricht ihnen lobend mit weicher Stimme zu, damit sie Zutrauen zu dieser „zügellosen" Reiterei bekommen.
Das Ergebnis vermittelt gleichzeitig ein er-

Locker am hingegebenen Zügel trabendes Pferd

stes Hochgefühl, ein Erfolgserlebnis für den Reiter: ein völlig verändertes Pferd, das seine Umwelt rechts und links anschaut und das völlig wach und aufnahmebereit ist für die Einwirkungen seines Reiters.

Voraussetzung dafür ist allerdings, daß es der Reiter nicht mit der Angst zu tun bekommt, wenn sein Pferd auf einmal lange, schwingende Tritte macht und sich im Gehen umschaut. Denn solche Angst würde sich sofort auf das Pferd übertragen und es unsicher machen, so daß es im schlimmsten Falle sein Heil in der Flucht sucht. In diesem Fall eigener Unsicherheit nimmt man die Zügel wie bislang auf, um sie wieder wegzulassen, wenn man es sich selbst zutraut. Es muß ja nicht alles am ersten Tag klappen.

Sicherlich gähnen erfahrene Wanderreiter über die Ausführungen von Zügel weg/ Beine weg, weil sie es schon immer auf ihren langen Ritten praktiziert haben. Statt dessen sollten sie sich freuen, daß sie diesen ersten Schritt in Richtung auf eine pferdefreundliche Reitweise bereits zur Selbstverständlichkeit gemacht haben. Sie sollten aber auch an die Reiter denken, für die diese erste Übung ein gewaltiger Schritt ist.

Die Angst des Reiters und das Wesen des Pferdes

Aus diesem Grunde möchte ich auch noch erst ein paar Worte über die Angst des Reiters sagen, bevor es in die nächste Übung geht.
Wir Menschen sind es gewohnt, uns durch Worte zu verständigen. Seitdem wir Worte benutzen, ist unsere körpersprachliche Verständigung verkümmert. Wir stellen wohl noch fest, daß manche Menschen ihre Rede durch Handbewegungen unterstreichen. Aber um das so richtig deuten zu können, muß man schon ein Seminar für Körpersprache besuchen. Ebenso geht es uns im Ausdruck von Gefühlen – man zeigt sie gar nicht oder nur dann, wenn die gesellschaftlichen Spielregeln sie verlangen. Jeder kann an dieser Stelle für sich einmal überlegen, wann er zuletzt seinen Gefühlen freien Lauf gelassen hat, wann er ohne Rücksicht auf Publikum herzlich gelacht, geweint oder gewütet hat, als ihm danach zumute war ...
Pferde sind doof im Vergleich zum Hund oder gar zum Menschen – oder etwa nicht? Der Maßstab, der solchen Aussagen zugrunde liegt, ist ein menschlicher. Er urteilt nämlich danach, inwieweit Hunde oder Pferde in der Lage sind, menschliche Anweisungen zu verstehen. Dabei wird das Verstehen an der Ausführung, an dem erzielten Ergebnis der Verständigung gemessen. Nach diesem Maßstab sind Pferde wirklich doof. Pferde haben keine Sprache, die aus einer unendlich kombinierbaren Lautfolge besteht wie die menschliche Sprache. Okay, sie wiehern – und das unterschiedlich: aufgeregt, erregt, ängstlich, freundlich, erfreut ... Aber im normalen, alltäglichen Umgang mit anderen Pferden, mit Menschen wiehern sie nicht – es sei denn, sie sind erregt. Aber dennoch sind sie in der Lage, sich untereinander perfekt zu verständigen. Dazu kommt noch der Umstand, daß das Pferd ein Herdentier ist. Es versteht sich selbst immer als Bestandteil von Herde, auch in der Beziehung zum Menschen. Erst wenn der Herdengedanke nicht mehr anwendbar ist, also wenn ein Pferd allein ist, denkt es als Einzelwesen. Und das ist mit Angst verbunden. Dies Gefühl völliger Einsamkeit kann sogar der Mensch nachempfinden: „... ganz allein auf der Welt, niemals mehr einen anderen Menschen sehen ...“, das macht schon in der Vorstellung Angst. Da Pferde keine Vorstellung von so etwas wie Zukunft haben und ihnen deswegen das Gefühl der Hoffnung fehlt, wird die Gegenwart zur Ewigkeit: „Was jetzt ist, wird immer so sein ... Einmal allein, ewig allein!“
Angesichts dieser Angst können einige andere Lebewesen zum Partner werden: Ziegen, Schafe, Hunde, Menschen – Hauptsache, daß sich etwas wie Herde herstellen läßt. Herde bedeutet Sicherheit und Geborgenheit. Einer paßt auf, und der Rest kann sich darauf verlassen. Ein Gesichtsausdruck, eine Körperbewegung – und der Nachbar versteht. Eine Herde handelt immer als Einheit: grasen, wandern, ruhen, fliehen ... So überträgt sich auch jedes Gefühl des einzelnen auf das Ganze.
Auch die Beziehung zum Menschen ist für das Pferd eine Herde. Hieran stellt das Pferd die gleichen Ansprüche wie an eine Pferde-Herde, nämlich Sicherheit und Geborgenheit. Und gleichermaßen überträgt sich jedes Gefühl des Menschen auf das Pferd – umgekehrt funktioniert das nicht ganz so gut, weil wir Menschen Gefühle anderer nicht so präzise wahrnehmen wie etwa Worte. Aber das Pferd empfängt die menschlichen Gefühle und Stimmungen wie wörtliche Mitteilungen – und reagiert darauf.
Angst, die Angst des Herdenpartners Mensch, wirkt auf das Fluchttier Pferd wie eine Alarmglocke: „Achtung! Es droht Gefahr!“ und es verhält sich wie ein alarmierter Mensch.

Pferde sind in ihrem Wesen so verschieden, wie es Menschen auch sind. Jedes Pferd wird nach seiner wesensmäßigen Veranlagung unterschiedlich auf Alarm reagieren. Aber eines ist allen gemeinsam: Anspannung. Und damit ist die Grundvoraussetzung für Wohlbefinden verschwunden, denn dazu braucht das Pferd Ruhe und Geborgenheit. Auf das Reiten wirkt Angst wie ein Hemmschuh: Ein ruhiges, entspanntes und konzentriertes Arbeiten ist nicht mehr möglich. Und es nützt überhaupt nichts, auf das Pferd oder sich selbst beruhigend einreden zu wollen – das Pferd läßt sich da nichts vormachen.
Nur alte, erfahrene Pferde mit starkem, ruhigem Wesen reagieren gelassen auf die Angst des Reiters, übernehmen die Chef-Position und bringen ihren Reiter sicher nach Hause. Solche Pferde sind ein Segen für ängstliche Reiter, aber leider sind sie sehr selten. Für alle anderen Pferde gilt:

Die Angst des Reiters muß weg!

Wer hier keine Hilfe durch andere Reiter, Reitlehrer oder Spezialkurse hat, muß sich selbst helfen, so gut es geht: Nur das machen, was keine Angst auslöst – und täglich ein klein wenig mehr.

Zurück zum Einstieg in die Westernreitweise!
Was hier an Neuem, Ungewohntem auf den Reiter zukommt, ist durchaus in der Lage, beim einen oder anderen Angst auszulösen – auch wenn es vielleicht nur die kleinen Ängste in Form von Unsicherheit oder Zweifel sind. An solchen Stellen soll man ruhig zum bislang Gewohnten zurückkehren und das Neue, das Reiten ohne Zügel- und Schenkelkontakt, langsam, schrittweise einüben. Jeder soviel, wie er sich zutraut. Das Pferd wird sich an diesem Zutrauen orientieren.

Die 2. Übung: Richtungsänderung

Funktioniert das Reiten ohne Zügel- und Schenkelkontakt beim Geradeausreiten, geht es jetzt um das Abbiegen nach rechts oder links, beispielsweise in einen abzweigenden Weg.
Begonnen wird damit auf dem Nachhauseweg: Bestimmt biegt das Pferd von ganz allein ab, wenn der Weg in Richtung Stall führt. Hier ist also überhaupt keine Einwirkung des Reiters nötig.
Als nächstes auf dem Weg weg vom Stall: Etwa fünf bis zehn Meter vor der Abzweigung zeigt der Reiter einfach mit ausgestrecktem Arm auf den neuen Weg – führt der beispielsweise links ab, nimmt er dafür den linken Arm.
Keine Sorge: So wird nicht immer geritten! Es ist nur eine Vorübung. Aber es funktioniert: Das Pferd biegt ab (es sei denn, geradeaus geht's nach Hause). Daß es funktioniert, liegt daran, daß sich die Körperhaltung des Reiters ändert, wenn er den Arm

Dieser Reiter will nach rechts.

ausstreckt. Sein gesamter Körper verlagert sich in unserem Beispiel nach links – ohne daß der Reiter es bewußt wahrnimmt. Aber sehen kann man es: Man stellt sich seinem Ausrittpartner mit etwa drei bis vier Metern Abstand gegenüber, so daß sich die Pferde „anschauen“, und sagt ihm, er solle auf einen Baum zeigen, der etwa fünf Meter von ihm entfernt am Wegesrand steht.
Diese Körperbewegung ist für das Pferd: „Geh nach links!“
Zurück zum Abbiegen in den Seitenweg links.
Nun stellt sich der Mitreiter im gleichen Abstand zum Seitenweg gegenüber auf; will er jetzt auch in den Weg einbiegen, geht es für ihn logischerweise rechts ab. Man zeigt seinem Mitreiter mit der gleichen Armbewegung, daß er (rechts) abbiegen soll – so, wie man einen Autofahrer einweist. Der Mitreiter tut allerdings so, als ob er nicht versteht und auch nichts hört. Man muß also die Zeichensprache verstärken, indem man mehrfach in den Weg zeigt oder winkt. Mit Sicherheit reagiert das Pferd auf diese „Turnerei“, indem es nach links abwendet, auch wenn es deswegen nicht gleich in den Weg einbiegt, weil ja kein Hinweis zum Weitergehen erfolgt ist.
Wozu diese Vorübungen, wenn man doch nur ganz einfach abbiegen will? Es reicht doch, wenn man am linken Zügel zieht?!
Und genau das reicht eben nicht, wenn man auf längere Sicht auf den Zügel als Abbiegehilfe verzichten will. Denn beim Ziehen am Zügel biegt sich der Körper des Reiters in die falsche Richtung (dazu später mehr). Das liegt daran, daß der Zügel nach rückwärts gezogen wird. Das Pferd versteht zwar den Zügelzug und geht auf Veranlassung einer treibenden Hilfe auch dahin, wohin es soll – aber ohne Zügel geht auf diese Weise gar nichts mehr.
Deswegen wird ab heute der Zügel anders

Zum Abbiegen genügt ein Blick.

benutzt (wenn man ihn überhaupt braucht), wenn das Pferd abbiegen, also in einer Kurve gehen soll: nämlich genauso, wie man dem Pferd oder seinem Mitreiter in der Vorübung gezeigt hat, daß abgebogen werden soll.
Beim Abbiegen nach links nimmt man den linken Zügel auf und zeigt (mit dem Zügel in der Hand) nach links auf den Seitenweg. So wirkt der Zügel nicht mehr rückwärts, sondern seitwärts auf das Pferdemaul. Daraufhin hebt das Pferd den Kopf und schaut, wohin die Zügelhand zeigt. Ein treibender Impuls mit dem rechten Schenkel dazu – und das Pferd biegt ab (mehr zur Zügelführung findet sich im Anhang).
Je schneller das Pferd läuft, desto kürzer und höher nimmt man den Zügel auf; im gestreckten Galopp ist er dann etwa noch halb so lang wie der Pferdehals und in Höhe der Pferdeohren. Diese Einwirkung wird von jedem Pferd verstanden, ganz gleich, wie gut oder schlecht, wie deutsch oder Western es geritten worden ist.
Ab heute kann man in jeder Abzweigung, die der geplante Ausritt beinhaltet, trainieren, wieviel, besser gesagt, wie wenig Zügel-, Schenkel- und Körpereinwirkung nötig ist, damit das Pferd abbiegt. Es dauert gar nicht lange, und ein Blick genügt.
Die dritte Übung – das Anhalten – erfordert es, daß wir vorerst das Gelände verlassen, oder zumindest den Sattel. Denn jetzt soll das Pferd nicht nur auf eine veränderte, aus Pferdesicht verbesserte Einwirkung das tun, was es bislang schon für den Reiter getan hat (nämlich vorwärtsgehen und abwenden), sondern jetzt soll es eine ganz neue Sache lernen, die es in die Lage versetzt, aus jeder Geschwindigkeit weich und problemlos anzuhalten – und das am Ende sogar ohne Zügeleinwirkung! Das beginnt zu Fuß mit sogenannter Arbeit an der Hand.

Wie das Pferd lernt

Aber bevor wir damit anfangen, möchte ich erst etwas darüber sagen, wie ein Pferd lernt. Eigentlich ist das gar nichts Besonderes, denn ich behaupte, daß ein Pferd aus den gleichen Gründen und auf die gleiche Art und Weise lernt wie der Mensch. Aber wer erinnert sich noch daran, wie er als Kind mit dem Lernen begonnen hat?
Damit wären wir wieder einmal bei einer Vorübung: Jeder Reiter versucht, sich an erste Lernerlebnisse zu erinnern, schreibt sie auf und tauscht sie im Idealfall mit anderen Menschen/Reitern aus. Sicherlich ist es noch vergleichsweise einfach, die menschliche Lernerfahrung, daß eine Flamme schmerzhaft heiß ist, auf das Lernen des Pferdes zu übertragen. Aber auch das menschliche Lernen geht über das Entwickeln eines Vermeidungsverhaltens weit hinaus. Wie war das, als das Schreiben, das Einmaleins gelernt werden sollte?
Mit Sicherheit ist die Liste der schlechten Erfahrungen viel länger als die der guten. also sind die schlechten Erfahrungen besser im Gedächtnis haften geblieben als die guten. Entsprechend ist die Anzahl der Menschen größer, die die Schule und die Lehrer gehaßt haben, größer als die derjenigen, die gern zur Schule gegangen sind.
Erstens läßt sich die Tatsache, daß schlechte Erfahrungen besser im Gedächtnis haften bleiben als gute, in gleicher Weise auf die Pferde übertragen – wobei man sich zusätzlich vor Augen führen muß, daß die Gedächtnisleistungen des Pferdes offensichtlich die des Menschen bei weitem übersteigen.
Zweitens neigt der Mensch dazu, seine Erfahrungen mit einer Bewertung weiterzugeben. Menschen, die schlechte Erfahrungen mit dem Lernen gemacht haben, gehen also davon aus, daß Lernen immer mit schlechten Erfahrungen verbunden ist. Als Beispiel: Wer beim Lernen des Einmaleins geschlagen worden ist, weil er es nicht sofort konnte, wird auch sein Kind, sein Pferd schlagen, wenn es etwas nicht sofort begreift. Erst wenn man erkannt hat, daß Lernen durch Lob beschleunigt und durch Strafe blockiert wird, kommt man aus dieser Zwangsläufigkeit heraus. Da diese wenigen Sätze den Erfahrungsschatz eines ganzen Lebens nicht aufheben können, müssen jetzt alle Reiter, die Lernen als etwas Schreckliches ansehen, versuchen, sich an positive Lernerfahrungen zu erinnern: an Lob, Anerkennung, Bewunderung ... an das damit verbundene Glücksgefühl!

Was unter Druck (in Form von Schlägen = physisch; in Form von Beschimpfungen = psychisch) gelernt werden muß, verursacht Angst; was durch Lob bestärkt gelernt wird, löst Freude aus.

Knallhart: Wer dieses Glücksgefühl, diese Freude über etwas Gelerntes nicht in sich finden kann, kann es auch nicht weitervermitteln. Der schafft nur unglückliche Pferde – Problempferde. Dem hilft nur Therapie – oder ein Reitlehrer, der in der Lage ist, Erfolgserlebnisse in der Arbeit mit dem Pferd (nicht an dem Pferd) zu verschaffen.
Das Pferd möchte lernen. Daraufhin hat es der Mensch seit über 4000 Jahren ausgewählt, domestiziert. Das Pferd ist so viel stärker als der Mensch. Wenn es wollte, könnte es spielend leicht den Menschen loswerden. Aber selbst wenn es der Mensch dem Pferd noch so schwermacht, es paßt sich an; nicht aus Angst oder Ehrfurcht vor der Intelligenz des Menschen, sondern weil es sich anpassen will. So lernwütige Schüler kann sich kein Schullehrer vorstellen.
Dann ist mein Pferd ein Sonderfall! werden jetzt viele Reiter sagen.

Das Pferd weiß nichts von unseren Bewertungen von gut oder schlecht, weil sie sich von seinen unterscheiden. So lernt es in menschlichen Augen wild drauf los, unterscheidet für sich selbst aber sehr wohl: nämlich in Lust oder Unlust. Und diese Gefühle werden durch seinen Reiter gesteuert. Wer also selbst keine Lust am Lernen hat, wird auch unlustige Pferde reiten. Wer sich an den Leistungen seines Pferdes erfreut, wird entsprechend freudige Pferde reiten.
Aus der eigenen Erfahrung weiß jeder, daß man nur von dem eine Lehre annimmt, dem man glaubt, den man respektiert. So wird der Hochschulprofessor die Weisung des Automechanikers befolgen, wenn es um das Auto geht. So wird das Pferd die Anweisungen des Reiters befolgen, wenn es um das Reiten geht. Voraussetzung ist allerdings, daß der eine dem anderen glaubt, daß der seine Sache versteht – daß er ihn respektiert. Das Pferd muß den Reiter also ernst nehmen können, um Lehre anzunehmen. Es wird demnach auch lernen, wenn es vor seinem Reiter vor Angst zittert. Aber es wird nichts lernen, wenn es seinen Reiter für eine Art „Lekkerli-Tüte" hält, die man nur richtig knuffen muß, damit die Lekkerlis kommen.
Sicherlich möchte kein Freizeitreiter, daß Freund Pferd vor ihm angstschlotternd zittert. Entsprechend sind die meisten Freizeitpferde viel zu frech, nehmen ihren Menschen nicht so richtig ernst, sind eben respektlos. Je frecher sie sind, desto mehr Härte braucht es, damit sie lernen, ihren Reiter zu respektieren.
Härte ist nicht gleichbedeutend mit Strafe. Härte wird eingesetzt, um den reiterlichen Willen während einer Leistung durchzusetzen, Strafe direkt im Anschluß an eine unerwünschte Leistung.
Aber in jedem Fall wird das Pferd sofort im Anschluß gelobt, weil es dem Reiterwillen folgt. Einfaches Beispiel: Das Pferd tritt dem Reiter auf den Fuß. Als Strafe tritt der Reiter dem Pferd auf den Kronrand oder kneift es in den Hals. Das Pferd zieht seinen Huf zurück und wird dafür gelobt: „Brav!" Das Pferd merkt sich: „Nicht drauftreten" ist brav!

Vom Loben, Strafen und Korrigieren

Pferde lernen wie Kinder.
Im folgenden Beispiel krakelt die kleine Susi voller Eifer mit einer dicken Wachsmalkreide Kopffüßler auf ein Stück Papier. Der Vater kommt dazu und fragt: „Was malst du denn da Schönes?" „Papa!" antwortet Susi und schaut erwartungsvoll in sein Gesicht. „Das ist dir aber gut gelungen! Schenkst du mir das Bild?" - Susi wird ihm noch viele weitere Bilder malen.
Jetzt lassen wir dies Gespräch eine andere Richtung einschlagen:
„Was machst du denn da?" fragt der Vater mit kritischem Unterton „Papa!" „Das ist ja ganz fürchterlich!" Susi wird nie wieder malen.
Manchen Reitern scheint es schwerzufallen, ihr Pferd zu loben, vermutlich weil sie selbst kaum gelobt werden. Traditionsbetonte Westernreiter tun sich damit besonders schwer. Sie sehen im Loslassen der Zügel und im Stehen- und Ausruhenlassen des Pferdes Belohnung genug. Der moderne Western-Hochleistungssportler hat jedoch längst erkannt, daß Klopfen, Kraulen oder ein gutes Wort die Pferde schneller lernen und besser arbeiten läßt: „Das Pferd weiß vielleicht gar nicht, was ich von ihm will. Durch Lob erfährt es, daß es etwas richtig gemacht hat." Loben schafft Freude. Das kann jeder am eigenen Leib erfahren. Der Gelobte öffnet sich, weil er mehr davon

haben möchte. Gleichzeitig öffnen sich alle Lernkanäle. Angst dagegen verschließt und verkrampft. Zuviel Lob kann es nicht geben, höchstens Lob an der falschen Stelle: Das Pferd sollte eigentlich stehenbleiben, und man lobt es, während es weiterläuft. Lobende Einwirkungen auf das Pferd sind alle Maßnahmen, die ihm eine angenehme Stimmung verschaffen: Klopfen, Kraulen, gute Worte, positive Gedanken des Reiters.

Der Einsatz von Lekkerlis dagegen ist nicht ganz ungefährlich. Schnell sieht das Pferd im Menschen eine wandelnde Lekkerli-Tüte. Besonders verfressene Typen wundern sich erst hinterher über den ungewohnten Beigeschmack: „Oh, war da noch ein Kind an der Möhre?!" Das schafft manchen Fall für die Haftpflichtversicherung des Pferdes. Ich kenne Westernreiter, die es deswegen grundsätzlich ablehnen, ihr Pferd aus der Hand zu füttern. Andererseits kann ein Lekkerli über manche Unannehmlichkeit hinweghelfen. Wenn sich eines meiner Pferde beispielsweise verletzt hat, ist die Wundbehandlung überhaupt kein Problem. Für ein Lekkerli ertragen sie dabei selbst große Schmerzen ganz gelassen.

Im vorangegangenen Abschnitt habe ich den Begriff der Strafe gebraucht (man tritt dem Pferd auf den Kronrand des Hufes, den es einem auf den Fuß gestellt hat). Eine solche Reaktion stellt für mich allerdings keine Strafe dar, sondern eine Korrektur. Das Pferd zieht den Huf zurück und wird dafür gelobt, auch wenn's einem – noch schmerzgeplagt – schwerfällt. Eine Strafe wäre beispielsweise ein Schlag gegen den Pferdekopf. Solch einen Unsinn sollte man sich tunlichst verkneifen, denn man treibt den Teufel mit Belzebub aus. Das Pferd kann daraus nichts Positives lernen und wird zudem noch kopfscheu.

Ich möchte das Wort „Strafe" aus dem Wortschatz aller Erzieher streichen, ganz gleich, ob sie mit Menschen oder Tieren zu tun haben. Ich möchte es durch „Korrektur" (berichtigen = etwas richtig machen) ersetzen. Das fördert die Nachdenklichkeit der Reiter: Was muß ich tun, damit mein Pferd versteht, was es falsch gemacht hat? Daß ein Pferd dem Menschen auf den Fuß tritt, ist immer falsch; daß ein Pferd in die falsche Richtung läuft, ist immer ein Fehler des Reiters.

Ein Beispiel für eine sinnvolle Korrektur findet sich auf S. 26: Wie man dafür sorgt, daß ein Pferd stillsteht.

Den Befürwortern der Prügelstrafe für Pferde wünsche ich, daß sie möglichst bald an ein Pferd geraten, das sie, nachdem sie sich den Arm lahm geprügelt haben, gelassen fragt: „Bist du endlich fertig damit? Dann mach' ich jetzt da weiter, wo ich vorhin von dir unterbrochen worden bin." So coole Typen gibt es, vor allem unter den Ponys. Denn leider geht kaum ein Pferd mit Hufen und Zähnen auf seinen Peiniger los. Und leider sind die Pferde der brutalen Reiter artiger und handlicher als die Frechlinge der freundschaftsuchenden, sanften Reiter.

Das Pferd soll den Menschen respektieren, aber nicht fürchten.

Mit diesem Wissen geht's jetzt an die Arbeit an der Hand.

Die 3. Übung: Das Anhalten

An dieser Stelle arbeiten wir auch zum erstenmal mit einer anderen Ausrüstung: Sinnvoll ist ein Halfter mit Kette (ich verwende sie unter dem Kinn des Pferdes; über die Nase ist aber auch möglich) oder ein Sidepull (in Deutschland auch Lindell genannt; ein gebißloser Zaum, der wie ein Halfter mit Stirnband und Kehlriemen aussieht, dessen Nasenband allerdings aus steifem Nylonseil gemacht ist, mit Ringen an den Seiten, in die man den Zügel einhängt – siehe Abbildung Seite 139). Die Wahl der Ausrüstung richtet sich nach dem Pferd: Für einen gut mitarbeitenden Araber reicht vielleicht schon ein schmales Lederhalfter ohne Kette; ein rotzfrecher Haflinger kann sogar das Halfter mit Kette über der Nase als Witz auffassen – womit ich nicht gesagt haben will, daß alle Araber gut mitarbeiten und alle Haflinger rotzfrech sind! Auf jeden Fall reichen das alltägliche Stallhalfter und die bislang verwendete Reitzäumung nicht aus, weil das Pferd darauf nicht genügend sensibel reagiert.

Jetzt wird gearbeitet. Das Pferd lernt das Anhalten.

Doch bevor es anhalten kann, muß es sich erst einmal bewegen.

Das richtige Führen

Wer mit Kette arbeitet, faßt den dicken, dreieckigen Wirbel so, daß Daumen und Zeigefinger in Richtung Pferdekopf zeigen. Auf keinen Fall einen Finger in den Wirbel stekken! Verletzungsgefahr! Das lose Ende wird in die linke Hand genommen.

Man stellt sich etwa auf Halsmitte des Pfer-

Halfter, Kette unter dem Kinn

Halfter, Kette über der Nase

Oben: So hält man die Führleine.

Unten: Gute Kontrolle beim Führen

des neben ihm auf, schaut in seine Richtung, streckt den Führarm leicht nach vorn, fordert das Pferd durch ein Schnalzen oder „Komm!" zum Gehen auf, zählt im Geiste „eins, zwei" (so lange braucht das Pferd, um die Aufforderung zu verarbeiten) und geht mit immer noch leicht ausgestrecktem Arm los. Wenn das Pferd mitgeht, lobt man es mit einem tief gesprochenen „Ja!".
Wenn das Pferd stehenbleibt, spürt es einen Ruck und wird beim zweiten Versuch folgen, um den Ruck zu vermeiden. Nun soll das Pferd am losen Führzügel neben dem Reiter gehen, ohne zu drängen oder zu ziehen und ohne den Reiter zu knuffen oder zu schubsen. Das hat es sehr schnell heraus, da es für jede Abweichung sich selbst bestraft, indem die Kette drückt.
Eine Ausnahme stellt nur das Schubsen oder Knuffen des Reiters dar, der so etwas mit einem kneifenden Drehen der Halshaut beantwortet, denn diese Reaktion kennt das Pferd von seinen Artgenossen, die es ebenso beißen, wenn es ihnen zu nahe kommt. Das Schlagen sollte sich der Reiter zumindest im Bereich Pferdekopf/-hals völlig abgewöhnen. Das Pferd versteht zwar die Bedeutung, antwortet allerdings mit jähem Hoch- oder Beiseitereißen des Kopfes – so erzieht man sich zwangsläufig ein gefährlich kopfscheues Pferd.
Solange das Pferd neben dem Reiter geht, lobt dieser es mit tiefer Stimme; das Vermeiden des Kettendrucks tut ein übriges. Jetzt ist das Pferd gut vorbereitet, um anzuhalten. Sicher, es würde ausreichen, wenn man so lange an der Kette ruckt, bis das Pferd stehenbleibt. Davon lernt es aber nicht, auf die Dauer nur auf den körpersprachlichen Hinweis seines Reiters hin anzuhalten. Da wir aber auf die Dauer anstreben, daß das Pferd auf einen Hinweis, später sogar auf einen Gedanken reagiert, müssen wir es jetzt darauf entsprechend vorbereiten.
Zum Anhalten sagt der Reiter ein „magisches" Wort. Das kann „Halt", „Whoa" oder sonstwie lauten; entscheidend ist jedoch, daß es sich um ein Wort handelt, das man bislang noch nicht verwendet hat, das man gut ausatmend sprechen kann und das man ab jetzt immer zum Anhalten gebraucht. Es ist für das Pferd sehr wichtig, daß dieses neue Wort folgende Botschaften enthält:

Das Anhalten

1. Keinen Schritt weiter.
2. Weich anhalten.
3. Anhalten bedeutet Pause, Ausruhen, Entspannung.

Deswegen ist das Wort als solches unbedeutend; entscheidend sind seine ruhigen Laute und die Art des Aussprechens. So empfängt das Pferd die Botschaft, die der Reiter ihm vermitteln will. Wenn man also ein solches Wort ausatmend langgezogen spricht, vermittelt es dem Pferd Ruhe, im Gegensatz zu einem kurz gesprochenen Befehl. Für besonders nervöse oder unaufmerksame Pferde empfiehlt es sich deswegen, eine „Vorwarnung" zu äußern, damit sie besser vorbereitet sind: „Und ... haaalt!", „Watch it ... whoaa!" oder ähnlich. Sobald das Wort zu Ende gesprochen ist, muß das Pferd stehen, zur Not hilft die Kette als Unterstützung.
Gleichzeitig macht der Reiter dem Pferd die Bewegung des Anhaltens vor, indem er selbst deutlich abbremst. Die richtige Bewegung dazu übt man am besten erst ohne Pferd: in vollem Tempo loslaufen und plötzlich anhalten, denn genau das ist es ja, was das Pferd lernen soll. Es soll in die Lage versetzt werden, aus jeder Geschwindigkeit spielend anzuhalten. Das ist übrigens das größte Geschenk, das ein Reiter seinem Pferd machen kann.
Warum das so ist, erklärt der folgende Ausflug in Psychologie und Physiologie des Pferdes.

Der Stop, das größte Geschenk des Reiters an sein Pferd

Man beobachte ein Pferd auf der Weide, das erschrickt, beispielsweise vor einem Hund. Es reißt den Kopf hoch und gewinnt in einem kurzen, abgehackten Galopp Abstand. Den Kopf reißt es hoch, um sich während der Flucht umschauen zu können. Es wechselt den Galopp, wenn es den Hals in die andere Richtung dreht. Es läuft weg und schaut sich gleichzeitig um, weil es feststellen will, wovor es wegläuft, weil es überlegen muß, ob es wirklich weglaufen soll oder ob es dafür keinen Grund gibt – oder ob es besser zum Angriff übergeht (das Pferd ist nämlich durchaus kein absolutes Fluchttier). Wenn es sich zur Flucht entschließt, läuft es zunächst in der beschriebenen Weise weiter. Die hochaufgerichtete Haltung ermöglicht es ihm, jederzeit Richtung und Geschwindigkeit zu ändern.

Erst wenn es sich wirklich bedroht fühlt, legt es an Tempo zu. Dafür muß es seinen Körper strecken: Kopf und Hals in die Waagerechte, die Vorderbeine greifen weit vor, und die Hinterbeine arbeiten wie ein Schwungrad. Sie holen weit aus, um ebenso weit unter den Körper untersetzen zu können, um ihn förmlich vorwärts zu schleudern. Dabei verlagert sich der Schwerpunkt des Pferdekörpers jedesmal extrem nach vorn, wenn die Hinterbeine Schwung holen. Ist erst einmal Renngeschwindigkeit erreicht, wird es dem Pferd durch den vorverlagerten Schwerpunkt fast unmöglich anzuhalten. Die Flucht wird zur Panik; aus dem Gefühl, nicht mehr anhalten zu können, entwickelt sich Todesangst – denn: Wer stürzt, wird gefressen. Das ist ein Überlebensinstinkt aus einer Zeit, als das Pferd noch nicht domestiziert war, und Instinkte haben mit Vernunft nichts zu tun.

Nun sind unsere Pferde durchaus in der Lage, aus einem Renngalopp auf der Weide anzuhalten. Beobachten Sie Ihr Pferd dabei! Wenn es beim Anhalten die Beine nach vorne wirft, ca. 30 cm kleiner wird und rutschend anhält, verfügt es über ein gutes natürliches Gleichgewicht. Stoppt es dagegen mit steifen Vorderbeinen und aufgerichtetem Hals, fehlt ihm diese natürliche Voraussetzung (siehe Abbildung Seite 66).

Das ist weiter kein Drama, und Ihr Pferd ist deswegen nicht weniger wert. Aber beim Kauf sollte man schon auf ein gutes natürliches Gleichgewicht achten; es äußert sich auch in der Beherrschung eines flüssigen fliegenden Galoppwechsels ohne Kreuzgalopp. Solche Pferde haben auch unterm Sattel kaum Gleichgewichtsprobleme, was dem Ausbilder sehr viel Arbeit erspart.

Beim Reiten ändert sich vieles für das Pferd. Nicht nur, daß es sich dem Reiterwillen fügen soll, sondern vor allen Dingen muß der Reiter als schwankendes (physikalisch ausgedrückt: labiles) Gewicht auf dem Pferderücken ausbalanciert werden. Dieses Schwanken verstärkt im Galopp die Schwerpunktverlagerung des Pferdes nach vorne, vor allem dann, wenn der Reiter noch nicht in der Lage ist, die Galoppbewegung des Pferdes auszubalancieren.

Auf diese Weise stellt sich schnell die Urangst vor dem Nicht-anhalten-Können ein, und das Pferd geht durch.

Aber selbst wenn es nicht so weit kommt, entstehen immer wieder unschöne Situationen mit holprigen, harten Bremsbewegungen, wenn das Pferd aus dem Galopp anhalten soll. Im weichen Stop der Westernreitweise erfährt das Pferd die Überwindung dieser instinktiven Todesangst, weil es mit der Beherrschung dieses Stops weiß, daß es allein aus jeder Geschwindigkeit problemlos anhalten kann – ***das größte Geschenk eines Reiters an sein Pferd!***

Zurück zur Praxis: Wenn das Pferd auf Kommando und die Körperbewegung des Reiters neben ihm anhält, verlangt man von ihm, daß es das Anhalten mit einem Tritt rückwärts beendet. Dafür hält man den Zug des Führseils so lange aufrecht, bis das Pferd rückwärts ausweicht.
So erreicht man, daß das Pferd mit seinem ganzen Körper und nicht nur mit der Vorhand anhält, daß es mehr und mehr die Hinterhand dazu einsetzt. Denn die Hinterhand läßt sich durch Lendenwirbel, Hüft-, Knie-, Sprung- und Fesselgelenk wie eine Ziehharmonika zusammendrücken. Die Vorhand ist dazu kaum in der Lage. Das Zusammenziehen und Strecken der Hinterhand wird durch Muskeln und Sehnen erreicht. Sie kann man dafür trainieren, das heißt, kräftigen. Eine gleiche Leistung von der Vorhand zu verlangen würde ihren frühzeitigen Verschleiß bedeuten.

Als nächstes verzögert man die Einwirkung der Kette, indem man zunächst nur das Kommando sagt und selbst die haltende Körperbewegung macht (im Geiste „eins, zwei, drei!" zählt) und erst dann am Führseil zieht. Damit hat das Pferd die Chance, ohne den unangenehmen Zug der Kette anzuhalten. Und da die Pferde ja lernen möchten, werden sie diese Chance sofort nutzen, wenn sie sie erkannt haben. Das dauert je nach Lerngeschwindigkeit des Pferdes unterschiedlich lange. Die einen halten sofort ohne Kette, wenn sie den Zeitabstand zwischen Kommando/Körperbewegung des Reiters und dem Kettendruck bemerkt haben; andere brauchen etwas länger. Damit das Pferd Zeit zum Nachdenken hat, macht man nach jedem Haltemanöver eine kleine Pause und wartet, bis das Pferd tief durchgeatmet hat.
Nun dehnt man den Tritt rückwärts zu einem richtigen Rückwärtsgehen aus und läßt das Pferd entweder pausieren oder gleich aus dem Rückwärtsgehen wieder vorwärtsgehen – im Schritt oder im Trab.

Rückwärts gedrehte Position des Führers zum Pferd

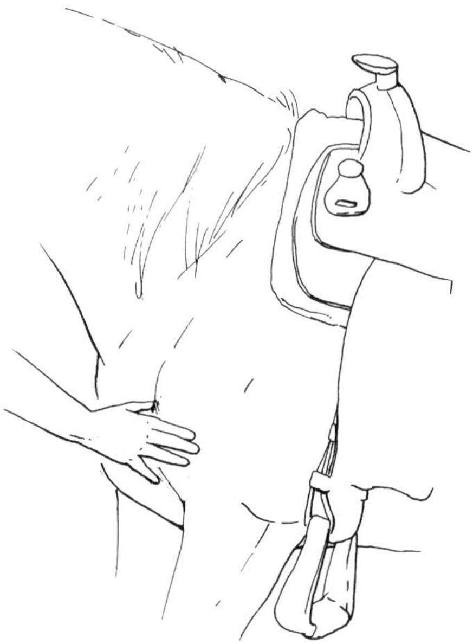

Daumendruck gegen das Buggelenk erleichtert das Rückwärtsgehen des Pferdes.

Das Rückwärtsgehen erreicht man, indem man sich umdreht (und zur Hinterhand des Pferdes schaut), dazu ein Kommando gibt (Zuuuurück oder Back up oder ...) und so lange an der Kette zieht, bis das Pferd mit der Rückwärtsbewegung beginnt.
In diesem Augenblick muß der Kettendruck sofort aufhören, damit das Pferd weiß, daß es sich richtig bewegt, nämlich rückwärts. Das Pferd erfährt auf diese Weise, daß es von dem lästigen Druck weggehen kann, wenn es rückwärts geht. Hört es damit auf und bleibt stehen, setzen Kommando und Kette wieder ein, um aufzuhören, wenn es sich weiterbewegt, nämlich rückwärts.
Soll das Pferd vorwärts gehen, dreht der Reiter sich um und schaut in die gleiche Richtung wie das Pferd, also vorwärts. Kommando, Körperbewegung – und das Pferd geht mit.
Zum Schluß kann man diese Übung mit Tempo machen, das heißt vorwärts und rückwärts schneller werden.

Pausen nicht vergessen! Sonst wird das Pferd sauer!

In der richtigen Dosierung aus Anfordern, Lob und Pause entwickelt das Pferd schnell Lerneifer und Reaktionsgeschwindigkeit – ohne daß man noch am Führseil ziehen muß.
Diese Übung des Anhaltens ist übrigens auch ein hervorragendes Mittel, um Pferde in aufregender Umgebung (beispielsweise bei Veranstaltungen) zu konzentrieren und auf diese Weise zu beruhigen. Voraussetzung ist allerdings, daß die Pferde sie vom Training daheim bereits kennen, damit sie innere Ruhe in einem gewohnten Bewegungsablauf finden können.
Wenn das Pferd nicht stillstehen will, macht man ihm das Nicht-Stillstehen unangenehm: Man longiert es in kleinen Kreisen am Führseil um sich herum. Dabei ist es besonders wichtig, daß man immer hinter der Schulter des Pferdes bleibt.

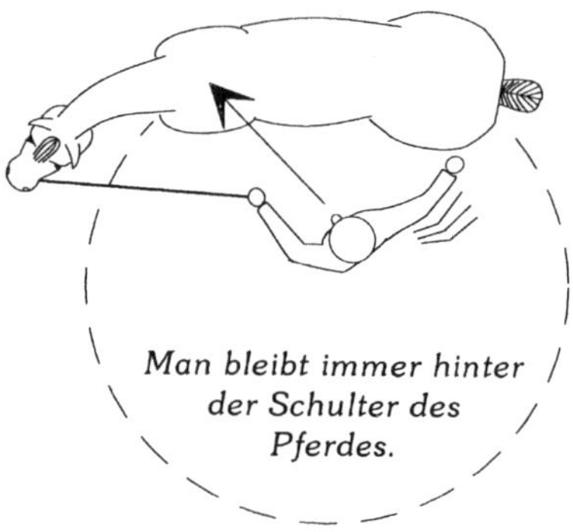

Position beim Longieren auf kleinem Kreis

Sonst longiert das Pferd sehr schnell seinen Menschen oder entzieht sich nach rückwärts. Antreiben kann man es durch einen Klaps mit der flachen Hand oder mit dem Ende des Führseils auf die Kruppe; dabei beobachtet man sein Ohrenspiel. Nur wenn es daraufhin die Ohren anlegt, muß man damit rechnen, daß es versuchen wird, nach dem Menschen zu schlagen, sonst nicht. Pferde können nicht lügen; sie zeigen alles mit den Ohren an.
Man läßt das Pferd so lange in kleinen Kreisen um sich herumtraben, bis es dieses anstrengenden Spiels müde wird und signali-

Tritt man einen Schritt nach vorn, hält das Pferd an.

siert, daß es viel lieber stehenbleiben würde. Dann läßt man es anhalten, indem man mit einem deutlichen Schritt vor seine Schulter tritt. Bleibt es ruhig stehen, lobt man es. Nutzt es die Pause, um weiter herumzuzappeln, beginnt die Übung von vorn.

Ganz gleich, wie lange die Zappelei dauert, der Reiter bleibt ruhig, noch besser: fröhlich! Sonst merken schlaue Pferde, daß sie ihren Reiter damit ärgern können – und hören erst recht nicht auf. Auf dieselbe Weise lernt das Pferd, auch beim Aufsteigen stillzustehen und abzuwarten.

Wenn das Pferd gelernt hat, an der Hand anzuhalten, steigt der Reiter wieder in den Sattel. Hier tut er nun genau dasselbe wie zuvor bei der Arbeit an der Hand, nur daß er nicht mehr selbst läuft. Ansonsten bleibt der gesamte Einwirkungsablauf gleich:

Im Schritt nimmt der Reiter die Zügel auf, ohne daß Zug auf das Maul ausgeübt wird. Dazu nimmt er die Hände etwa bis zur Mitte des Pferdehalses vor, um hier den Zügel zu verkürzen, aber immer noch nicht wirken zu lassen. Dann setzt er sich schwer in den Sattel, gibt ein paar Meter weiter das Stimmkommando (dasselbe wie bei der Arbeit an der Hand) und nimmt den Zügel langsam an, so daß Druck im Pferdemaul

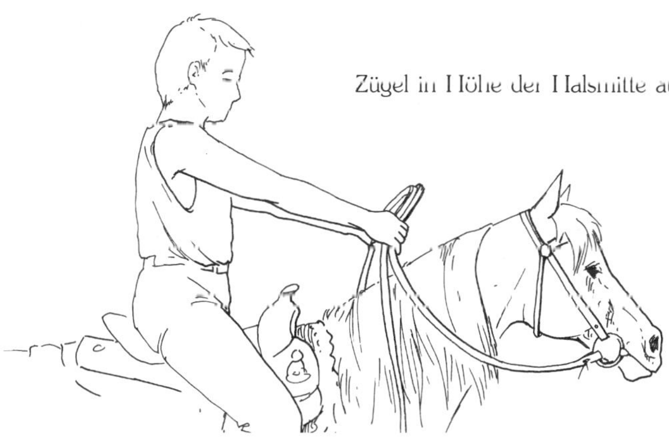

Zügel in Höhe der Halsmitte aufnehmen.

Schwer hinsetzen

entsteht. Dieser Druck wird so lange verstärkt, bis das Pferd mit einem Tritt rückwärts anhält. Im selben Augenblick läßt der Reiter die Zügel aus den Händen fallen, als hätte er sich daran verbrannt, und lobt das Pferd mit tiefem „Jaaa" (oder ähnlich).
Dann erhält das Pferd eine Denkpause, bis es tief durchatmet. Läuft das Pferd danach einfach los, wiederholt man den Vorgang so lange, bis es stillsteht. Der Zügeldruck wird deswegen bis zu einer Bewegung des Pferdes nach rückwärts aufrechterhalten, damit das Pferd ihn bis in die Hinterhufe durchläßt. Denn es soll ja lernen, kraftschonend auf der Hinterhand anzuhalten.
Diese Bewegung nach rückwärts wird ab jetzt immer vom Pferd verlangt, beim Reiten und an der Hand, eben bei jedem Anhalten. Damit lernt das Pferd, daß es jede Zügeleinwirkung – auch die in der Fortbewegung – sofort bis in die Hinterhand durchläßt und daß es fortan keine Anlehnung am Gebiß mehr erhält (siehe Abbildung Seite 67). Das funktioniert natürlich nur, wenn der Reiter das sofortige Loslassen nicht vergißt. Ansonsten ist die alte Gewohnheit des Pferdes, gegen das Gebiß zu drücken, sofort wieder da. Wer ein wirklich gut Western ausgebildetes

Pferd erwirbt oder es sich selbst in der Zukunft ausbildet, kann auf die Bewegung nach rückwärts in jedem Anhaltevorgang verzichten, weil solche Pferde der Zügeleinwirkung ohnehin sofort ausweichen – tun sie es nicht, liegt unter Umständen ein anderes Ausbildungsinteresse vor. Diese Pferde nehmen als Antwort auf den Zügeldruck die Nase in die Senkrechte. Das kann bei Plea-

Rechts, von oben nach unten:
Pferdekopf mit durchhängendem Zügel

Pferdekopf mit nicht mehr durchhängendem Zügel = Druckpunkt

Pferdekopf mit voll anstehendem Zügel

Unten:
Das Pferd weicht dem Zügeldruck nach rückwärts aus.

sure- und Trailpferden der Fall sein. Aber auch bei solchen Pferden sollte man von Zeit zu Zeit das Anhalten mit dieser Bewegung nach rückwärts beenden, damit die Feinheit der Reaktion erhalten bleibt.
Nun gibt es Pferde, die sich bereits gegen diese zarte Form des Anhaltens wehren. Entweder haben sie sehr schlechte Erfahrungen mit der Reiterhand gemacht und haben jetzt Angst vor dem Schmerz, oder sie sind aufgrund von Steifheiten überhaupt nicht in der Lage, den Druck im Maul bis in den Hinterhuf durchzulassen. Ihre Reiter finden Hilfe im Kapitel „Direkte Biegung".
Erste Abhilfe kann bereits die Wahl eines anderen, besser passenden Gebisses schaffen.

Wie stark soll der Zügeldruck sein?

Diese Frage erwischt den Reiter bei seiner bisherigen Benutzung des Zügels: blitzschnell und knallhart ran, um dann zu spät loszulassen. Ab jetzt wird das anders: Der Zügeldruck wird langsam aufgebaut. Zunächst fühlt sich der Reiter ganz vorsichtig an das Pferdemaul heran. Dazu nimmt man den Zügel so langsam auf, daß man förmlich die Zunge des Pferdes unter dem Trensengebiß spürt. Hier liegt der Beginn des Drukkes. Diesen Punkt muß der Reiter so lange erfühlen, bis er ihm in Fleisch und Blut übergegangen ist, bis er selbst den Schmerz spürt, den er auf das Pferdemaul ausübt – und das auch bei fremden Pferden!
Fassen Sie sich mit dem Finger selbst auf das geschlossene Augenlid – diese Druckstärke ist gemeint!
Nun ist das Pferd, mit dem man hier den Einstieg in die Westernreitweise unternimmt, ja kein bereits ausgebildetes Westernpferd, das auf diesen Druck hin bereits rückwärts saust. Das eigene Pferd, bislang anders geritten, ist ganz andere Druckgewichte im Maul gewöhnt. Man kann es also nicht von heute auf morgen auf eine derartig feine Zügeleinwirkung umstellen, weil es sie aus der anerzogenen Gewohnheit heraus nicht verstehen wird. Dennoch hat auch dieses Pferd ein Recht darauf, daß der Reiter den Zügeldruck entsprechend langsam aufbaut, damit es die Gelegenheit erhält zu reagieren, wenn die Schmerzgrenze überschritten wird.
In Zukunft wird man das Pferd also nicht mehr mit der Aufforderung zum Anhalten überfallen, sondern dies Manöver bereits mehrere Meter davor vorbereiten (siehe oben). Dabei wird man im Anfang eine Menge Kraft aufwenden müssen, bis das Pferd auf die Einwirkung zum Anhalten mit einem Tritt rückwärts antwortet. Diese Kraftmenge verdeutlicht dem Reiter, auf wieviel Druck er sein Pferd bislang eingestellt hat.

Wieviel Kraft ist nötig?

So viel, daß das Pferd einen Tritt rückwärts ausweicht.
Um überhaupt herausfinden zu können, wieviel Kraft notwendig ist, muß man den Druck ganz langsam aufbauen. Das erfordert vor allem Geduld und Langmut und Sensibilität vom Reiter. Vor allem empfindliche und intelligente Pferde reagieren auf zuviel Druck mit massivem Gegendruck. Könnte der Reiter seinem Pferd dabei ins Gesicht sehen, würde er erschrecken: Das Auge des Pferdes ist leer ... Pferde verfügen über eine Eigenschaft, von der die meisten von uns beim Zahnarzt träumen: sie können „den Kopp zumachen", ihr Bewußtsein und damit das Empfinden des Schmerzes abschalten.
Das bringt den Reiter hier jedoch in eine fatale Situation. Er zieht sich die Seele aus dem Leib – und nichts passiert! Man muß also genau die Druckmenge herausfinden, die dem Pferd lästig ist, die es aber nicht dazu veranlaßt, geistig zu verschwinden. Das ist eine Forderung an die Sensibilität des

Reiters. Den lästigen Druck so lange aufrechtzuerhalten, bis das Pferd nach rückwärts weicht, fordert die Geduld und die Hartnäckigkeit des Reiters heraus.
Es ist das Gefühl, das die Pferde aufgeben läßt, das Gefühl, daß der Reiter hartnäckiger ist als sie selbst. Deswegen trägt die innere Einstellung des Reiters ganz entscheidend zu seinem Erfolg bei: ein fröhliches „Du kannst machen, was du willst, liebes Pferdchen, ich laß' nicht locker, bis ich meinen Willen habe!" Das darauf folgende Nachgeben des Pferdes würde ein Mensch in gleicher Situation so zum Ausdruck bringen: „Okay, du hast recht, und ich hab' meine Ruhe!" Eine innere Unsicherheit oder gar Verzweiflung wird das Pferd in seinem Widerstand bestärken. Darin liegt das Geheimnis, warum manche Menschen mit keinem Pferd Probleme haben und andere auf jedem Pferd scheitern.
Zurück zum Zügeldruck:
Der Reiter muß seinem Pferd jetzt ein Angebot machen, das es bislang noch nicht gekannt hat:

1. Es muß an dem Punkt anhalten, den der Reiter ihm vorschreibt.
2. Es hat die Gelegenheit, selbst zu entscheiden, wann ihm der Zügeldruck zuviel wird, indem es nach rückwärts ausweicht.
3. Im selben Augenblick läßt der Reiter die Zügel aus den Händen fallen, als hätte er sich daran verbrannt.

Wer bei dieser Umstellung bereits mit wenig Druck auskommt, kann sich selbst ein dickes Lob für weiche Zügelführung aussprechen. Ein Trost für alle, die mehr Druck brauchen: So geht es fast allen Reitern.
Auf diese Weise wird der Zügel ab jetzt immer eingesetzt, ganz gleich ob man anhalten oder – demnächst – sein Pferd biegen will.

Wie soll der Reiter zum Anhalten einsitzen?

Die einen werden es deutsch versuchen – mit angespannt durchgedrücktem Kreuz –, die anderen in Anlehnung an Westernfilme, indem sie den Oberkörper möglichst weit zurückwerfen. Beides funktioniert nicht, weil es das Pferd nicht verstehen kann. Der Reiter muß dem Pferd die richtige Bewegung des Anhaltens vormachen: mit rundem Rücken weich in den Sattel sacken. Aber Achtung! **Nicht die Schultern, sondern das Becken rundmachen!** Dabei hängen die Beine lose herunter, berühren das Pferd nicht, halten sich nicht mit dem Knie oder dem Schenkel fest. Dabei ist es gar nicht so entscheidend, daß der Reiter voll im Sattel einsitzt. Entscheidend ist das Vormachen des runden Rückens. Denn das Pferd soll lernen, den Rücken zum Anhalten aufzuwölben, damit es mit der Hinterhand weit unter seinen Schwerpunkt treten kann, um so weich und ohne Kraftaufwand anhalten zu können. Entsprechend darf der Reiter auch keine Kraft aufwenden, um in den Sattel einzusitzen (siehe Abbildung Seite 28).
Das muß man üben. Es braucht erfahrungsgemäß etwa ein halbes Jahr, bis man diesen Bewegungsablauf beherrscht, weitere drei Jahre, bis man in der Lage ist, einen perfekten, weichen Sliding Stop ohne Zügeleinwirkung zu reiten. Man sollte sich also durch anfängliche Mißerfolge nicht entmutigen lassen.

Welche Zäumung ist richtig?

Diese Frage stellt sich spätestens dann dem Reiter, wenn er feststellen muß, daß sein Pferd all seine Anhalte-Bemühungen ignoriert und anhält, wann es will. Aber auch

derjenige, der ordentlich Kraft aufwenden muß, um sein Pferd von dieser neuen Art des Anhaltens zu überzeugen, denkt schnell an ein schärferes Gebiß.
Bevor ich jetzt Zäumungen empfehle, möchte ich doch jedem Reiter noch einmal ganz klar vor Augen führen, daß es nicht „der blöde Bock“ ist, der einfach nicht anhalten will. Es ist der Reiter, der sein Pferd durch seine bisherige Reitpraxis daran gewöhnt hat, einen derartig massiven Druck im Maul als normal aufzufassen. Das sollte zu denken geben!
Eigentlich gibt es gar keine hartmäuligen Pferde! Je schwerer sie gegen das Gebiß drücken, desto mehr Gewicht haben sie auf die Vorhand verlagert. Ein gut die Hinterhand untersetzendes Pferd ist immer ganz weich im Maul. Es ist klar, daß Pferde, die anhalten, wann sie wollen, eine erhebliche Gefahr für sich selbst, den Reiter und die Umgebung darstellen. So muß man bei Pferden, die in der Trense nicht anhalten wollen, zwangsläufig zu mächtigeren Zäumungen greifen, um sie davon zu überzeugen, daß der Reiter es ernst meint. In solchen Fällen ist eine Kandare angebracht, und zwar eine Westernkandare mit gebogenen Anzügen (das ist der untere Teil der Kandare) (siehe Anhang Seite 139f.).

Eine neue Zäumung ist immer auch ein neuer Anfang. Wer also mit der Anwendung einer neuen Zäumung nicht auch seine Reiterhand verbessert, wird sehr schnell beim alten Zustand wieder angelangt sein.

Das heißt, eine neue, schärfere Zäumung funktioniert nur durch Loslassen, wie überhaupt jede Zäumung; also den Druck langsam aufbauen und blitzartig loslassen!

Halten am durchhängenden Zügel

Nachdem das Pferd gelernt hat, jedes Anhalten mit einer Bewegung nach rückwärts zu beantworten, läßt der Reiter den zeitlichen Abstand zwischen dem Einsitzen, dem gleichzeitigen Aussprechen seines Haltewortes und dem Anziehen der Zügel größer werden. Er sitzt also ein, sagt sein „Zauberwort“ und wartet, während er die Zügel mit einer Hand auf den Widerrist des Pferdes drückt. Während des Einsitzens zählt er „21, 22, 23“. Hat das Pferd dann immer noch nicht angehalten, zieht er es mit Zügeldruck genau zwei Tritte rückwärts, lobt es, läßt es ein wenig stehen und beginnt von vorn. So lange, bis das Pferd auf sein Einsitzen und sein „Zauberwort“ anhält und nicht mehr wartet, bis der Reiter die Zügel benutzt.
Bei der Korrektur des Pferdes nach rückwärts ist es besonders wichtig, daß der Reiter seine Schenkel nicht benutzt. Er darf sie im Gegenteil leicht nach vorn in die Bügel strecken, um so seinem Einsitzen Nachdruck zu verleihen. Ein übertriebenes Einsitzen macht die unachtsamen Pferde eher darauf aufmerksam, daß ab heute nicht mehr gelassen gewartet wird, bis der Reiter zum Anhalten am Zügel zieht. Das bis heute anders gerittene Pferd besteht nur allzu gern auf die Einwirkung des Zügels. Solange es nichts an Druck im Maul spürt, meint es nämlich, nicht aufpassen zu müssen: „Mein Reiter zieht am Zügel, wenn ich anhalten soll. So lange kann ich getrost meinen eigenen Gedanken nachgehen!“
Junge Pferde lernen beim Anreiten innerhalb von Minuten, auf das Einsitzen des Reiters als Hinweis zum Anhalten hin zu stoppen. Ältere Pferde bestehen manchmal hartnäckig auf den Zügelzug und halten ohne ihn nicht an. Als Reiter, der gewohnt ist, daß sein Pferd auf sein Einsitzen hin anhält, hat man dann das Gefühl, diese Pferde zeigen einem einen Vogel. Sie wissen genau, was man von ihnen erwartet, aber

sie denken überhaupt nicht daran, von ihren Gewohnheiten abzuweichen.
Da helfen nur Geduld und Hartnäckigkeit: Man läßt das Pferd immer wieder dem Zügeldruck zwei Tritte nach rückwärts ausweichen. Dazu nimmt man den Oberkörper gut zurück, damit das Pferd dabei die Hinterhand unter den Körper setzen muß. Das ist körperlich anstrengend für das Pferd, anstrengender, als auf das Einsitzen des Reiters zu achten, also anstrengender, als endlich aufzupassen.

Man macht dem Pferd das Nicht-Anhalten-Wollen unbequem. Bequemer ist es aufzupassen.

Auf diese Weise wird auch das hartnäckigste Pferd Einsicht gewinnen – und sich freuen, wenn es für sein Anhalten ohne Zügel belohnt wird. Sobald dieser hartnäckige Vertreter seiner Art einmal ohne Zügel angehalten ist, hat er für diesen Tag Feierabend – und damit genügend Zeit, bis zum nächsten Tag über das Erfahrene nachzudenken. Am nächsten Tag kann er's garantiert – wenn nur sein Reiter davon überzeugt ist und den Zügel auf dem Hals läßt.
Warum soll der Zügel auf dem Hals liegen bleiben?
Erstens verstehen die Pferde von der Zügeleinwirkung weit mehr als ihre Reiter. Sie reagieren bereits auf ein noch so leichtes Anheben der Zügel, während der Reiter glaubt, den Zügel überhaupt nicht benutzt zu haben. Zweitens neigt der Mensch sehr stark zu unbewußten Körperbewegungen. Dazu gehört, daß er die Zügelhand zum Anhalten gebraucht, auch wenn er selbst der festen Überzeugung ist, es nicht getan zu haben. Erst das bewußte Fixieren der Zügelhand auf dem Pferdehals kann ihn vom Gegenteil überzeugen, wenn er nun bemerkt, daß er den Hautkontakt zum Pferd verloren hat. Den Zügel zum Anhalten nicht zu bewegen – dazu muß man sich ernsthaft zwingen! Das Fixieren der Zügelhand auf dem Pferdehals ist eine gute Hilfe dabei.

Gymnastik fürs Pferd: Western Basics

Reining-Philosophie: Trainieren und Genießen

Reining-Pferde müssen heutzutage am deutlich losen Zügel geshowt werden, um sich vorn plazieren zu können. Wer es sich erlauben kann, zeigt deswegen sein Pferd mit Zügeln, die so lang durchhängen, daß auch beim Aufnehmen des Zügels kein Druck auf das Maul des Pferdes ausgeübt werden kann. Diese Pferde sind so fein abgestimmt, daß sie schon auf die Bewegung des Zügelleders am Hals reagieren. Zu Hause werden sie zwischendurch ganz ohne Kopfstück geritten, um die Realität dieser zügellosen Reiterei überprüfen zu können.

Das bedeutet für das tägliche Reiten eine Unterscheidung zwischen Reiten = Genießen und Trainieren = Gymnastizieren. Einige Reiter werden hier sicherlich stutzen. „Trainieren" bedeutet im amerikanischen Sprachgebrauch, der vom Westernreiter gern einfach so übernommen wird, nicht „Konditionsaufbau", sondern Ausbildung,

Reining: Schneller Galoppzirkel.

Schulung. Das wird am Ausdruck „Manager-Training" besonders anschaulich: Dort üben die Manager alles andere als Dauerlauf!

Das Pferd wird in den vorgeschriebenen Elementen des Reining völlig in Ruhe gelassen. Die Qualität des jeweils gerittenen Elements gibt dann dem Reiter Aufschluß darüber, was geübt, das heißt trainiert werden muß. Als Beispiel: Der Reiter läßt das Pferd aus dem Galopp stoppen, ohne die Zügelhand

... Sliding Stop

vom Mähnenkamm des Pferdes zu nehmen. Im Stop ist das Pferd in der Vorhand steif und steckt sie mehrfach hart in den Boden, anstatt mit den Vorderbeinen weich weiterzulaufen. Anstatt jetzt weitere Stops zu versuchen, arbeitet der Reiter an der fehlenden Flexibilität des Pferdes. Er biegt es, macht es weich und nachgiebig – und erst wenn er dieses Ziel erreicht hat, versucht er einen erneuten Stop – ohne Zügel.
Grundsatz dieser Philosophie ist es, das Pferd so zu trainieren, daß es nicht nur körperlich in der Lage ist, ein Manöver auszuführen, sondern daß es auch Lust dazu bekommt, daß es nie sauer wird.

Ein Pferd muß stoppen wollen, wenn man es stoppen lassen will.

... rasanter Spin

Ein Pferd muß unter das Gewicht des Reiters treten wollen, wenn es auf dem Zirkel galoppieren soll. Solange es lieber die Reitbahn verlassen möchte, hat der Reiter ein Problem – und das muß „trainiert“ werden. Im Training wird der Zügel benutzt, immer nur einer, auch wenn beide angenommen werden. Beim Reiten = Genießen hängt der Zügel unbenutzt durch – so lange, bis wieder „trainiert“ werden muß.
Trainiert wird nicht das gewünschte Manöver, sondern der Weg dahin. Der besteht aus den gymnastizierenden Übungen, die das Pferd körperlich und geistig vorbereiten. Das Manöver ist und bleibt der Prüfstein erfolgreichen Trainings, aber so werden die Pferde niemals sauer.

Trainieren – das ist Gymnastik, immer und immer wieder, ein ganzes Pferdeleben lang!

Die Ausbildung macht's, nicht die Rasse!

Warum das Pferd das mitmacht

Pferde sind Bewegungsfanatiker. Körperbeherrschung bis zur Perfektion garantiert das Überleben. Denn erstens drückt sich das Pferd durch Bewegung aus – das ist vergleichbar mit einem Sprachtraining für Menschen –, zweitens ist das Pferd immer noch ein Gefangener seiner Urängste: Wer seine Bewegungen nicht beherrscht, wird ein Opfer des Wolfes.
Deswegen lassen sich Pferde genauso willig und arbeitswütig auf ein Training ein wie Ballettänzer oder Hochleistungsathleten, auch wenn sicherlich mancher Reiter dabei die Grenzen des Tierschutzes überschreitet.
Das Pferd wehrt sich nicht deshalb nicht, weil es zu doof ist, sondern weil es die Perfektion sucht.
Es wehrt sich erst dann, wenn die geforderten Übungen seine Körperkräfte übersteigen, wenn es nicht tun kann, was es tun soll.
Für mich ist es immer wieder spannend zu beobachten, wie ein Pferd versucht, seinen Reiter zu verbessern. Einige wenige Pferde sind darin gnadenlos, indem sie jeden Fehler des Reiters quittieren. Solche Pferde gelten dann entweder als dickschädelig oder als übersensibel. Auf jeden Fall ist es eine gewaltige reiterliche Herausforderung, es diesen Pferden recht zu machen.
Wer als Reiter einem solchen Pferd machtlos gegenübersteht, ist auf die Hilfe eines Pferdemenschen angewiesen.
Ich sage absichtlich „Pferdemenschen“ und nicht Berufsreiter, Profi oder Reitlehrer, was nicht heißen soll, daß all diese keine „Pferdemenschen“ sind. Es soll nur heißen: Wer hier nur Prügel anzubieten hat, eignet sich nicht, sondern nur derjenige, der in der Lage ist, das betreffende Pferd ordentlich zu reiten. Sicherlich besteht die Gefahr der Erkenntnis, daß der Reiter den Anforderungen seines Pferdes nicht genügt. Entweder ist ihm zu helfen, oder die Wege von Pferd und Mensch müssen sich trennen.
Zum Glück sind solche Pferde erfahrungsgemäß sehr selten.

Die direkte Biegung

Pferde, die aufgrund schlechter Erfahrungen oder Steifheiten nicht in der Lage sind, den Druck im Maul bis in den Hinterhuf durchzulassen, brauchen eine vorbereitende Übung: die direkte Biegung.
Das ist die Basisübung der Westernreitweise überhaupt, nicht nur für das Pferd, sondern auch für den Reiter. Deswegen sollten auch die Reiter „braver“ Pferde diesen Abschnitt lesen und anwenden.
Das Pferd übt hierbei, dem seitlichen Zügelzug nachzugeben und dabei den inneren Hinterhuf unter seinen Schwerpunkt zu setzen. Es wird elastisch in der Wirbelsäule, das heißt, in Hals und Rücken, und so wird sein Gleichgewicht unter dem Reiter immer besser. Es lernt, einem Hauch von Zügel nachzugeben, übt das Durchlassen jeder Zügeleinwirkung bis in den gleichseitigen Hinterhuf und konzentriert sich auf den Reiter statt auf die Umgebung.

Der Reiter lernt gleichzeitig, daß er sein Pferd richtig lenkt, indem er es endlich nicht mehr irgendwohin zieht; er lernt, den Zügel nach dem Ziehen auch wieder loszulassen, passend zur Pferdebewegung zu sitzen, und hauchfeinen Zügeldruck. Außerdem lassen sich nur aus der direkten Biegung viele Bewegungsabläufe des Westernpferdes entwikkeln, wenn man sie pferdegerecht aufbauen will.

Direkte Biegung – was ist das und wie geht das?

In der direkten Biegung lernt das Pferd, dem einseitigen seitlichen Zügelzug nachzugeben und seiner Nase nachzulaufen. Da dies nicht seinem natürlichen Bewegungsablauf entspricht (siehe Seite 47 und 79), muß es das wirklich erst lernen.

Und so wird's gemacht: Im Schritt (Beine weg, Zügel weg) zieht der Reiter an einem Zügel seitwärts. Das Pferd folgt, indem es mit der Nase dem Gebißdruck auf der Außenseite des Maules nachgibt und so der Reiterhand folgt. In diesem Moment gibt der Reiter die Zügelhand vor, so daß der Zügel durchhängt und das Pferd sich wieder strekken kann. Kurz bevor der Pferdehals wieder ganz gerade ist, zieht man den Zügel wieder an. Das Pferd weicht dem Gebißdruck auf der Außenseite des Maules aus usw.

Direkte Biegung: Von der Seite ...

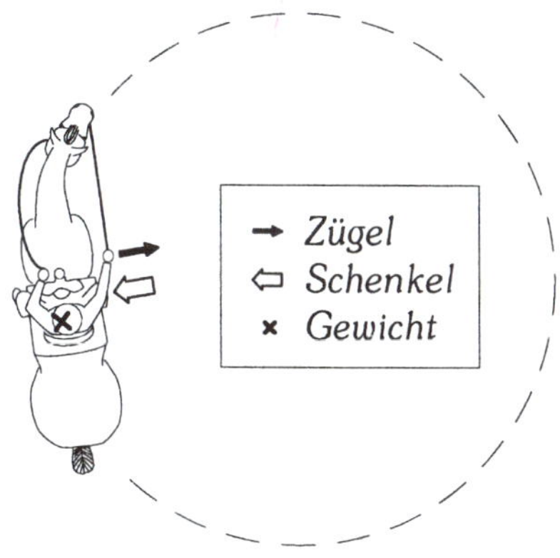

... von oben mit Voltenlinie

Das wäre alles völlig einfach, wenn der Reiter seitwärts und rückwärts unterscheiden könnte. Aber die Erfahrung zeigt, daß fast alle Reiter dazu neigen, die Hand nach hinten zu ziehen, wenn sie zum erstenmal mit dieser Übung konfrontiert werden. Überprüfen Sie sich selbst: Die Reiterhand gehört grundsätzlich vor das Sattelhorn – sie ist doch wohl nicht hinter Ihrem Knie?! Und seitwärts bedeutet auch: weg vom Pferdehals, also etwa 50 cm Abstand davon. Das geht am einfachsten, wenn man den Ellenbogen nach oben nimmt. Dann weist die Handkante auf eine gedachte Kreismitte, um die man sich mit seinem Pferd in dieser Übung bewegt. Dazu drückt man den inneren Schenkel direkt hinter den Sattelgurt. Mit dieser Armbewegung kann man den Zügel sogar vorwärts-seitwärts ziehen, so daß das Pferd überhaupt keinen Druck auf den Laden verspürt, sondern nur auf den äußeren Maulwinkel. Weil es diesem Druck mit einer seitlichen Kopfbewegung nach einwärts nachgeben kann, wird es auch willig folgen.

Was passiert, falls der Reiter den Zügel zwar richtig seitwärts führt, aber nicht sofort losläßt, wenn das Pferd den Kopf herumnimmt? Es wird sich lustlos auf den Zügel legen, mit schräggelegtem Kopf, einer Hal-

Deutlich seitwärts weisende Hand des Reiters

Fehler bei direkter Biegung: rückwärts ziehen! Das Pferd verwirft sich.

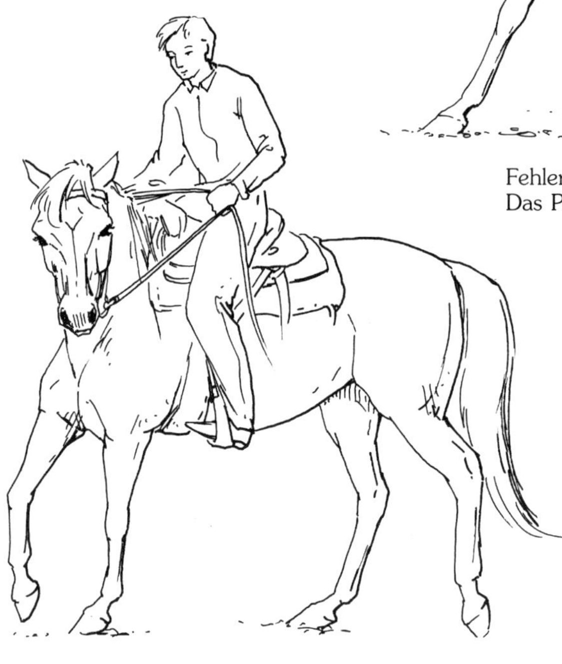

Fehler bei direkter Biegung: seitwärts ziehend ohne innen treibenden Schenkel. Das Pferd fällt auf die innere Schulter.

Rückwärtsziehen: Das Pferd verwirft sich und weicht mit der Hinterhand aus.

Rückwärtsziehen

tung, die man als Verlehnen oder Verwerfen bezeichnet und die unerwünscht ist, weil das Pferd dabei nur den Kopf herumnimmt, im Hals aber steif bleibt. In dieser Haltung lernt es, sich der reiterlichen Einwirkung zu entziehen, indem es nur den Kopf schief legt, ansonsten aber stur geradeaus weiterläuft – oder aber mit der Hinterhand aus der Wendung heraus dreht, so daß daraus eine Drehung um die Mitte oder die Vorhand des Pferdes wird. Läßt der Reiter aber jedesmal den Zügel durchhängen, wenn das Pferd auf den Seitwärtszug des Zügels nachgibt, wird es immer elastischer im Hals und wird auf immer weniger Zügeldruck nachgeben, denn das Durchhängen des Zügels, die Nullwirkung der Zäumung, ist seine Belohnung und die Bestätigung, alles richtig gemacht zu haben. Das zusätzliche Lob des Reiters wird diese Erkenntnis unterstützen.

Wie soll der Reiter in der direkten Biegung sitzen?

Wenn er die Zügelhand richtig führt (Ellenbogen aufwärts, Handrucken nach außen weisend), wird sich sein Körper dadurch automatisch in die Bewegungsrichtung des Pferdes ziehen (denken Sie an die Abbiegeübung ohne Zügel im Gelände!). Zieht er dagegen die Hand rückwärts, veranlaßt er das Pferd, mit der Hinterhand auszuweichen, so daß es sich wie eine Flasche um die Mittelachse dreht. Das ist jedoch nicht erwünscht, da ein Westernpferd sich immer um die Hinterhand drehen soll.

Um jedes Ausfallen der Hinterhand zu vermeiden, nimmt der Reiter den inneren Schenkel – das ist der gleichseitige zur seitwärts ziehenden Zügelhand – direkt an den Sattelgurt. Liegt er weiter hinten, wird ihn das noch steife Pferd gern als Hinweis verstehen, die Hinterhand nach außen wegzudrehen. Ansonsten sitzt er senkrecht und verlagert seinen Oberkörper auf keinen Fall seitlich. Nicht lehnen!

Sollte das Pferd in dieser Übung lostraben, läßt man es gewähren und hebt einfach nur den (inneren) Zügel an: je schneller, desto höher. Das verhindert, daß das Pferd in der höheren Gangart auf die innere Schulter fällt (daß es „so unheimlich schräg" wird). Gleichzeitig wirkt dieser hohe Zügel auf den Maulwinkel des Pferdes, so daß es keine Gelegenheit hat, mit dem Unterkiefer gegen die Hand zu drücken und dadurch wieder sein Gewicht auf die innere Schulter zu bringen. Es wird merken, daß es im Schritt einfacher geht, und von selbst aufhören.

Die direkte Biegung wird besser nur im Schritt geritten, für die höheren Gangarten und weiter fortgeschrittene Pferde verwendet man die Einwärtsstellung auf der Volte (siehe Seite 78f.).

Direkte Biegung und Klassische Hackamore

Für die Gewöhnung des Pferdes an die ganz eigenartig wirkende, faszinierende Zäumung auf Klassische Hackamore ist die direkte Biegung die erste Übung schlechthin.

Die Klassiche Hackamore ist eine Zupf- und keine Ziehzäumung und wirkt erstens durch leichte Anschläge gegen die Wangen des

Pferdes und zweitens durch Bewegung des Nasenteils auf den Nasenrücken des Pferdes. Dem soll das Pferd ausweichen.
Während sich auch ein untrainiertes Pferd leicht mit der Trense seitwärts lenken läßt, ist ihm das Ausweichen (= Nachgeben) vor den leichten Anschlägen auf seiner äußeren Wange noch lange nicht verständlich. Andererseits ist das Pferd in dieser Region seines Kopfes besonders empfindsam, wodurch es sich bei richtiger Anwendung der Klassischen Hackamore (zupfend, nie ziehend!) auf ganz feine Einwirkungen abstimmen läßt. Das macht für mich die Faszination dieser Zäumung aus.
Das seitliche Nachgeben auf die Hackamore lernt das Pferd am leichtesten in der direkten Biegung – und in den Wendungen gegen den Zaun (siehe Seite 43f.).
Dabei kann der Reiter den Lernprozeß des Pferdes noch durch Kraulen mit der freien äußeren Hand auf der Innenseite des Halses vor dem Widerrist unterstützen. Das haben die Pferde nämlich sehr gern und entspannen sich wohlig.
Auch alle weiteren biegenden Übungen werden in der Klassischen Hackamore zunächst immer mit ein paar Tritten in der direkten Biegung eingeleitet – bis das Pferd bereits auf das Anheben eines Zügels den Kopf in Richtung dieses Zügels stellt.
Für das Hackamore-Pferd folgen alle weiteren Übungen erst, wenn die direkte Biegung perfekt sitzt.
Noch ein Wort zum Abschluß der direkten Biegung:

Körperliches und geistiges Nachgeben

Geistiges Nachgeben ist für das Pferd mit körperlichem Nachgeben gleichbedeutend, da es sich unter Pferden mit Körpersprache verständigt. Das Gehen in der direkten Biegung entspricht einer Untergebenheitsgebärde gegenüber dem Ranghöheren, denn das Darbieten des Genicks durch seitliches Abwenden des Kopfes signalisiert im Hengstkampf das Unterliegen, das Anerkennen der ranghöheren Position des Gegners. Diese Gebärde ist mit dem Darbieten der Kehle im Wolfskampf vergleichbar. Es signalisiert dem Stärkeren nicht nur seinen Sieg, sondern auch, den Gegner nicht weiter zu bekämpfen. Unter Pferden wird danach der Verlierer mit grimmiger Mimik und einigen Bissen von der Herde vertrieben. Aber das Pferd kennt keine Tötungsabsicht im Kampf. Der Verlierer soll nur verschwinden, danach ist der Kampf zu Ende.*
Für den Reiter bedeutet dies: Man kann einem Boß-Pferd, also einem, das in jeder Herde sofort die Führung übernimmt und deswegen auch die reiterliche Überlegenheit in Frage stellt, mit der direkten Biegung jederzeit seine Überlegenheit beweisen. Es bedeutet aber auch, daß er es auf keinen Fall weiter drangsalieren darf, wenn es durch Abwenden des Kopfes seine Untergebenheit gegenüber dem Reiter signalisiert, da er sonst das Verhaltensmuster des Pferdes nicht einhalten würde und um so schlimmere Abwehrreaktionen befürchten müßte. Wer hier wütend überreagiert, erzieht unter Umständen einen Verbrecher.
Ich bin davon überzeugt, daß sich das uns kräftemäßig bei weitem überlegene Pferd nur deshalb von uns reiten läßt, weil es sich auf unsere Überlegenheit verlassen möchte. In der Herde ordnet es sich gern unter, weil es sich damit auf die Wachsamkeit und Aggressivität des Boß-Pferdes gegenüber Pferdefressern verlassen kann. Boß-Pferde,

* Dieses Wort steht nicht im Duden. Viele Westernreiter benutzen es trotzdem, weil es den Sinn gut verdeutlicht, aber nicht so „sklavisch“ klingt wie beispielsweise „Unterwürfigkeit“.

sowohl Leithengste als auch Leitstuten, stehen dauernd unter Wachsamkeitsstreß, weil sie für die ganze Herde verantwortlich sind, während der Rest geruhsam schlafen oder fressen kann. Und diesen Streß gibt das Pferd nur zu gern an einen Ranghöheren ab – er muß es aber zuvor von diesem Rang überzeugt haben.

In der Beziehung Mensch – Pferd erwartet das Pferd die Übernahme der Boß-Position durch den Menschen. Es trägt ihn willig auf seinem Rücken überallhin, wenn es nur weiß, daß es sich auf seine Weitsicht, Wachsamkeit und Aggressivität gegenüber Pferdefressern verlassen kann.

Boß-Pferde werden diese Position des Menschen schon einmal in Frage stellen, allerdings nur in der Absicht, daß der Mensch ihnen den Beweis für seine tatsächliche Überlegenheit liefert. Denn selbst diese Pferde fasziniert etwas am Menschen, sonst würden sie ihn wie einen unterlegenen Rivalen vertreiben. Und so stellen sie ihn auf die Probe, warten ab, wie er reagiert, und stellen daran fest, ob dieser Mensch sich als Boß eignet oder nicht. Ihre Reaktion ist ganz einfach: Entweder sie ordnen sich unter und signalisieren dies durch seitliches Abwenden des Kopfes – oder sie werfen ihn ab. Deswegen sollte man es sich als Reiter vorher ganz genau überlegen, ob man sich mit solch einem Boß-Pferd einläßt oder nicht. Übrigens löscht auch eine Kastration ein derartiges Verhalten nicht. Solche Wallache setzen sich auch in der Herde problemlos gegen jeden Hengst durch, und sie erwarten vom Menschen, daß er ihnen totale Überlegenheit zeigt – nicht nur körperlich, sondern vor allem geistig. Dann sind sie jedoch im wahren Sinne des Wortes treu, weil sie sich fremden Menschen gegenüber nur dann gefügig zeigen, wenn diese noch „besser“ sind als ihr eigener Mensch.

Das bedeutet für den Menschen allerdings auch eine ungeheure Verantwortung für ein solches Pferd, die man sich als Reiter genau überlegen sollte, bevor man sich mit ihm einläßt. Während die Masse der Herde andere Reiter ebenso akzeptiert, ist die Beziehung zu einem Boß-Pferd einem Eheversprechen gleichzusetzen.

Dies möchte ich allen Reitern nahelegen, die von einem „feurigen Hengst“, der ebenso ein Wallach sein kann, träumen. Solch ein Pferd kann man nur an ganz wenige Reiter weiterverkaufen, wenn man selbst nicht mit ihm fertig wird oder äußere Umstände dazu zwingen.

Wendung gegen Zaun, Teil I

Pferde mit schlechtem Gleichgewicht torkeln beim Versuch, sie in der direkten Biegung zu reiten, drohen zu fallen oder versuchen ihr Heil in der Flucht. Bei ihnen beginnt man mit Wendungen gegen den Zaun des Reitplatzes oder gegen die Bande der Reithalle.

Sitz und Zügeleinwirkung des Reiters sind die gleichen wie in der direkten Biegung: Wenn das Pferd den Kopf in die neue Richtung abwendet, läßt der Reiter den Zügel los. Das ist offensichtlich leichter gesagt als getan, denn die Erfahrung zeigt, daß der Reiter frühestens am Ende der Wendung be-

Wendung gegen den Zaun: Kein Kontakt des inneren Schenkels zum Pferd!

reit ist loszulassen, wenn überhaupt.
Dabei ist der Effekt dieser Übung wieder einmal in erster Linie ein psychischer: Das Pferd muß in die Richtung zurücklaufen, aus der es gerade „geflohen“ ist. Es merkt, daß es nicht entkommen kann. Wenn der Reiter jedoch den Zügeldruck zu lange beibehält, gibt er dem Pferd einen abwehrenden Gedanken ein. Anstatt verblüfft festzustellen, daß der Reiter all seine Fluchtgedanken zunichte macht, konzentriert er das Pferd auf den lästigen Zügeldruck, der dringend bekämpft werden muß.

Unterschreiten der Fluchtdistanz

Wenn wir vom Pferd als Fluchttier sprechen, darf man sich darunter kein Wesen vorstellen, daß vor allem und jedem panisch und hysterisch die totale Flucht ergreift. Sicherlich flüchtet das Pferd vor Dingen, die ihm nicht geheuer sind, aber nur ein paar Meter, um Abstand zu gewinnen und sich dann umzuschauen, um festzustellen, was es da eigentlich so erschreckt hat. Deswegen rasen Pferde auch nicht blind geradeaus los, sondern schauen sich bereits im Laufen nach dem Grund des Schreckens um. Dann entscheiden sie, ob sie weiterlaufen, angreifen oder so tun sollen, als ob nichts gewesen wäre.
Pferde versuchen demnach Situationen, die ihnen nicht gefallen, durch geplante Flucht zu verlassen. Das entscheiden sie grundsätzlich nach dem Lustprinzip: Wozu sie keine Lust haben, versuchen sie durch Verduften zu vermeiden.
Unter dem Sattel gilt dies vor allem für Zustände mangelhaften Gleichgewichts und für Schmerzen, denen die Pferde entfliehen wollen. Das sind die Ursachen dafür, daß Pferde unter dem Sattel schnell werden oder sogar durchgehen. Das kann sich im Pferd

so weit festsetzen, daß es nur noch auf der Flucht ist, sobald der Reiter in den Sattel steigt.
Der Reiter sollte also zuerst nach solchen Ursachen forschen. Darüber hinaus stehen ihm in der direkten Biegung und in der Wendung gegen den Zaun zwei einfache Möglichkeiten zur Verfügung, die Fluchtdistanz des Pferdes zu unterschreiten („Fluchtdistanz" bedeutet genau den Abstand, den das Pferd mit ein paar Galoppsprüngen einnimmt, um Abstand vor dem Schrecken zu bekommen). Beides, die enge Wendung gegen den Zaun und das Bewegen des Pferdes auf einem kleinen Kreis, macht diese Form des Entziehens unmöglich. Die Wendung läßt das Pferd immer wieder dahin zurückkehren, wovor es eigentlich weglaufen wollte. Die direkte Biegung auf dem engen Kreis läßt es mit gebogenem Hals auf den Boden schauen, also das Gegenteil von dem tun, was es eigentlich wollte: mit hocherhobenem und gegen die Bewegungsrichtung gestelltem Hals Abstand gewinnen.
In beiden Übungen ist es vor allem das rechtzeitige Loslassen des Zügels, was die Pferde „zahm" macht, was sie ihren Fluchtgedanken vergessen läßt. Vergißt der Reiter dies, gibt er den Pferden einen erneuten Anlaß zur Flucht, nämlich den andauernden Schmerz des angezogenen Zügels.

Im Gegensatz zur direkten Biegung treibt der Reiter in der Wendung gegen den Zaun auf der Außenseite: Wendet er nach rechts, weist die rechte Zügelhand seitwärts, und der linke Schenkel treibt das Pferd im letzten Drittel der Wendung vorwärts. Dazu legt man ihn direkt hinter den Sattelgurt. Möchte man das Pferd jedoch veranlassen, die Vorhand aktiver zu bewegen, wodurch die Hinterhand stärker belastet wird und immer mehr am Fleck bleibt, treibt man es bereits im ersten Drittel der Wendung und weiter vorn: mit dem äußeren Steigbügel gegen den Ellenbogen. Wer sich bis jetzt noch nicht zu den Bequemlichkeiten eines Westernsattels durchringen konnte, verkneift sich das Treiben am Ellenbogen allerdings besser. Der Steigbügel des Westernsattels ist breit und lederbezogen. Damit kann man das Pferd nicht verletzen oder verschrecken. Beim schmalen Metallbügel der anderen Sättel sieht das ganz anders aus. Machen Sie aber nicht den ersten Schritt vor dem zweiten! Erst müssen Pferd und Reiter die Wendung gegen den Zaun kennenlernen und sich in ihr zurechtfinden. Danach kann man

Der äußere Schenkel treibt das letzte Drittel der Wendung.

den Bewegungsablauf des Pferdes darin verbessern.
Für den Reiter bedeutet das vor allem zu lernen, sein Gleichgewicht in der Wendung zu behalten, also fein senkrecht zum Erdmittelpunkt zu sitzen! Und das ist viel leichter gelesen als geritten.
Ebenso wie in der direkten Biegung funktioniert diese Übung nur durch das rechtzeitige Loslassen des Zügels und die dadurch entstehende Nullwirkung. Dann bringt diese Übung das Pferd in jeder Wendung auf die Hinterhand. Es lernt, seine Hinterbeine unter den Körperschwerpunkt zu setzen und seine Bewegungen auszubalancieren.
Der „praktische Nährwert" dieser Übung für das Pferd wird auf Seite 73f. dargestellt.

Gehen über die äußere Schulter – das Gegenteil der direkten Biegung

Warum geht das Pferd in der Bahn nicht immer an der Wand lang, sondern „kürzt ab"? Warum ist das Pferd draußen im Gelände nicht dazu zu bewegen, auf dem Grasstreifen neben der asphaltierten Straße zu laufen? Warum geht das Pferd manchmal nicht in die Richtung, in die der Reiter es lenkt?
Es kürzt die Reitbahn ab, weil es vielleicht denkt, dann mit der Arbeit schneller fertig zu sein. Es will nicht auf den Grasstreifen,

Das Pferd schaut auf den Grasstreifen und läuft weiter auf dem Asphalt.

weil der Asphalt überschaubarer ist. Es geht nicht dahin, wohin der Reiter will, weil es eigensinnig ist.
Alles richtig und dennoch falsch. Sicherlich liegen dem Unwillen des Pferdes solche oder ähnliche Stimmungen zugrunde. Aber es handelt nicht nach dem Willen seines Reiters, weil der nicht genügend Kontrolle über den Körper des Pferdes hat.
Die Körperbewegungen des Pferdes sind seine Sprache, das heißt also, daß der Reiter nicht die richtige Antwort auf eine körpersprachliche Frage weiß. Sie heißt in diesem Fall wieder einmal: „Darf ich das?", und sie drückt sich in immer derselben Körperbewegung aus: der Belastung der inneren Schulter.
Bleiben wir beim anschaulichen Geländebeispiel, in dem das Pferd nicht auf dem weichen Grasstreifen rechts neben der Straße laufen will:
Der Reiter, der es nicht besser weiß, versucht, sein Pferd durch Ziehen am rechten Zügel auf den Grasstreifen zu kriegen. Resultat: Das Pferd biegt den Kopf nach rechts, schaut auf den Grasstreifen und läuft weiter auf dem Asphalt. Das kann den armen Reiter ganz schön in Schwierigkeiten bringen, wenn in diesem Augenblick auch noch ein Auto angerauscht kommt. Konsequente Pferde erwarten auf ihre körpersprachliche Frage: „Darf ich das?", nämlich Belasten der inneren Schulter, eine körpersprachliche Antwort, die sie veranlaßt, ihr Gewicht auf die äußere Schulter zu verlagern.
Wo ist innen, wo ist außen? Innen ist die Fahrbahn, außen ist der Grasstreifen. Da sich das Pferd ohne Reiter immer über die äußere Schulter bewegt, erwartet es von seinem Reiter an dieser Stelle eine Aufforderung dazu.
Mit der direkten Biegung ist das Pferd nicht auf den Grasstreifen zu bewegen, es antwortet mit einer Biegung des Körpers. Man muß also genau das Gegenteil tun.

Wie bewegt sich das Pferd ohne Reiter?

Am liebsten nur von Grasbüschel zu Grasbüschel, im lässigen Schritt zur Wasserstelle oder im vollen Galopp in den Stall, weil dort Hafer zu erwarten ist. Aber je nach Temperament und Gemütslage laufen Pferde auch nur um des Laufens willen, als Ausdruck reiner Lebensfreude. Und dann laufen sie immer über die äußere Schulter: Sie laufen im Rechtsgalopp und schauen nach links und umgekehrt. Die Augen des Pferdes sind im Gegensatz zum Menschen und zum Raubtier (Tiger, Wolf) seitlich am Kopf, was ihm eine eher panoramaartige Sicht ermöglicht. Dreht es den Kopf zur Seite, kann es im Laufen sowohl vorwärts als auch rückwärts schauen. Dabei behindert die Muskulatur des Halses die freie Vorwärtsbewegung, daher geht es im Linksgalopp und schaut gleichzeitig nach rechts. So ist die linke Schulter frei zum weiten Vorgreifen, und das Pferd kann sich trotzdem ohne Behinderung nach hinten umschauen, indem es den Hals nach rechts biegt – oder umgekehrt.

Die Basisübung „Gehen über die äußere Schulter" fällt dem Pferd also sehr leicht, da sie seinem natürlichen Bewegungsablauf entspricht. Sie fällt auch allen Pferden sehr leicht, die dieses Manöver bereits in ihrer Grundausbildung in den allerersten Tagen als selbstverständlichen Bestandteil erfahren haben.
Alle anderen Pferde – und darunter fallen sämtliche sogenannte Umsteiger – weigern sich anfangs heftig, weil sie sofort erkennen, daß sie mit der Nachgiebigkeit über die äußere Schulter das wichtigste Mittel des Widerstandes gegen ihren Reiter aufgeben sollen. In ihrer Karriere als Reitpferd haben sie immer wieder festgestellt, daß es ganz ein-

Gehen über die Schulter: von der Seite gesehen.

fach ist, den Reiter auszuschalten, indem sie ihr Gewicht auf die innere Schulter legen und damit genau in die andere als die gewünschte Richtung gehen. Verzweifelte Reiter und stur auf dem Gebiß liegende, um die Mitte drehende Pferde, die in engen Situationen kaum zu kontrollieren sind – das Ergebnis eines Ausbildungsfehlers: auf jeder öffentlichen Reitveranstaltung beliebig oft zu beobachten!

Da sich „alle anderen Pferde" beim Gehen über die Schulter nicht gerade geschickt anstellen und sich unter Umständen selbst auf die Füße treten, rüstet man vorsorglich alle Pferde von jetzt an mit Gamaschen und Hufglocken oder sogenannten Combination Boots aus.

Pferde werden nicht dadurch vorsichtiger, daß sie sich selbst verletzen. Sie denken hier eher wie kleine Kinder: „Schadet meinem Vater gar nichts, wenn ich mir die Finger erfriere! Soll er mir doch Handschuhe kaufen!" Sie bekommen höchstens Angst vor Bewegungsabläufen, in denen sie Gefahr

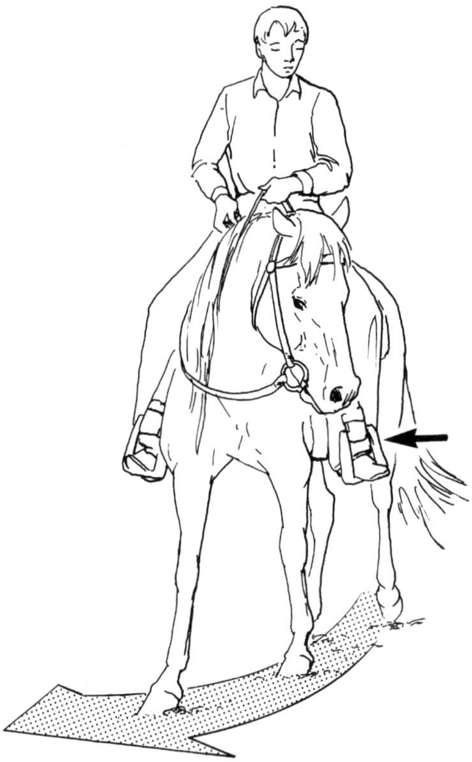

Gehen über die Schulter: von vorn gesehen

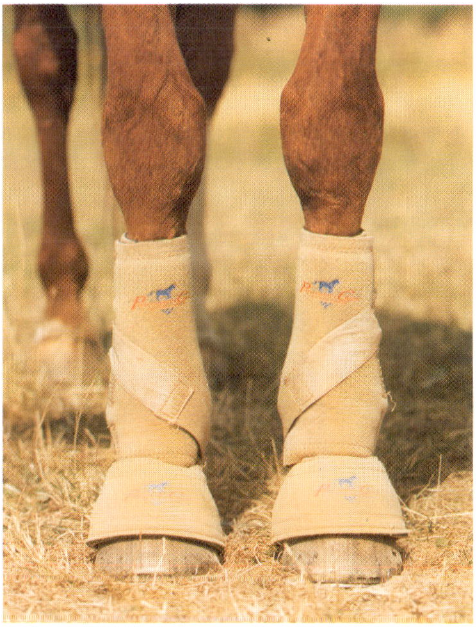

Gamaschen und Hufglocken

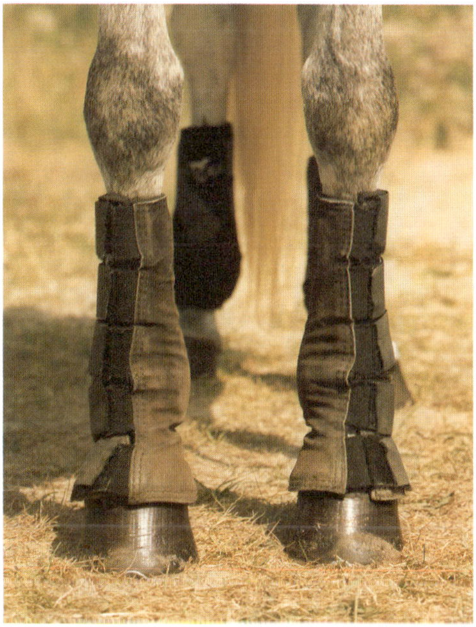

Combination Boots

laufen, sich selbst zu verletzen. Deswegen rüstet sie der verantwortungsvolle Reiter für alle Manöver, in denen sie sich selbst treten können, schützend aus. Damit sind alle Übungen gemeint, in denen das Pferd einen Vorderhuf vor den anderen oder sogar über den anderen setzen soll.

Die texanische Reitweise biegt ihre Pferde überhaupt nicht, sondern reitet sie nur über die Schulter und hat ihre Pferde dabei in jeder Situation spielend leicht unter Kontrolle.

Daraus folgt, daß die gelände- und freizeitbezogene Westernreiterei auch ohne Biegung des Pferdes auskommen kann, vorausgesetzt, die Pferde gehen über die äußere Schulter!

Wie sieht das aus – „Gehen über die äußere Schulter"?

Das Pferd ist beispielsweise rechts gestellt (es schaut nach rechts, so viel, daß der Reiter das rechte Pferdeauge sehen kann) und geht über die linke Schulter nach links. Dabei setzt es das rechte Vorderbein vor das linke, während die Hinterhand geradeaus

Unterschied: Schenkelweichen

hinterherläuft. Wenn der Reiter in dieser Bewegung auf den Körper des Pferdes schaut, sieht er, daß das linke Buggelenk des Pferdes hervorsteht und daß sich das Pferd in Richtung dieses Buggelenkes bewegt. Es läuft also nicht mehr seiner Nase, sondern seinem Buggelenk nach, was in diesem Fall erwünscht, in der traditionellen Reiterei verpönt ist. Das wird ab jetzt hier „Gehen über die Schulter" genannt.

Dieses Manöver ist nicht mit dem „Schenkelweichen“ der deutschen Reiterei zu verwechseln, welches in der Westernreitweise „Two Track“ heißt. Beim Schenkelweichen/Two Track überkreuzen Vorder- und Hinterbeine. Beim Gehen über die äußere Schulter überkreuzen eventuell die Vorderbeine.

Was muß der Reiter tun?

Wir bleiben im angegebenen Beispiel: Das Pferd soll über die linke Schulter gehen. Dazu belastet der Reiter die linke Seite des Pferdes, indem er sein Gewicht auf den linken Sitzbeinknochen verlagert, dazu in der rechten Hüfte einknickt, den rechten Schenkel deutlich nach vorn nimmt und den linken etwas zurücklegt. So sitzt er richtig „krumm“.
Das rechte Bein nach vorn zu nehmen bereitet anfangs ziemliche Schwierigkeiten: Manche ziehen das Knie hoch, so daß die Fußspitze auf einmal nach unten zeigt, andere strecken den Unterschenkel vor, so daß das Knie steif wird. Beides ist falsch und behindert einen lockeren, ausbalancierten Sitz. Einfacher wird es, wenn man sich schräg in den Sattel setzt: den rechten Bekkenknochen vorne, den linken hinten. Mit seinem gesamten Körper gibt der Reiter so dem Pferd zu verstehen, wohin es gehen soll.
Noch unklar? Da hilft nur eines: zu Fuß selbst ausprobieren:
Links ist das Standbein, rechts das Spielbein. Das rechte Bein vorwärts vor das linke setzen und so eine Diagonale laufen, beispielsweise das deutsche Reitkommando „Durch die ganze Bahn wechseln“. Und dann auf dieser Diagonalen einen Kreis laufen, indem das rechte Bein vor das linke tritt.
Aha! Daraus wird nur ein Kreis, wenn gleichzeitig das linke Bein nach links tritt!
Damit das Pferd genauso geht, muß man sich nur in der gleichen Position, die man zu Fuß einnimmt, in den Sattel setzen.
Dazu zieht der Reiter weich am rechten Zügel, am Pferdehals entlang auf den Bauchnabel zu. **Niemals über den Pferdehals!**
Möchte er auch noch treiben, geschieht dies immer mit dem inneren Schenkel:

Seitwärts = vor dem Gurt;
vorwärts = direkt am Gurt.

Entwickelt wird das Gehen über die äußere Schulter immer aus dem Gange. Das Pferd geht also zunächst im Schritt geradeaus, später auch im Trab und im Galopp. Dann setzt sich der Reiter wie beschrieben um und zieht weich am inneren Zügel (das Pferd geht nach außen). Ist das Pferd in der Lage, aus jeder Gangart über die äußere Schulter

Gehen über die Schulter: von oben gesehen

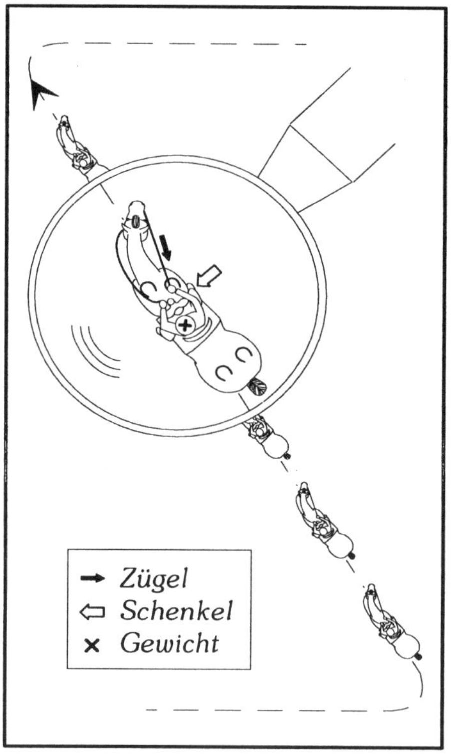

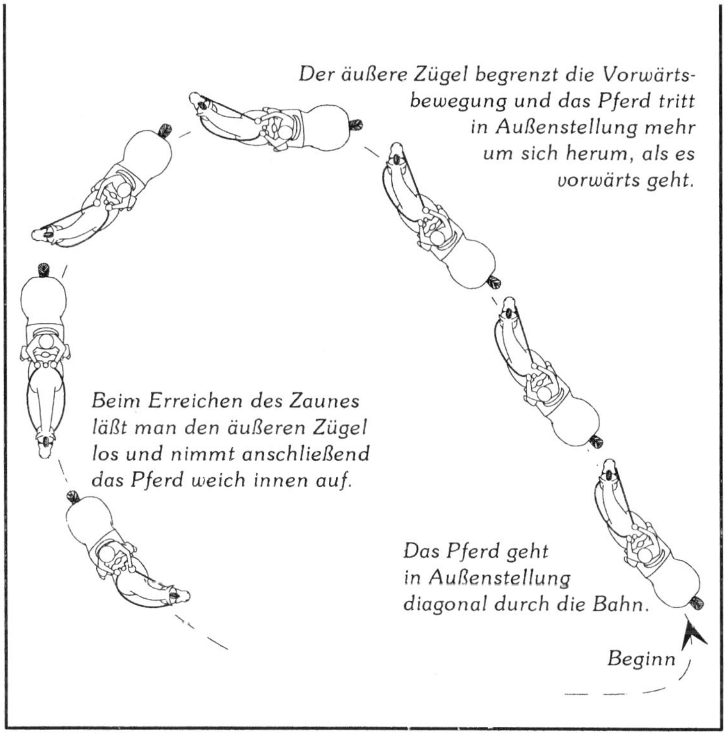

Oben: Entwicklung einer Zirkellinie mit auswärts gestelltem Pferd

Rechts: Entwicklung einer Hinterhandwendung mit auswärts gestelltem Pferd

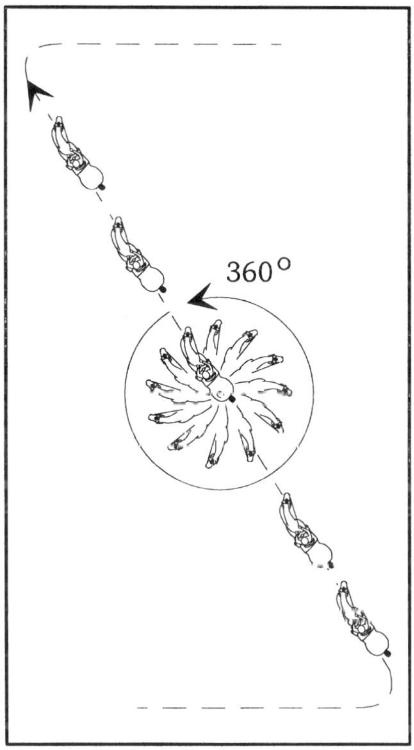

zu gehen, kann es auch aus dem Stand so antreten.
Geht das Pferd im Schritt diagonal über die äußere Schulter durch die Bahn, kann der Reiter ohne Änderung der Bewegungsrichtung und des Sitzes auch eine Kreislinie in Außenstellung erreichen. Dazu begrenzt er die Vorwärtsbewegung mit dem am Hals anliegenden Zügel, und das Pferd tritt in Außenstellung mehr um sich herum, als es vorwärts geht. Das wird bis in eine Wendung um die Hinterhand in Außenstellung fortgesetzt.
Bei allen Bewegungen über die äußere Schulter läßt der Reiter den Zügel los, sobald das Pferd folgt. Ziel ist es dabei, daß das Pferd nur nach Verlagern des Gewichtes

durch Vornehmen des inneren Schenkels (nicht Anlegen!) völlig ohne Zügeleinwirkung über die äußere Schulter geht.
Es macht großen Spaß, ein Pferd nur durch Vornehmen des inneren Schenkels bei auf dem Hals liegendem Zügel oder sogar ohne Kopfstück im Galopp durch die Reitbahn zu lenken.
Nimmt man den äußeren Schenkel vor, weicht das Pferd von der Bande auf eine Zirkellinie ab, nimmt man den inneren Schenkel vor, geht es nach außen an die Bande usw.
Schon nach den ersten Übungen im Schritt wird der Reiter im Gelände verblüfft feststellen, daß er sein Pferd ohne Probleme vom Asphalt auf den rechten Grasstreifen bewegen kann, indem er den linken Zügel an den Hals legt, sein Gewicht nach rechts verlagert und das linke Bein nach vorn nimmt.

Vornehmen des inneren Schenkels

Mit dem Beherrschen des Reitens über die äußere Schulter ist der Geländereiter in der Lage, sein Pferd in jeder Situation dahin zu lenken, wohin er reiten möchte.

Warum steht diese Übung nicht am Anfang dieses Buches?

Dort hätte kein umsteigender Reiter ihren Sinn so recht begriffen, da sich bislang anders gerittene Pferde – wie bereits erwähnt – anfangs heftig wehren können. Der Reiter hätte nach dem ersten Frust diese Lektüre in die Ecke geworfen, niemandem weiterempfohlen, und nichts würde sich ändern.
Westernreiten erfordert jedoch auch ein Umdenken des Reiters, und das braucht seine Zeit.
Tatsache ist jedenfalls, daß der ausschließliche Draußenreiter mit dem Reiten über die äußere Schulter völlig auskommt, um sein Pferd zu lenken – auch im Galopp um Ecken. Erfahrene Jagdreiter wissen, daß man enge Kurven im Galopp besser in Außenstellung bewältigen kann, um einen Sturz des Pferdes zu verhindern.
Anschauliches Beispiel für das Reiten in Außenstellung ist die texanische Reitweise. Hier läuft das Pferd ungebogen über die jeweils äußere Schulter, es schaut also in die eine Richtung und läuft in die andere.
Sämtliche biegenden Übungen weisen in Richtung Weiterbildung: Bahnarbeit, Dressur, Turnier ..., sind aber auch eine Art Krankengymnastik für steife und verspannte Pferde.

Kreisrunde Zirkel am durchhängenden Zügel – Reiten ohne Kopfstück

Wenn ein Pferd auf der gebogenen Linie des Zirkels in der Lage ist, ohne Zügeleinwirkung den Zirkel zu halten, weiß der Reiter, daß er zum Lenken die Zügel nicht mehr benutzen muß. Wenn er möchte, kann er sogar das Kopfstück abnehmen, und das Pferd geht dennoch willig und folgsam, wohin der Reiter will. Angesichts der herrschenden Rechtslage sollte der Reiter diese Übung allerdings auf die Reitbahn beschränken und sein Pferd im Gelände grundsätzlich mit Kopfstück reiten. Mit manchen Haftpflichtversicherungen muß sogar ein Reiten auf gebißloser Zäumung gesondert abgesprochen werden.
Es hilft, wenn man sich den Zirkel als Schienen vorstellt, auf denen das Pferd wie eine Lok mit Tender immer im Kreis fährt. Die Lok ist die Vorhand, der Tender die Hinterhand (siehe dazu auch im Anhang „Wie man treibt").
Wenn die Zügelhilfe als Lenkeinrichtung wegfällt, verbleiben dem Reiter noch Gewicht und Schenkel, um sein Pferd zu steuern.
Man beginnt diese Übung im Schritt auf dem Zirkel und legt die innere Hand mit beiden Zügeln auf den Pferdehals, so daß ein Hautkontakt entsteht. Dort bleibt die

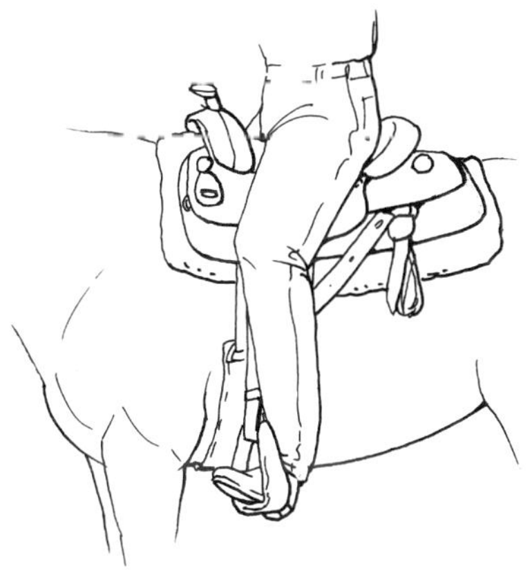

Schenkel direkt hinter dem Gurt (= „am Gurt")

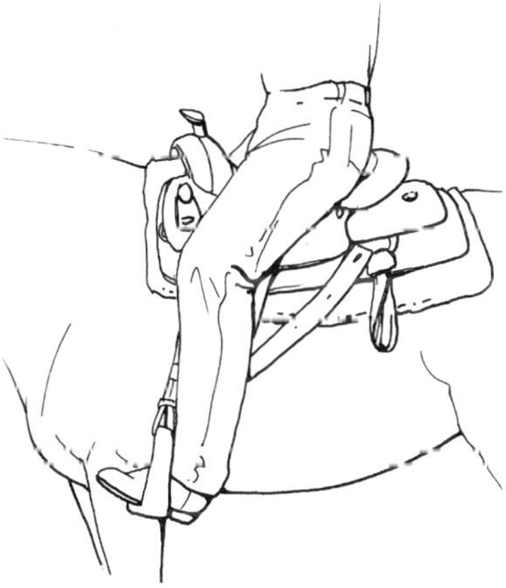

Schenkel am Ellenbogen des Pferdes

Schenkel zwei Handbreit hinter dem Gurt

Hand so lange liegen, bis das Pferd die Zirkellinie verlassen will. Dieser Hautkontakt hilft dem Reiter, sich dessen bewußt zu werden, daß er seinen Zügel zum Lenken wirklich nicht benutzt, denn das Pferd verarbeitet auch die leisesten Signale, die ihm durch ein Anheben oder seitliches Bewegen der Zügelhand vermittelt werden. In dieser Übung geht es jedoch darum zu erreichen, daß die Zügelhand als Lenkhilfe völlig ausgeschlossen wird. Erst wenn dieses Ziel erreicht ist, weiß der Reiter, daß sein Pferd wirklich zügelunabhängig arbeitet und daß er den Zügel von jetzt ab nur noch zum biegenden, trainierenden Einsatz benötigt.
Der Zügel und die Reiterhand sind auf dem Mähnenkamm fixiert. Der Reiter begrenzt den Versuch des Pferdes, die Zirkellinie zu verlassen, mit seinen Beinen, indem er das Pferd mit dem Steigbügel am Ellenbogen anstupst, wenn es versucht, von der gedachten Zirkellinie abzuweichen. Er stupst es am inneren Ellenbogen, wenn es versucht, nach innen abzuweichen, und er stupst es am äußeren Ellenbogen, wenn es versucht, nach außen abzuweichen. Idealerweise trifft man das Pferd jeweils dann am Ellenbogen, wenn dieser sich zurückbewegt. Dazu darf man ruhig auf die Schulter des Pferdes herunterschauen: Sie bewegt sich genauso wie der Ellenbogen.
Bewegt man seine Beine ganz locker, folgt das Körpergewicht ohne weiteres Zutun in der richtigen Richtung: Stupst man das Pferd am äußeren Ellenbogen, verlagert sich das Gewicht des aufrecht gehaltenen Reiteroberkörpers automatisch nach innen. Das Pferd wird veranlaßt, unter das Gewicht seines Reiters zu treten. Das kann man auch zu Fuß üben: ein Bein vorschwingen lassen – automatisch befindet sich das Körpergewicht auf der entgegengesetzten Seite.

Wie soll der Reiter auf gebogenen Linien sitzen?

So, daß das Pferd ihn balancieren kann.
Das klingt so einfach, aber wieder einmal sträuben sich die instinktiven Bewegungsabläufe des Reiters dagegen – genauso, wie er zum Halten und Rückwärtsgehen immer die Hände zurückziehen möchte.
Instinktiv legt sich der Reiter in die Kurve: Wenn er nach links reiten möchte, läßt er die linke Schulter sinken und nimmt sie zurück. Das kann jetzt jeder beim Lesen im Sessel schon einmal ausprobieren. Leider wird die Sache dabei noch verhexter: Je nachdem, wie und wieviel man sich dergestalt in die Kurve legt, belastet man entweder den rechten oder den linken Sitzbeinknochen.
Auf dem Pferd bewirkt jedoch beides, daß es nach rechts ausweicht, es geht also auf jeden Fall nicht in die gewünschte Richtung. Also wird weiter auf dem Stuhl probiert: Man kann sein Gewicht nämlich auch nach links verlagern, indem man die linke Schulter nach oben vorne dreht. Dadurch wird der innere Sitzbeinknochen belastet – und der Oberkörper bleibt aufrecht!!!
Was das für die Balance des Pferdes bedeutet, kann man selbst erfahren, wenn man ein Kind auf den Schultern trägt (und „Hoppe, hoppe Reiter" spielt). Oder wenn man eine Weinflasche auf einem Tablett transportiert (sie ist vergleichsweise hoch und schlank und steht auf verhältnismäßig kleiner Fläche). Die Weinflasche auf dem Tablett ist ein labiles Gewicht. Gerät sie ins Schwanken, fällt sie bestimmt um. Noch deutlicher wird dieses physikalische Phänomen, wenn man eine Reitgerte mit dem Griff nach unten auf der flachen Hand balancieren will. Die Reitgerte ist noch höher als die Weinflasche und steht auf noch kleinerer Fläche.
Faßt man die Gerte mit den Fingern am Knauf und läßt sie herunterhängen, hat sie

Gewicht nach links verlagert

ein stabiles Gewicht; sie fällt nur um, wenn man selbst umfällt. Versetzt man sie in Schwingung, pendelt sie sich immer wieder senkrecht zum Erdmittelpunkt aus.
Der Reiter auf dem Pferd ist beides: labil und stabil. Labil ist der Oberkörper bis zum Gesäß, stabil sind die Beine. Verbindungspunkt zwischen beiden Verhältnissen sind die Sitzbeinknochen.
Nun liegt der Schwerpunkt des Menschen etwas höher, etwa in Höhe des Bauchnabels. Das ermöglicht dem Reiter überhaupt erst, sein Gewicht auf dem Pferd zu verlagern, weil er seinen Schwerpunkt durch Muskelanspannung nach vorn, nach hinten und nach beiden Seiten verändern kann. Ohne diese Muskelanspannung wäre der Reiter ein unförmiger Sack, der bei der kleinsten Erschütterung ebenso umfiele wie die Weinflasche.
Weitere Beispiele für die richtige Haltung des Oberkörpers finden sich zu Beginn des Kapitels „Spin-Training".

Das Pferd tritt immer unter das Gewicht des Reiters

Wenn der Reiter die Bewegungsrichtung des Pferdes verändern möchte, muß er sich demnach nur dahin setzen, wohin das Pferd gehen soll. **Setzen, nicht lehnen!!!** Setzen bedeutet die Verlagerung des eigenen Gewichts auf einen Sitzbeinknochen bei aufrechtem, aber nicht steifem Oberkörper. Da dies den menschlichen Instinkten widerstrebt, hilft nur eines. üben!
Hier darf sich niemand durch sich selbst frustrieren lassen; das braucht wirklich viel Zeit, und zwar um so mehr, je länger man vorher anders geritten und klar gekommen ist. Altlasten ...
Die Bestätigung, es richtig gemacht zu haben, bekommt man prompt vom Pferd. Endlich macht es alles richtig – weil sich sein Reiter richtig ausdrücken kann. Bewegun-

gen sind Körpersprache, und deren uraltes Vokabular muß sich der moderne Mensch erst mühsam wieder erarbeiten. Aber irgendwo tief drunten im Unterbewußtsein schlummert es in jedem Menschen. Einmal geweckt, kann man sich kaum noch vorstellen, wie man vorher geritten ist.

Zurück zu den kreisrunden Zirkeln!
Das Pferd wird ständig versuchen, von der vorgegebenen Linie abzuweichen. Das ist die immerwährende Frage des Pferdes an seinen Reiter: Wohin soll ich gehen? Dazu kommen noch die Magnete und Anti-Magnete. Das Pferd tendiert ständig zum Ausgang der Reitbahn, im Gelände nach Hause ..., und es kürzt die Ecken der Reitbahn ab, weicht vor irgendwelchen Gegebenheiten aus. Diese anziehenden und abstoßenden Punkte muß der Reiter kennen; er darf sie nie vergessen, wenn er die Bewegungen seines Pferdes verstehen und beeinflussen will.

Das Pferd bricht aus dem Zirkel aus.

Der innere Zügel führt das „grüne" Pferd auf die Zirkellinie zurück.

Zunächst übt man das Reiten ohne Zügel auf der Zirkellinie im Schritt, dann im Trab, dann im Galopp. Immer wenn Sitz und Schenkel des Reiters nicht ausreichen, um das Pferd auf der Zirkellinie zu halten, greift weich und gefühlvoll der Zügel als Lenkhilfe ein. Im Anfang wird dies immer der innere Zügel sein. Seitwärts geführt, verhindert er das Verlassen der Zirkellinie nach außen. An den Hals angelegt, verhindert er, daß das Pferd in den Zirkel hineinläuft. Dabei kann ihn der äußere Zügel unterstützen, wenn er seitwärts vom Pferdehals weg geführt wird. Später, wenn das Pferd auf den Diagonalen gelernt hat, über die äußere Schulter zu gehen, begrenzt der äußere Zügel das Abdriften des Pferdes nach außen. Er stellt das Pferd gegen die Bewegungsrichtung, während der gleichseitige Schenkel das Pferd dahin treibt, wo es hin soll: zurück auf die Zirkellinie. Wie beim Gehen über die Schulter! (Siehe Seite 46.)
Um das Abweichen des Pferdes zu korrigieren, treibt man es etwas weiter in den Zirkel hinein. Auf diese Weise wirken immer erst Gewicht und Schenkel in Bewegungsrichtung und erst, wenn das nicht ausreicht, folgt der gleichseitige Zügel. Dabei ist es un-

erheblich, ob der Fehler im Sitz des Reiters oder in der Unaufmerksamkeit oder Unlust des Pferdes gelegen hat.
Sicherlich soll es den Reiter wurmen, wenn sein Sitz, wenn die Haltung seines Oberkörpers wieder ein Opfer alter Gewohnheiten geworden ist. Die weiche Korrektur mit dem begrenzenden Zügel bringt den Sitz von ganz allein in die richtige Position; sie wird dem Reiter immer geläufiger und selbstverständlicher, und entsprechend wird das Pferd immer williger und aufmerksamer reagieren.
Man „übertreibt“ also, um dem Pferd deutlich klarzumachen, was man von ihm möchte: daß es nicht nach außen von der Zirkellinie abweicht. Weil man aber das „nicht“ körpersprachlich nicht ausdrükken kann, muß man das, was man haben möchte, übertrieben ausdrücken.

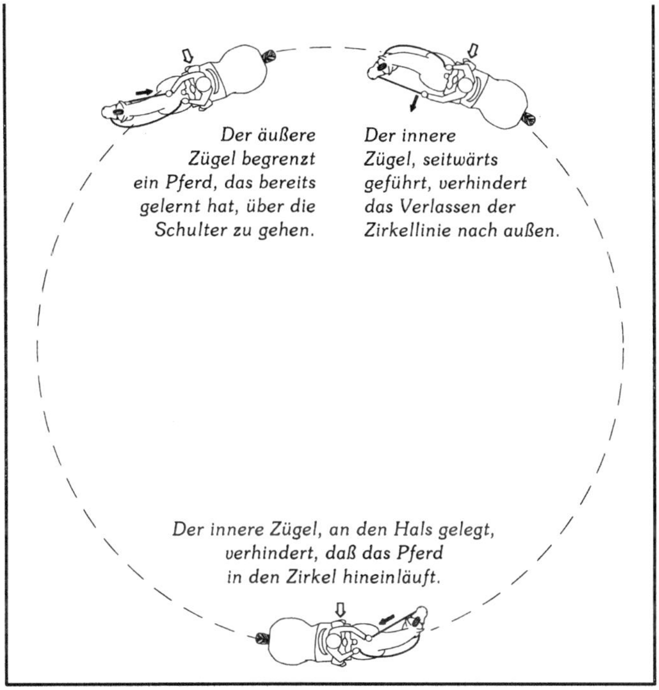

Zügelführung auf der Zirkellinie: drei Möglichkeiten

„Im Gelände läuft mein Pferd viel besser ...

... aber in der Bahn, da hat es echt keinen Bock!“
Ich weiß nicht, wie oft ich diesen Satz schon in der Reitstunde zu hören bekommen habe. Ist doch völlig klar: Im Gelände wissen beide, wo's lang geht. Das Pferd freut sich über die Gelegenheit, nachsehen zu können, ob alles da draußen noch da ist. Sein Blick wird nicht durch die langweiligen Wände der Reithalle begrenzt. Das Laufen ergibt einen Sinn, denn es geht von A nach B und nicht von einem Bahnpunkt zum andern. Es gibt etwas zu sehen, man kann üben „Was wäre, wenn hinter diesem

Holzstoß ein Wolf sitzt" usw. Das Pferd holt tief Luft, denn die ist frisch und nicht muffig. Der Reiter erfreut sich an den freien Bewegungen seines Pferdes, an seinem fröhlichen Vorwärtsdrang. Das Pferd spürt die Freude des Reiters und freut sich selbst noch mehr. Kein Wunder, daß da draußen alles besser klappt!
Also frage ich erstens mich und zweitens meine Schüler, warum sie das tägliche Training nicht ins Gelände verlegen – und ernte staunende Gesichter: „Das Gelände ist doch zur Erholung da!"
Bei so viel Abneigung gegen Training und Reitbahn wundere ich mich dann, warum sie immer wieder brav in die Reitstunde kommen. Antwort: „Wir wollen doch lernen und weiterkommen!"
Aber man kann doch das Angenehme mit dem Nützlichen verbinden. Das Gelände bietet so viele Möglichkeiten, wenn man nur ein Auge dafür hat: Halten ohne Zügel am Ende eines Weges, Stillstehen an einer Straße am durchhängenden Zügel, Gehen auf dem Grasstreifen, ein ruhiger Galopp über ein Stoppelfeld, vorsichtiges, aufmerksames Gehen durch das Unterholz eines Waldes ...
Das Gelände ist doch der Prüfstein für das in der Reitbahn Gelernte! Westernreiter werden doch hoffentlich keine sturen Bahn-Bimser, die nur noch ihre Turnierklassen im Kopf haben. Top-Trainer von heute haben längst erkannt, daß Ausritte den Lernerfolg jedes Pferdes steigern. Andererseits beinhaltet der Ausruf „Im Gelände geht mein Pferd viel besser!", daß der Reiter es bislang noch nicht verstanden hat, die Bahnarbeit für sein Pferd spannend und interessant zu gestalten, das heißt, das Trainingsprogramm so aufzubauen, daß das Pferd einen „praktischen Nährwert" im Erlernen und Verbessern seiner Bewegungsabläufe erkennen kann.

Es gibt immer einen Grund ...

„Wenn so viele Pferde in der Bahn sind, kann sich mein Pferd nicht konzentrieren!"
„Mein Pferd läuft nicht auf schlammigem Boden, haßt Regen, geht bei Wind durch, kann keine Regenschirme leiden, hat in der Bahn einfach keinen Bock ..."
Diese Liste der Entschuldigungen läßt sich endlos fortführen. Es gibt für alles einen Grund und eine Rechtfertigung. Nur: Damit kommt man nie zum Reiten! Und das Pferd wird zum Sündenbock für die eigenen Unfähigkeiten und Unleidlichkeiten gemacht.
Da kommt man nur 'raus, indem man aus der Situation eine Übung macht. Viele Pferde in der Bahn? Heute üben wir „konzentriertes Warmreiten auf mit fünfzig anderen Reitern überfülltem Abreiteplatz!" Da kommt man sich mit den paar Figuren auf dem heimatlichen Reitplatz auf einmal richtig verlassen vor. Mein Pferd haßt Regenschirme? Heute üben wir ruhige Wendungen mit Gesicht zum Regenschirm. Mein Pferd geht bei Wind durch? Heute üben wir das gesamte Biegeprogramm (siehe Seite 38 und 89) in besonders ruhigem Schritt.
Plötzlich wird aus jeder Situation eine Übung. Man freut sich auf die Gelegenheit, das Pferd trainieren zu können. Wie schön! Ich hatte schon befürchtet, daß es nichts mehr zu üben gibt! Es wird nie mehr langweilig, kein Frust mehr, keine Entschuldigungen! Dafür ein lebenslanges, lustvolles Reitprogramm! Und das Pferd wird immer besser.

Stell dir vor, die Welt geht unter und bröckelt langsam ab. Nur deine Reitbahn bleibt übrig, und du und dein Pferd, ihr habt vor lauter Konzentration nichts davon mitgekriegt.

Rückwärtsgehen am durchhängenden Zügel

Das klingt beim ersten Lesen völlig unerreichbar, aber wirklich jedes Pferd kann das lernen.
Als erstes möchte ich zwischen „dem Zügeldruck ausweichen“ und dem Rückwärtsgehen unterscheiden. Ich verwende dabei mit Absicht den Ausdruck „Rückwärtsgehen“, damit keine Verwirrung in bezug auf das konventionelle Rückwärtsrichten entsteht. Das gut gerittene Westernpferd *geht* bereits auf das Einsitzen seines Reiters hin ganz gelassen so lange ruckwärts, wie dieser es möchte. Das konventionell gerittene Pferd wird unter Einsatz von Kreuz und Schenkel durch die Anwendung halber Paraden rückwärts*gerichtet.*
„Dem Zügeldruck ausweichen“ bedeutet, daß das Pferd auf das Aufbauen eines Zügeldrucks im Maul mit einer Ausweichbewegung nach rückwärts antwortet. Es läßt den im Maul entstandenen Druck bis in die Bewegung der Hinterbeine durchlaufen. Diese Reaktion belohnt der Reiter anfänglich bereits nach nur einem Tritt rückwärts, später nach zwei Tritten der Hinterhand. Das bedeutet für das in seiner Ausbildung fortgeschrittene und entsprechend verständige Pferd eine Kritik in Form eines körpersprachlichen Hinweises: „Hey, für dieses Manöver benutzt man die Hinterhand!“
Sie kommt also immer dann zum Einsatz,

Rückwärtsgehen am losen Zügel

wenn das Pferd seine Hinterhand zuwenig benutzt hat. Dagegen ist das Rückwärtsgehen für das richtig ausgebildete Westernpferd eine ganz normale Gangart, so wie die Gänge der Vorwärtsbewegung auch.
Ich spreche vom richtig ausgebildeten Westernpferd, weil es immer noch Reiter geben soll, die das Rückwärtsgehen als Strafe einsetzen. Solche Pferde zeigen Angst vor dem Rückwärtsgehen und versuchen, diese Bewegung zu verweigern, indem sie gegen das Gebiß drücken, seitwärts ausweichen oder im schlimmsten Fall sogar steigen.
Vor dem Training für das Rückwärtsgehen ohne Zügel hat das Pferd sinnvollerweise gelernt, ohne Zügelzug aus dem Schritt anzuhalten. Geübt wird erst einmal immer an einer geschlossenen Seite, also an der Bande oder an einem Zaun (ohne Strom und Stacheldraht!).
Dazu setzt man sich schwer in den Sattel und verlagert das Gewicht auf die Jeanstaschen. Man nimmt die Beine so weit nach vorne, daß man die Ellenbogen des Pferdes mit den Steigbügeln berühren kann, ohne die Beine zu verkrampfen. Dann tippt man das Pferd leicht mit den Steigbügeln gegen die Ellenbogen und sagt dazu leise ein rückwärtsweisendes Wort oder zieht langsam, aber hörbar die Luft durch die Zähne. All das macht man sehr langsam und abwartend, denn das Pferd braucht Zeit, um sich auf diese Einwirkung seines Reiters einstellen zu können. Junge Pferde, die bereits in der Anreitephase mit dieser Einwirkung vertraut gemacht werden, gehen ohne Zögern sofort rückwärts.
Das bedeutet für alle älteren Umstellpferde, die nicht sofort rückwärts reagieren, daß sie verwirrt sind und versuchen, mit Vorwärtsgehen auf das Verlangen ihres Reiters zu antworten.
Diesen Pferden muß der Reiter helfen, indem er jeden Versuch einer Bewegung nach vorwärts weich mit dem angehobenen Zügel auffängt, den er so lange wirken läßt, bis das Pferd nach rückwärts ausweicht. Dazu bleibt die treibende Einwirkung der Schenkel und der Stimme bestehen.
Bis hierhin können alle Neueinsteiger in die Westernreitweise leicht folgen. Was offensichtlich Schwierigkeiten bereitet, ist ein Aufrechterhalten der treibenden Einwirkungen, nachdem der Zügel für die erste Reaktion des Pferdes nach rückwärts losgelassen worden ist.
Der Reiter muß also erst einmal mühsam lernen, trotz loslassendem Zügel weiter zu treiben. Diese Programmierung liegt im normalen menschlichen Gehirn von Natur aus nicht vor. Die gleichzeitige Bewegung von Armen und Beinen in ziehender (Arme) und schließender (Schenkel) Form bereitet überhaupt keine Probleme. Aber weiterzutreiben, während man den Zügel losläßt ... üben!!!
Als nächstes sind fast alle Reiter zu ungeduldig; sie treiben in einem zu schnellen Takt. Dabei reagiert das Pferd nicht schneller, nur weil man schneller treibt. Erfahrungsgemäß reagieren die Pferde am ehesten, wenn man etwa im Sekundentakt einwirkt. Das kann jeder Reiter ganz leicht überprüfen, indem er beim Treiben auf den Sekundenzeiger seiner Uhr schaut. Hier, beim Üben des Rückwärtsgehens, kann man sich das getrost erlauben – es geht ohnehin sehr langsam zu.
Wenn der Reiter zu dieser voneinander unabhängigen Bewegung seiner Arme und Beine in der Lage ist, wird sein Pferd sehr schnell herausfinden können, daß das Weitertreiben nach dem Loslassen des Zügels bedeutet, daß es weiter rückwärtsgehen soll.
Folgendes Manöver klappt dann innerhalb weniger Minuten: Das Pferd setzt sich aufgrund der treibenden Einwirkung vorwärts in Bewegung. Der erste Vorwärtstritt wird vom Reiter weich mit dem Zügel aufgefangen. Das Pferd bewegt sich am durchhängenden Zügel weiter rückwärts, weil es an der Schulter getrieben wird.
Jetzt soll das Pferd lernen, rückwärts zu gehen, ohne daß der Zügel überhaupt bewegt worden ist. Dazu fixiert der Reiter die eine Hand, die beide Zügel hält, auf dem Mähnenkamm.
Er treibt das Pferd vorsichtig, geradezu zögernd, mit beiden Steigbügeln am Ellenbo-

gen und wartet, was passiert. Drei Möglichkeiten:

1. Das Pferd tritt rückwärts. Der Reiter lobt mit der Stimme; die Hand in der Mähne krault.
2. Das Pferd tritt vorwärts. War der Reiter übereifrig? Der Zügel begrenzt weich die Vorwärtsbewegung.
3. Das Pferd senkt den Kopf, tritt aber nicht rückwärts. Das darf den Reiter nicht irritieren; das Senken des Kopfes ist eine Untergebenheitsgebärde. Wieder hilft der weich einsetzende Zügel.

Bleibt man hierbei immer gefühlvoll und geduldig, lernt sogar das hartnäckigste Pferd innerhalb weniger Tage das Rückwärtsgehen ohne Zügeleinwirkung. Dies nur zur Ermunterung, falls es nicht gleich beim ersten Mal klappt.

Geradeaus rückwärtsgehen

Nun ist das Pferd in der Lage, ohne Widerstand rückwärts zu gehen, aber irgendwie wird das Ganze immer schief.
Das ist beim untrainierten Pferd völlig normal, und selbst fortgeschrittene Pferde versuchen ganz gern einmal, seitlich auszuweichen. Dabei bevorzugen die Pferde immer dieselbe Seite. Um diese Ausweichmanöver nicht von Anfang an zu kultivieren, übt man das Rückwärtsgehen im Anfang auch immer an einer geschlossenen Seite.
Trotzdem werden die Pferde auf einer Hand – und immer auf derselben – mit der Hinterhand in die Bahn hinein ausweichen, so daß eine schiefe Linie entsteht. Wie gesagt: völlig normal. Aber trotzdem nicht schön.
Woran liegt das?

Pferde sind – genauso wie Menschen – einseitig: entweder Rechts- oder Linkshänder. Davon wird in der Besprechung des Galopps noch ausführlich die Rede sein. Genau wie die Menschen versuchen die Pferde, schwere Arbeiten mit der stärkeren Seite zu erledigen. Rückwärtsgehen ist schwere Arbeit für die Hinterhand, weil sie von Natur aus eher für den Schub als für das Tragen vorgesehen ist. Zur Entlastung der verschleißanfälligen Vorhand des Pferdes bemüht sich jede Reitweise, die tragenden Kräfte der Hinterhand zu trainieren. Training ist anstrengend. Das kann man in jedem Kraftstudio für Menschen anschaulich beobachten; ohne harte Arbeit wächst kein Muskel.
Während der Mensch im Kraftstudio genau weiß, warum er sich diese Plackerei zumutet, weiß das Pferd noch lange nicht, wozu ein Training seiner Hinterhand gut ist. Es freut sich erst seiner neuen Kräfte, wenn sie endlich da sind – ohne zu wissen, woher sie eigentlich kommen. Oder doch? Jedenfalls wird es ständig versuchen, das schwächere Hinterbein zu entlasten, genau wie wir Menschen es tun, wenn wir länger stehen müssen.
Zur Entlastung des schwächeren Hinterbeines belastet das Pferd das kräftigere Hinterbein mehr oder versucht sogar, das Gewicht auf das diagonale Vorderbein zu bringen.

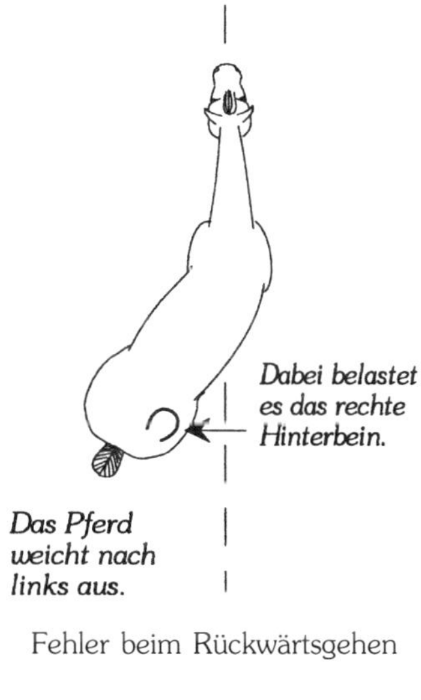

Fehler beim Rückwärtsgehen

Oben: Tritt das Pferd beim Rückwärtsgehen seitlich nach hinten heraus, belastet es das diagonale Vorderbein.

Als Beispiel: Das Pferd weicht im Rückwärtsgehen mit der Hinterhand nach links aus. Damit bringt es sein linkes Hinterbein aus der Schwerlinie heraus. Das Gewicht wird auf das rechte Hinterbein verlagert, das schwache linke Bein wird entlastet. Tritt es jetzt auch noch mit den Hinterbeinen nicht mehr unter den Körper, sondern nach hinten heraus, verlagert es sein Gewicht auf die Vorderbeine, insbesondere auf das diagonale, also das rechte Vorderbein.

Diesen Absatz muß man vielleicht zweimal lesen, aber es lohnt sich.
Was kann der Reiter gegen dieses Ausweichmanöver tun?
Die meisten Reiter werden versuchen, ihr Pferd vom rückwärtigen Ausweichen dadurch abzubringen, daß sie auf der ausweichenden Seite, in unserem Beispiel also links, den Schenkel zurücklegen, um die ausgewichene Hinterhand wieder in die Schwerlinie zurückzubringen. Damit folgen sie dem Prinzip: Das, was ausweicht, wird dahin zurückgetrieben, wo es hingehört. Denn das Westernpferd soll jeder begrenzenden = treibenden Einwirkung ausweichen. Das ist auch so weit logisch und mit dem gesunden Menschenverstand zu vereinbaren. Und das wohlerzogene Pferd weicht brav in die Schwerlinie zurück. Für Trailpferde ist das eine ganz wichtige Sache. Aber alle anderen Reitpferde lernen dabei gleichzeitig, wie sie die Hinterhand entlasten können.

Unten: Korrektur des Rückwärtsgehens mit zurückgelegtem Schenkel

Oben:
Dieses Pferd setzt die Hufe gut unter den Körper.

Rechts:
Das Pferd tritt nach hinten heraus.

Man muß sich das so vorstellen: Bewegt das Pferd die Vorhand zur Seite, wird die Hinterhand belastet; bewegt das Pferd die Hinterhand zur Seite, wird die Vorhand belastet. Knapp gesagt:

Was bewegt wird, kann nicht belastet werden.

Das bedeutet: Jedesmal, wenn der zurückgelegte Schenkel die Hinterhand in die Schwerlinie zurücktreibt, wird die Hinterhand bewegt und die Vorhand belastet. Das Pferd lernt daraus ganz schnell, wie es seine Hinterhand im Rückwärtsgehen entlasten kann. Die Folge ist ein scheußliches Rück-

Oben links:
Das Pferd weicht mit der Hinterhand nach rechts aus.

Oben rechts:
Der Reiter treibt die Vorhand nach rechts vor die ausgewichene Hinterhand.

Unten:
Rückwärtsgehen mit Zügeleinwirkung

wärtsgehen auf der Vorderhand. Wenn also die Hinterhand des Pferdes die Schwerlinie verläßt und in unserem Beispiel nach links ausweicht, wird der Reiter sinnvoller Weise nicht die Hinter-, sondern die Vorhand zur Korrektur bewegen, indem er sie vor die ausgewichene Hinterhand stellt. Er treibt also nicht hinten links, sondern vorne rechts! So lange, bis das Pferd der treibenden Einwirkung ausweicht: mit der Vorhand nach links ausweicht.
Noch einmal: die Hinterhand war nach links ausgewichen; der Reiter treibt die Vorhand nach links, in eine Linie mit der ausgewichenen Hinterhand.

Natürlich wird das Pferd mit dieser Lösung weitaus weniger einverstanden sein und sich je nach Temperament und Kraft entsprechend wehren. Je dickfelliger das Temperament und je geringer die Kraft in der Hinterhand, desto größer der Widerstand des Pferdes. Wehe dem Reiter, der sein Pferd nicht ohne Zügel rückwärts reiten kann! Jeder unbeherrschte Zug am Zügel wird die Bereitschaft des Pferdes zu steigen verstärken!

Widerstand bedeutet immer einen Schritt zurück für das Training.

Hier bedeutet er: Zurück zu den Übungen, die die tragenden Kräfte der Hinterhand fördern: Wendungen gegen den Zaun, Gehen über die Schulter und überhaupt Reiten, Reiten, Ausreiten [illegible] Je mehr man ein Pferd reitet, desto kräftiger wird es. Regelmäßiges Reiten, nicht regelmäßig einmal die Woche, sondern jeden Tag, und jeden Tag ein klein bißchen mehr.

Der Sliding Stop

Das ist diese spektakuläre Form, in der ein Westernpferd auf der Hinterhand ins Anhalten rutscht, zwei Hufspuren, die wie eine kleine Autobahn von oben aussehen, eine Wolke von Staub hinter sich zurücklassend.
Richtig trainiert, macht das den Pferden großen Spaß, weil es die Überwindung der uralten Todesangst vor dem Hinfallen aus vollem Tempo darstellt. Und der Sliding Stop geht entgegen einigen Vorurteilen überhaupt nicht auf die Knochen – vorausgesetzt, man trainiert ihn richtig.

Denn in der Regel muß das Pferd zunächst die Technik des gleitenden Anhaltens lernen. Es gibt Pferde, die das schon von Natur aus beherrschen. Man erkennt sie daran, daß sie beim Toben auf der Weide oder im Auslauf mit vollem Speed auf die Einzäunung losrasen, um ein paar Meter davor 30 cm kleiner zu werden, die Hinterhand unter den Körper schieben und mit weit vorgestrecktem Hals „die Bremse ziehen". Solche Pferde verfügen über ein gutes Gleichgewicht schon von Natur aus. Sie werden auch keine Probleme haben, mit dem Reiter

Sliding Stop

auf ihrem Rücken weich und gleitend anzuhalten.
Pferden, die bereits auf der Weide in Form von steifen Hopsern bremsen, fehlt dieses natürliche Gleichgewicht. Sie müssen das Anhalten auf der Hinterhand erst lernen.
Ein anderes Problem ist in diesem Zusammenhang wieder einmal der Reiter: Selbst wenn das Pferd auf der Weide in der Lage ist, aus jeder Geschwindigkeit weich anzuhalten, hat ihm der Reiter beigebracht, unter dem Sattel auf einen vergleichsweise kräftigen Zügelzug hin anzuhalten. „Brave" Pferde rammen dafür alle viere in den Boden. Der Rest hat einen ziemlich langen Bremsweg und hält irgendwann austrudelnd an.
Auch solche Pferde müssen ganz neu lernen, unter dem Reiter aus dem Gleichgewicht anzuhalten (siehe Seite 67).
Jetzt wird der Abstand zwischen dem Einsitzen und der Zügeleinwirkung größer. Der Reiter sitzt erst ein und sagt sein Haltewort, wartet einen Moment (einundzwanzig, zweiundzwanzig) auf die Reaktion des Pferdes und zieht erst dann weich an den Zügeln. Das Pferd lernt, auf die Körpereinwirkung des Reiters zu achten und ihr mehr Bedeutung beizumessen – denn sonst folgt der

Weidepferd, vorm Zaun stoppend.

Druck im Maul! Es wird also seine Vorwärtsbewegung abbremsen, indem es sein Gewicht auf die Hinterhand verlagert, um auf die Einwirkungen seines Reiters vorbereitet zu sein. Auf diese Weise kann man das Pferd so aufmerksam machen, daß es bereits auf das Einsitzen des Reiters hin anhält. Das ist ein großer Fortschritt, denn von diesem Zeitpunkt an wird das Pferd immer, wenn der Reiter einsitzt, seine Hinterhand untersetzen, um vorbereitet zu sein. Das kann bei der weiterführenden Ausbildung nur von Nutzen sein.

Nun kann es aber sein, daß das Pferd mehr oder weniger auslaufend anhält, ohne seine Hinterbeine rutschen zu lassen.

In diesem Fall zieht der Reiter nach dem Einsitzen weich, aber konsequent an den Zügeln: rückwärts mit weit auseinandergenommenen Händen, so lange, bis das Pferd mit jedem Hinterbein einmal zurückgetreten ist. Das sind zwei Tritte oder ein Schritt rückwärts (ein Schritt rückwärts besteht aus zwei Tritten in diagonaler Fußfolge, das heißt, in einer Fußfolge wie im Trab, nur eben rückwärts und ohne Schwebephase). Mehr als diese beiden Tritte rückwärts wird das Pferd nicht als Korrektur seines „schlechten“ Anhaltens verstehen. Im besten Fall sieht es in mehr Tritten rückwärts eine Übung zum Rückwärtsgehen, ansonsten wird es sich bestraft fühlen und Angst vor dem Rückwärtsrichten bekommen.

Hat das Pferd die beiden korrigierenden Tritte mit nach hinten herausgestellter Hinterhand und demzufolge mit seinem gesamten Gewicht auf der Vorhand vollführt, kann es der Reiter nach einem kurzen Anhalten, Verschnaufen und Überlegen für diese unbrauchbar falsche Art des Rückwärtstretens in der Art korrigieren, daß er es so lange rückwärts gehen läßt, bis es die Hinterhand unter den Körper setzt. Damit das Pferd dabei keine Angst vor dem Rückwärtsgehen bekommt, darf der Reiter auf keinen Fall grob werden, sondern übt zunächst das Rückwärtsgehen ohne Zügel.

Pferde, die nicht in der Lage sind, mit gesenkter Hinterhand weich, willig und ohne Zügelzug rückwärts

„Whoa!“ ! und nichts passiert.

Zwei Tritte zurück

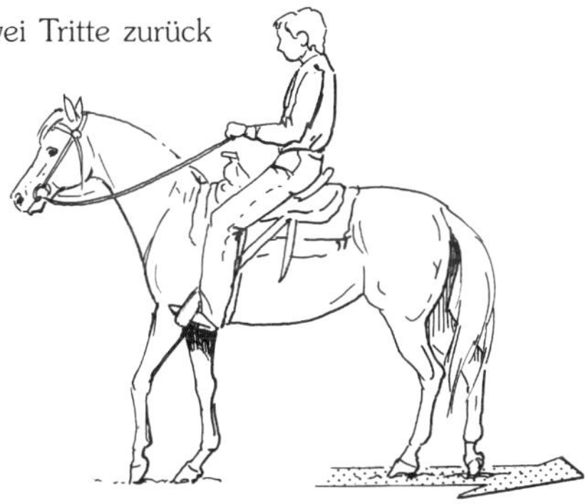

Loslassen, loben.

Anhalten aus dem Trab

Erst tritt das eine Hinterbein unter, …

… dann das andere Hinterbein, …

zu gehen, sind auch nicht in der Lage, weich auf der Hinterhand anzuhalten, geschweige denn zu sliden.
Stimmt der Sitz, wird das Pferd die Hinterbeine untersetzen, weil es dies ja in der Vorbereitung gelernt hat, und ein paar Zentimeter rutschen lassen, als Antwort auf den Zügelzug – eben weil es gelernt hat, jeden Zügeldruck bis in die Hinterbeine durchzulassen.
Eine Verlängerung dieses Rutschens – des Sliding Stops – ist nichts weiter als eine Kombination aus folgenden Elementen: dem richtigen Boden (fester Untergrund mit weicher Tretschicht) und der richtigen Abstimmung zwischen Einsitzen, wartender Zügeleinwirkung und dem weichen Aufbau eines minimalen Zügeldrucks.
Geübt wird diese Technik des Pferdes und die Feinabstimmung des Reiters aus dem Trab, denn der Trab ist ein laufender Zweitakt, in dem das Pferd seinen Schwerpunkt kaum verlagert und in dem es sich nur auf zwei Beine konzentrieren muß, weil die anderen zwei ja automatisch folgen. Zur Verlängerung des Rutschens wird dann das Tempo im Trab verstärkt. Erst wenn das Pferd aus vollem Trab perfekt auf der Hinterhand rutschend anhält, kann man mit dem Anhalten aus dem Galopp beginnen.
Allerdings ist noch lange nicht jedes Pferd aufgrund seiner anatomischen Voraussetzungen in der Lage, einen wirklichen Sliding Stop zu entwickeln. Man sollte als Reiter aber seinem Pferd die Chance dazu geben, indem man es ohne Zwang und Gewalt so weit trainiert, wie es seine Athletik ermög-

… das Pferd slidet ein paar Zentimeter …

… und steht still.

licht. Denn jedes noch so untalentierte oder noch so verdorbene, also falsch vorgebildete, Pferd ist in der Lage, aus dem Galopp weich auf der Hinterhand anzuhalten. Und es wird sehr glücklich darüber sein, wenn sein Reiter es dahin gefördert hat, weil es nie wieder Angst haben muß, aus dem Galopp nicht anhalten zu können, weil es nie wieder durchgehen muß.

Fencing

Unter „Fencing“ versteht man das Stoppen eines Pferdes, des Reining-Pferdes, gegen eine feste Einzäunung. „Let the wall stop the horse“ = Laß die Wand das Pferd anhalten, lautet der Gedanke hinter dieser Übung. Sie gibt dem Pferd die Möglichkeit, unter dem Reiter das zu tun, was alle Pferde frei laufend in der Weide gern austesten: in vollem Galopp auf den Zaun zu und erst im letzten Moment bremsen. So manches ausgebildete Reining-Pferd hat dabei im Übermut feststellen müssen, daß es zu spät zum Stop angesetzt hat – und ist durch das Elektroband des Zauns geslidet. Daß Pferde den Stop vorm Zaun von Natur aus in der Weide gern ausprobieren, hat die Trainer von Reining-Pferden dazu veranlaßt, diese Form des Stop-Trainings in ihr Ausbildungsprogramm mit aufzunehmen.

Leider zeigt sich gerade am Beispiel des Fencings, daß es bei der Ausbildung von Pferden weniger darum geht, was man macht, sondern vor allem darum, wie man's macht. Denn das Stoppen vor den Zaun wird schnell dazu mißbraucht, das Pferd in die Wand zu jagen, um es zum Sliden zu zwingen. Zur Zeit kann man auf den Abreiteplätzen vor großen Reining-Prüfungen immer noch beobachten, wie Pferde mit Gewalt derart vor die Wand geritten werden, daß sie sich fast den Schädel einrennen. Da hört nicht nur der Spaß auf, sondern das ist Tierquälerei!

Und dabei macht es den Pferden eigentlich großen Spaß, auch unter dem Reiter vor der Wand zu stoppen, vorausgesetzt, daß man dem Pferd dabei keine Angst macht, indem man es scheucht.

Technik: Ich bevorzuge für das Fencing die Ecken der Reitbahn. Das geht nur nicht, wenn davor ein unüberwindlicher Wall durch das ewig gleiche Benutzen eines Hufschlags aufgeschüttet worden ist, denn darüber hinweg kann kein Pferd sliden. In solchen Fällen bleibt einem gar nichts anderes übrig, als die kurze Seite der Reitbahn zu verwenden. Beim ersten Mal läßt man das Pferd im ruhigen Trab vor die Wand laufen. Auf dem Weg dorthin hält der Reiter die Hände erhoben und weit auseinander – so, als ob er eine Harley mit hohem Lenker fährt. Das sorgt dafür, daß er tief im Sattel sitzt und das Pferd zwischen den Zügeln bleibt und nicht versucht, seitlich auszuwitschen. Man steuert das Pferd zielgenau in die Ecke, ohne an den Zügeln rückwärts zu ziehen. Dazu muß man sich sehr gut unter Kontrolle haben. Die Ecke wird das Pferd schon anhalten, keine Sorge! Aber die menschliche Natur mit ihren Instinkten will das nicht glauben und wird versuchen, dennoch an den Zügeln zu ziehen. Glücklich und ohne Zügelzug (Sind die Hände noch oben, und zeigen sie auf die Pferdeohren?) zieht der Reiter die Zügel sanft an, damit das Pferd ihnen zwei Tritte rückwärts ausweicht. Sie sollen es daran erinnern, daß es zum Stoppen seine Hinterfüße benutzen soll. Dann läßt man den

Zügel fallen und lobt das Pferd ausgiebig. Es soll zur Ruhe kommen und sich völlig entspannen. Ist es aufgefallen? Der Reiter verwendet kein „Whoa“ oder sonstiges Zauberwort. Die Wand soll das Pferd stoppen, nicht der Reiter!
Dann läßt man das Pferd ganz langsam, geradezu in Zeitlupe, um die Hinterhand wenden, denn es soll nicht die ganze Zeit die Ecke anschauen, wie ein kleines Kind in früheren Jahren, das zum Schämen in die Ecke gestellt wurde. Nach der langsamen Hinterhandwendung läßt man das Pferd wieder ruhig stehen und lobt es nochmals ausgiebig. Es soll diese Übung durch die langen Verschnaufpausen als außerordentlich angenehm empfinden, und es darf auf keinen Fall hektisch werden. Deswegen nimmt man sich extrem viel Zeit.
Wer also beim Fencing an ein Unternehmen mit viel „Action“ gedacht hat, wird jetzt ziemlich enttäuscht sein: Das Stoppen des Pferdes gegen den Zaun, in die Ecke, ist ein ziemlich langweiliges Unterfangen, weil es extrem viel Zeit zur Entspannung des Pferdes verbraucht. Aber nur so vermeidet man Streß im Pferd; nur so erreicht man, daß die Pferde schon nach kurzer Zeit ausgesprochenes Vergnügen an einer Übung empfinden, die sie zuvor bereits ohne Reiter in der Weide beim Herumtoben gern selbst ausprobiert haben.
Das Fencing stellt in dieser Form eine völlig unkomplizierte Möglichkeit dar, dem Pferd Zeit und Gelegenheit zu geben, das weiche Anhalten auf der Hinterhand unter dem Reiter zu üben, ohne daß dieser es mit dem Zügel für mißlungene Versuche bestraft. Gerade junge Pferde brauchen diese Zeit und Ruhe, um von selbst dahinterzukommen, wie man mit der Last auf dem Rücken genauso toll stoppen kann wie frei und unbeschwert auf der Weide.
Pferde, die man mit dieser gelassenen, streßfreien Art des Fencing vertraut macht, beginnen sehr schnell, von allein die Ecke des Reitplatzes anzusteuern, um den Stop auszuprobieren – und natürlich auch, um eine wohlverdiente Pause zu bekommen. Im Anfang wird der Reiter vermutlich ziemlich irritiert sein, daß sein Pferd auf einmal von allein die Ecke zum Stoppen ansteuert. Für mich liegt darin eine der faszinierendsten Eigenschaften des Pferdes: daß es von sich aus das Gelernte immer und immer wieder anwenden will.

Pferde lieben die Wiederholung

Das richtig, also streßfrei trainierte Westernpferd zeigt nach einiger Zeit deutliche Neigungen zum selbständigen Anwenden des Gelernten. In freier Anlehnung an die Belehrung Festgenommener in amerikanischen Krimis übersetze ich diese Ideen des Pferdes gern so: „Seien Sie sicher, daß alles, was Sie Ihrem Pferd beibringen, gegen Sie verwendet wird!“
So zeigt ein Pferd, nachdem es unter dem Sattel die Wendung gegen den Zaun gelernt hat, wie schön es wenden kann, wenn sein Reiter es auf der Weide einfangen will. Ebenso stoppen streßfrei trainierte Pferde eine Zeitlang an jeder möglichen und unmöglichen Stelle, gehen auf einmal in den Spin oder wechseln fliegend den Galopp an Stellen, an denen der Reiter überhaupt nicht damit rechnet.
Kinder zeigen dasselbe Verhalten, wenn sie bei jeder passenden oder unpassenden Gelegenheit vorführen wollen, wie gut sie in der Schule buchstabieren, multiplizieren oder sonstwas gelernt haben. Der schlimmste Fehler, der dem Menschen in einem solchen Fall unterlaufen kann, besteht darin, den übereifrigen Schüler abzublocken: „Nerv' hier nicht 'rum!“ Das verschüchtert total – Kinder und Pferde!
Sicherlich reagiert der Reiter erschreckt auf die Eigeninitiative seines Pferdes: „Es antizipiert! Es nimmt mir die Entscheidungen vorweg!“ Sicherlich kann aus dem Vor-

wegnehmen der reiterlichen Entscheidungen durch das Pferd ein Problem entstehen, wenn die Pferde auf dem Turnier eigenwillige Kürvorführungen zum Besten geben, aber das sind zwei verschiedene Paar Stiefel!
In der Lernphase läßt man das Pferd gewähren, läßt es zum Beispiel überall stoppen, wo es will. Man vermeidet aber in dieser Zeit tunlichst die Punkte, an denen das Pferd auf dem Turnier stoppen soll. Anderes Beispiel: In der Lernphase läßt man das Pferd gewähren, wenn es einen fliegenden Wechsel nach dem anderen springt, ohne daß der Reiter es dazu veranlaßt hätte, aber man läßt es niemals fliegend von einem Zirkel zum anderen wechseln.
Gleichzeitig macht man sich darüber Gedanken, ob das Pferd nur wechselt, weil es das Erlernte anwenden will – oder ob es das Gelernte dazu verwendet, eine unliebsame Hinterhandbelastung zu vermeiden (was besonders bei Arabern naheliegt). Trotzdem läßt man es eine Zeitlang gewähren. Meistens löst sich das Problem von ganz allein, indem das Pferd etwas Neues lernt, das es dann ebenso ausdauernd und begeistert ausprobieren muß.
Das bedeutet: Um zu verhindern, daß das Pferd ständig wechselt, beginnt man mit dem Spin- oder Stop-Training. Wechselt es dann immer noch auf dem Zirkel ständig unaufgefordert den Galopp, handelt es sich um eine Hinterhandschwäche, die das Pferd durch den Galoppwechsel auszugleichen versucht, und nicht um übereifrige Lernwut. Eigentlich kann dem Reiter nichts Besseres passieren, als daß sein Pferd übereifrig das Gelernte anwenden möchte. Nur so kommt er in die Position des Kritikers, der berechtigt ist, an der Leistung gezielt eine Verbesserung zu verlangen.

Wendung gegen den Zaun für Fortgeschrittene Teil II

Nachdem das Pferd gelernt hat, über die Schulter zu gehen, kann man es in derselben Auswärtsstellung auch um die Hinterhand wenden lassen (wie auf der Abbildung auf Seite 51 zu sehen).
Im vorher beschriebenen Teil I der Wendung gegen den Zaun läuft das Pferd seiner Nase nach, es schaut in die Richtung, in die es wendet. Dabei entsteht bei Pferden, die ohnehin nicht gern ihre Hinterhand einsetzen, schnell die Gefahr, daß sie sich dabei lediglich wie eine Flasche um ihren Schwerpunkt drehen. Der sackartig nach außen sitzende und in der inneren Schulter herunterhängende Reiter fordert das Pferd geradezu dazu auf, sich um seine Mittelachse zu drehen. Aus dem Rückwärtsgehen in Außenstellung zu wenden hilft daher dem Reiter, den richtigen Sitz zu finden, und dem nicht so athletischen Pferd, das eigene Gewicht auf die Hinterhand zu verlagern.
Und es ist eine feine Übung für Pferde, die im Gelände scheuen. Das überrascht Sie? Dabei ist es nur logisch: Man verwandelt das Scheuen einfach in Arbeit.
Dazu ein Wort im voraus:

Warum scheuen Pferde überhaupt?

Der Reiter glaubt, daß sein Pferd aus Angst scheut. Das trifft zu, wenn das Pferd seinem Reiter nicht vertraut. Ein Pferd, das sich auf seinen Reiter wirklich verlassen kann, weil es den Eindruck hat, daß er mit allen Schwierigkeiten dieser Welt spielend fertig wird, hat eigentlich keinen Grund zu scheuen. Und trotzdem passiert oft genug genau das Gegenteil: Wenn besagtes Pferd mit einem unsicheren Reiter unterwegs ist, benimmt es sich mustergültig brav. Kaum sitzt ein wirklich guter Reiter im Sattel, springt es von links nach quer durch die Botanik. Unter dem gleichen Reiter gehen zaghafte Pferde ohne Zaudern und Scheuen durchs Gelände.
Das liegt offensichtlich daran, daß die Pferde ihre Reiter vom ersten Augenblick einer Begegnung an einschätzen. Ein Pferd mit starker Psyche wird einen schwachen Reiter brav tragen und unter dem guten Reiter albern herumspringen. Ein ängstliches Pferd wird mit dem schwachen Reiter nach Hause rennen, aber unter dem guten ganz brav an allen Schwierigkeiten vorbeigehen.

„Wenn ich lange genug wegsehe, ist das Ding verschwunden."

Ob ein Pferd erregt ist, läßt sich leicht feststellen: Die Pulsfrequenz ist spürbar erhöht. Man fühlt deutlich, wie das Herz durch das Sattelblatt hindurch heftig klopft, mit etwa 140 Schlägen pro Minute. Die Atmung ist auf einmal hörbar, unter Umständen schnauft und schnaubt das Pferd sogar. Die Ohren sind starr auf den angstauslösenden Gegenstand gerichtet. Klappt das Pferd dann noch das dem „Ding" nähere Ohr waagrecht ab, wird es als nächstes in die andere Richtung scheuen.
Beispiel: Blauer Müllsack auf der rechten Seite des Weges. Das Pferd klappt das rechte Ohr ab, so daß seine Ohren wie die Zeiger der Uhr auf drei Uhr stehen; es scheut nach links weg.
Auch wenn Pferde nicht in den Hänger wollen, sollte man den Puls überprüfen: links direkt hinter dem Ellenbogen die flache Hand auf den Rippenkasten legen. Dann weiß man, woran man ist.

Im Pferd herrschen ungeheure Suggestivkräfte. Sie können sich wirklich einbilden, daß ein am Wegesrand abgestellter Pflug ein pferdefressendes Monster ist.
Da es aber auch freudige Aufregung gibt, sind Puls und Atmung allein noch kein Anzeichen für Angst.
Wird das Pferd im ganzen Körper steif, fliegt die Atmung, und mag es den Gegenstand des Schreckens überhaupt nicht anschauen – nach dem Motto: „Wenn ich lange genug wegsehe, ist das Ding verschwunden" –, hat das Pferd echte Angst.
Schaut es das „Ding" an, schüttelt den aufgewölbten Nacken und zappelt herum, ohne wirklich flüchten zu wollen, ist es übermütig und albern und übt gerade das perfekte Flüchten. Das ist selbst für erfahrene Reiter nur sehr schwer zu unterscheiden. Da man Pferde aber sowieso besser nicht straft, sondern sinnvoll korrigiert, macht es für die Reaktion des Reiters eigentlich auch keinen Unterschied.
Wenn man dem Pferd hier grundsätzlich Albernheit unterstellt, wird man selbst nicht steif vor lauter Angst vor der Angst des Pferdes. Statt dessen überlegt man sich, wie man diese Situation in eine nutzbringende Übung umwandelt: Man läßt das Pferd mit dem Gesicht zu dem „Ding" wenden (siehe Teil III)! So lange, bis das Pferd signalisiert, daß ihm nicht nur der Gegenstand gleichgültig geworden ist, sondern daß es liebend gern weitergehen möchte.
Beim nächsten schrecklichen Teil wird es sich an die Arbeit erinnern, die ihm das letzte Scheuen eingebracht hat, und es wird sich tunlichst verkneifen, erneut zur Seite zu springen.
Das ist zwar keine Garantie, daß das Pferd auf dem nächsten Ausritt nicht wieder üben wird: „Was wäre, wenn jetzt ein Wolf kommt", aber es wird es sich gründlich überlegen, ob ein Scheuen notwendig ist.

Nun zur technischen Seite:
Diese Übung besteht aus Rückwärtsgehen und einer Wendung auf der Hinterhand in Außenstellung. Das Pferd schaut also nicht in die Richtung, in die es wendet.
Angenommen, es soll nach rechts wenden, dann schaut es nach links. Dazu treibt der Reiter sein Pferd rückwärts, nimmt in der Rückwärtsbewegung den linken Zügel an und treibt es mit dem linken Schenkel, der ziemlich weit vorn liegt, nach rechts um die Hinterhand herum. Dabei kann der rechte Zügel seitwärts unterstützend mitbenutzt werden, wenn es nötig ist. Der Reiter sitzt dabei auf dem rechten Sitzbeinknochen, damit das Pferd in Drehrichtung nach rechts unter den Schwerpunkt des Reiters tritt.

Wichtig ist, daß die Rückwärtsbewegung nicht unterbrochen wird, da dies dem Pferd Gelegenheit gibt, in der Hinterhand auszuweichen und sich wie eine Flasche um die Mittelachse zu drehen.

Wenn das Pferd dieser Einwirkung seines Reiters Folge leistet, fällt als erstes der unterstützende äußere (hier rechte) Zügel weg, dann der innere (hier linke) Zügel und zum Schluß auch der innere (hier linke) Schenkel, so daß das Pferd nur noch auf die Gewichtsverlagerung des Reiters hin wendet.
Jetzt kann man auch die optische Begrenzung des Zauns verlassen und das Pferd überall aus der Rückwärtsbewegung wenden lassen. Reiten wird nun wirklich zum Vergnügen: wenn man ein Pferd unter sich hat, daß so fein reagiert, daß man nur einsitzen muß, damit es rückwärts geht, wenn man nur noch in eine Richtung schauen muß, damit es sich dahin bewegt. Auf diese Weise zu wenden fällt dem Pferd an sich leicht, da es sich um einen natürlichen Bewegungsablauf handelt.
„Wenn ich lange genug wegsehe, ist das Ding verschwunden" – deswegen läßt man angstvolle Pferde in Außenstellung wenden. Das entspricht nicht nur der Körperposition des wegsehenden Pferdes, so daß es keinen

Ohne Zügeleinwirkung: rückwärtsgehen

Das Pferd wendet in Außenstellung.

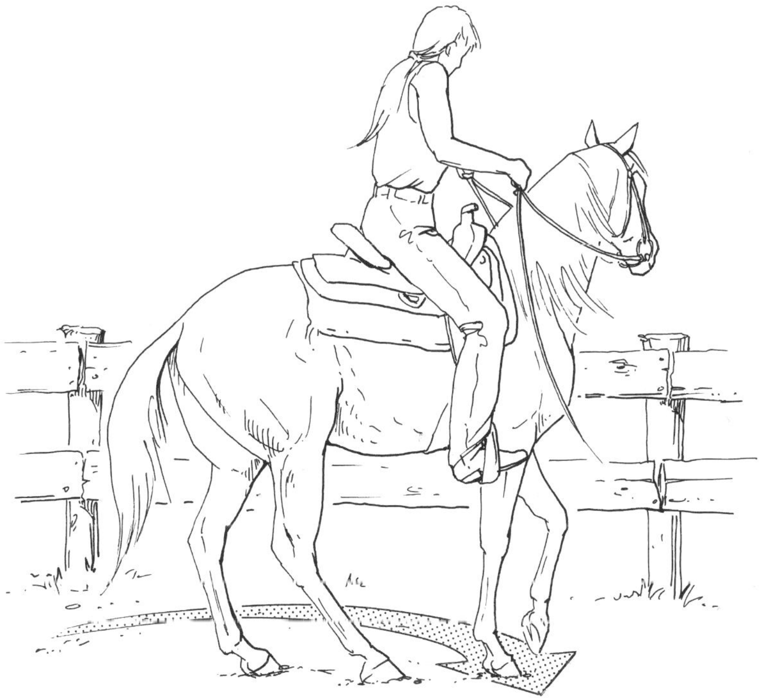

Am Ende der Wendung sieht das Pferd den Zaun an.

Widerstand gegen das Einleiten der Wendung entwickelt (vorausgesetzt, sein Reiter hat vorher in der Bahn geübt, es in Außenstellung über die äußere Schulter wenden zu lassen). In der Wendung selbst wird das Pferd das „Ding" ansehen müssen. Dabei ist seine äußere Schulter frei, so daß es glaubt, von dem „Ding" wegbrechen zu können. Aber der Reiter übernimmt das Pferd auf dem äußeren Zügel, in den es förmlich hineinläuft, stellt wieder auswärts, läßt es erneut rückwärts gehen und wenden – in aller Ruhe und immer wieder.

Einen ausgesprochen wirksamen Einsatz für den Freizeitreiter im Gelände erfährt diese Form der Wende-Übung (ebenso Teil III) in der Abwehr freilaufender unerzogener Hunde, deren Anzahl immer größer wird. Und es gibt sogar Hundebesitzer, die sich einen Spaß daraus machen, ihren Hund hinter Reitern herjagen zu lassen!

Bevor das Pferd im Schrecken flieht, der Hund kläffend hinterherläuft und das Pferd schlußendlich durchgeht oder der Reiter von derartigen Hunden angefallen wird, weil das Pferd nicht davonläuft, ist es auf jeden Fall sicherer, die Initiative zu ergreifen und den Hund zu vertreiben.

Dazu läßt man das Pferd anhalten, auf der Hinterhand wenden und auf den Hund zu laufen. Vielleicht läßt man es vor der Wendung auch ein paar Tritte rückwärts gehen, um sicher zu sein, daß es wirklich wendet, daß es möglichst schnell wendet und sich auf gar keinen Fall in irgendeine andere Richtung entzieht.

Die schnelle Wendung wirkt auf jeden Hund sehr eindrucksvoll, da sie nicht in das Verhaltensmuster jagdbarer Beute gehört. Denn die dreht sich nicht zum „Angriff" gegen ihn um.

Verblüfft wird der Hund zur Seite ausweichen. Ängstliche Vertreter suchen sofort das Weite. Die anderen wollen sich jedoch das Spiel so schnell nicht verderben lassen und werden versuchen, wieder auf die Rückseite des Pferdes zu gelangen. Damit hat der Hund aber den weiteren Weg, und der Rei-

Rückwärtsgehen und Wenden am losen Zügel

ter wird sein Pferd immer so wenden lassen, daß es dem Hund seine Vorderseite zeigt. Läuft der Hund seitlich weg, läßt der Reiter – sofern es das Gelände zuläßt – sein Pferd parallel mitlaufen und läßt es wieder wenden, wenn der Hund wendet. Der wird das Spiel bald leid.

Hunde, die von ihren Besitzern hinter dem Pferd hergeschickt werden, gehören einer aggressiveren Sorte an, wie ihre Besitzer eben auch. Solch ein Hund bleibt mit Sicherheit stehen, knurrt drohend und geht möglicherweise auch noch in eine geduckte Angriffshaltung. Hier ist es unter Umständen sogar lebenswichtig, daß man dem Hund immer die Vorderseite des Pferdes zeigt. Zeigt sich der Hund angriffslustig, läßt man das Pferd rückwärts gehen, um es in dem Augenblick vorwärtsschießen zu lassen, wenn sich der Hund auf das Pferd zu bewegt. Der Hund wird das Terrain nicht ohne weiteres verlassen wollen, also weicht er rückwärts, wobei er mit gesträubtem Fell und gebleckten Zähnen knurrt. Sofort läßt man das Pferd anhalten und wieder ein paar Tritte rückwärts gehen. Das erhält es unter der Kontrolle des Reiters und verunsichert zusätzlich den Hund. Nach ein paar dreisten Vorstößen wird sich der Hund frustriert zurückziehen.

In den seltensten Fällen wird ein Hund tat-

sächlich angreifen. Hier braucht man ein wirklich unerschrockenes Pferd, das in der Lage und bereit ist, immer wieder schnell um die Hinterhand zu wenden, von einer Richtung in die andere oder auch komplett um die eigene Achse wirbelnd. So findet der Hund kein Ziel für seine Zähne und ist ständig den gefährlichen Vorderhufen des Pferdes ausgesetzt.
Auf diese Weise und unter zusätzlichem Einsatz der Zähne bekämpfen Wildhengste noch heute angreifende Raubtiere. Und wenn sie nicht durch Unterernährung im Winter zu sehr geschwächt sind, bleiben die Pferde in solch einer Begegnung Sieger. Das Pferd ist eben kein *reines* Fluchttier ...
Vielleicht hat der Reiter Gelegenheit, den Besitzer eines Collies oder eines anderen Hütehundes für ein entsprechendes Training zu gewinnen. Hütehunde machen so etwas gerne mit, weil sie darauf gezüchtet sind zu hüten, zu kontrollieren. Sie „hüten" alles, was sich bewegt. Andere Hunde finden es schnell lästig, dauernd ein Pferd vor sich zu haben. Dem Pferd kann ein solches Training viel von der Angst vor Hunden nehmen, weil der unterschiedlich ausgeprägte Instinkt, vor „Wölfen" zu fliehen, durch die positive Erfahrung des Kontrollieren-Könnens abgebaut wird. Aus der Angst wird ein Spiel.

Wendungen auf der Hinterhand

Wenn ein Pferd erst einmal in der Lage ist, in Auswärtsstellung eine halbe Wendung auf der Hinterhand zu vollziehen, ist es nur noch ein kleiner Schritt zur ganzen Hinterhandwendung um 360°.
Dafür läßt der Reiter den auswärtsstellenden Zügeldruck länger bestehen und treibt mit dem gleichseitigen Schenkel, damit das Pferd mehr als 180° wendet.
Im fortschreitenden Training läßt er den Zügel los und erwartet, daß das Pferd nur auf die treibende Einwirkung des Schenkels weiter auf der Hinterhand wendet. Erst wenn das Pferd nach vorwärts ausfällt, nimmt er den Zügel wieder auf.
Der Erfolg ist eine langsame Wendung auf der Hinterhand, bei der sich das Pferd immer mehr geraderichtet, weil ja der Zügeldruck fehlt. Der Reiter muß allerdings immer darauf achten, daß das Pferd den Hinterfuß belastet, in dessen Richtung es dreht. Wenn es nach rechts dreht, muß es also den rechten Hinterfuß stehenlassen und seinen gesamten Körper um diesen rechten Hinterfuß drehen. Damit erreicht man, daß das Pferd nicht mehr versucht, in der Hinterhand auszufallen, um sich in seiner Körperachse zu verschieben oder sogar um die Mittelachse zu wenden (siehe Abbildung Seite 51).
Die Mehrzahl der Reiter wird diesen Bewegungsablauf nicht erfühlen können. Solange die Drehbewegung langsam vollzogen wird, kann man sich dadurch helfen, daß man zurück auf den zu belastenden Hinterfuß schaut und das Pferd durch bestätigendes Lob oder korrigierendes Zurechtweisen („Jaaa, gut"; bzw. „Na!") lenkt. Ansonsten empfiehlt es sich, einen Helfer mit der Aufgabe zu betrauen, auf den zu belastenden Hinterfuß, den sogenannten Pivot-Fuß, zu

schauen, und dem Reiter durch „Ja" oder „Nein" Hilfestellung zu leisten.

Ganz wichtig: Sobald das Pferd beginnt, um die Hinterhand zu drehen, muß der Zügel absolut lose sein (= Nullwirkung), damit es keinen Grund hat, gegen den Zügel zu kämpfen und sich zu entziehen.

Als nächstes entfällt auch die treibende Schenkelhilfe. Die Wendung wird nur noch angetrieben, dann entfernt sich der Reiterschenkel vom Pferdekörper und wird erst wieder aktiv, wenn das Pferd aufhört, sich zu bewegen.

Da sich das Pferd hier mehr oder weniger in Außenstellung um den diagonalen Hinterfuß dreht, wird daraus kein Spin. Aber man kann dem weniger athletischen Pferd vermitteln, was es tun soll: sich um die Hinterhand drehen. Aufgrund der Außenstellung darf man diese Hinterhandwendung auch nur sehr langsam reiten, sonst tritt sich das Pferd auf den inneren Vorderfuß und versucht zu „hinterkreuzen", indem es das äußere Vorderbein hinter das innere plaziert. Solchen Ideen muß der Reiter unbedingt mit deutlichem Vorwärtsreiten begegnen, sonst entzieht sich sein Pferd später im Spin nach rückwärts.

Einwärtsstellung

Mit dem Begriff „Einwärtsstellung" ist gemeint, daß der Reiter durch den am Hals anliegenden rechten Zügel und den rechten Schenkel direkt am Gurt sein Pferd nach rechts schauen läßt (= stellt), wobei es weiter geradeaus geht – und ebenso andersherum nach links. Hier sind wir also wirklich bei dressurmäßiger Arbeit.
Die Einwärtsstellung fördert die Gymnastizierung des Pferdes und verhindert, daß sich das Pferd durch Belasten der inneren Schulter auf die Vorhand wirft und sich so den reiterlichen Absichten entzieht. Und das versuchen die Pferde ständig und immer wieder. Damit ist gemeint, daß das Pferd in Richtung der inneren Schulter von der vom Reiter vorgesehenen Richtung abweicht, indem es „nach innen fällt".
Das Reiten über die äußere Schulter wirkt dem als wichtigste und im Training immer wiederkehrende Übung entgegen (siehe Seite 46).

Ziel der Westernreitweise ist es jedoch immer, das Pferd zum Verlagern seines Schwerpunktes auf die Hinterhand zu veranlassen, weil die dort trainierbare Kraftentwicklung die verschleißanfällige Vorhand entlasten kann, damit das Pferd lange nutzbar bleibt.

Die Einwärtsstellung ist ein reduzierter Teil des Gehens über die äußere Schulter, da das Pferd nach innen schauend weiter geradeaus laufen soll, ohne gleichzeitig nach außen zu gehen. Das Gehen über die äußere Schulter ist also eine Voraussetzung dafür, daß sich das Pferd auf gerader Linie überhaupt einwärtsstellen läßt.
Dabei ist es für das einwärtsgestellte Pferd viel schwieriger, die innere Schulter zu entlasten, weil die Muskulatur des einwärtsgestellten Halses sie im Vortreten behindert.

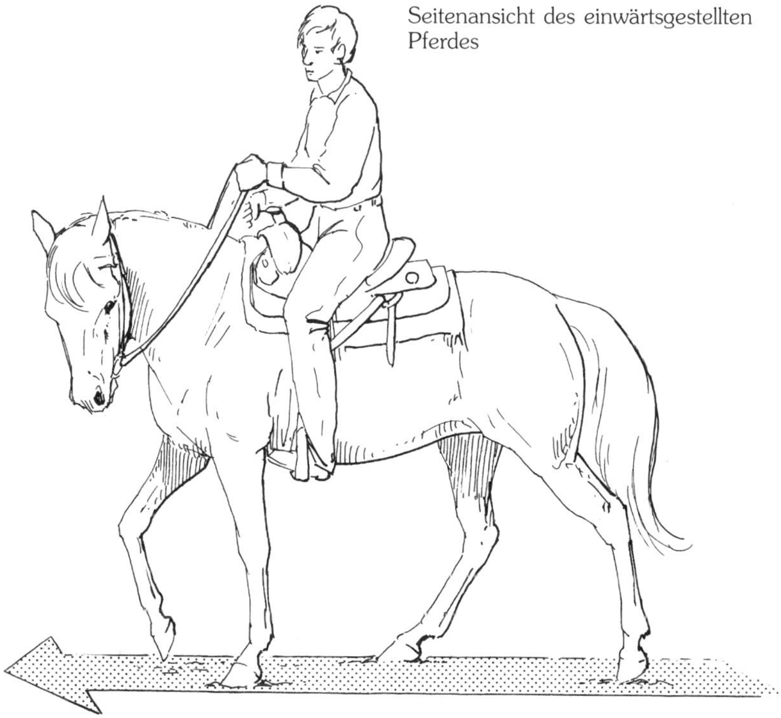

Seitenansicht des einwärtsgestellten Pferdes

Deswegen läuft das reiterlose Pferd auch über die äußere Schulter: Es schaut im Rechtsgalopp nach links, weil es sich nur schwerlich gegen seine blockierende Halsmuskulatur auf der rechten Seite nach hinten umschauen kann. Daraus folgt, daß das Gehen in Stellung im Bewegungsablauf des ungerittenen Pferdes so häufig vorkommt wie Spagat beim Menschen. Aber beides ist außerordentlich nützlich für die Gymnastizierung, für die Dehnbarkeit der Muskulatur. Das Pferd kann auf der gebogenen Linie viel besser im Gleichgewicht bleiben, wenn es seinen Körper dieser Linie nach biegt. Dadurch bleibt es senkrecht zum Erdmittelpunkt und wird weder stolpern noch hinfallen. Auch wenn die Einwärtsstellung für das Pferd ziemlich anstrengend ist, wird es so lange willig mitmachen, wie man ihm dabei erlaubt, sich immer wieder nach vorwärts-abwärts zu dehnen, um seine Muskulatur zu entspannen. Es ist wie beim gymnastiktreibenden Menschen: zuerst furchtbar anstrengend und fast unmöglich, dann geht's leichter, und man empfindet Freude am Erfolg.

Der innere Zügel wird weich am Pferdehals entlang in Richtung Bauchnabel des Reiters geführt, der innere Schenkel treibt direkt am Gurt.

Die Einwärtsstellung

Technik: Um das Pferd einwärtszustellen, zieht der Reiter weich am inneren Zügel, am Pferdehals entlang in Richtung auf seinen eigenen Bauchnabel – niemals seitlich über den Mähnenkamm des Pferdes – und läßt los, sobald er das innere Auge des Pferdes sehen kann. Gleichzeitig drückt er den gleichseitigen Schenkel direkt am Gurt an

Falsch: Zügel zieht über den Hals.

Falsch: Liegt der Zügel nicht am Hals, weicht das Pferd in Stellungsrichtung ab – und fällt auf die innere Schulter.

den Pferdeleib. Zieht er die Hand über den Mähnenkamm, läuft das Pferd über die innere Schulter und entzieht sich so, weil es nur leicht den Kopf schräg legen muß (Verlehnen), um die innere Schulter von der blockierenden Halsmuskulatur freizumachen und sich dann doch auf die innere Schulter zu legen. Ein Ziehen der Zügelhand über den Mähnenkamm fordert es dazu geradezu auf.

Einwärtsgestelltes Pferd im Schritt am losen Zügel

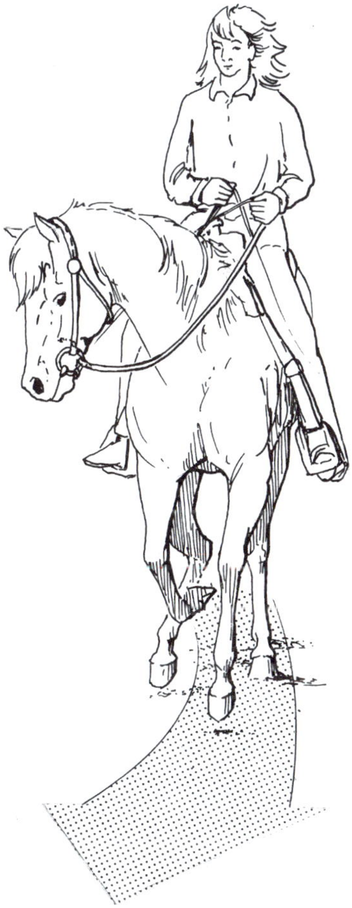

Einwärtsstellung im Galopp

Auswärtsstellung auf derselben Hand

Zieht der Reiter länger am einwärtsstellenden Zügel als nötig oder vergißt er den gleichseitigen Schenkel, antwortet das Pferd mit einem Abwenden auf eine Kreislinie nach innen und läuft unter dem Zügelzug mit der Schulter nach innen, um sie wieder belasten zu können. Dann weiß der Reiter, daß er zu lange gezogen und seinen innen treibenden Schenkel vernachlässigt hat. Die Einwärtsstellung sitzt erst dann wirklich,

Reining-Pferd am losen Zügel im Galopp auf dem Zirkel einwärtsgestellt

wenn der Reiter den Zügel loslassen kann und das Pferd aufgrund des inneren treibenden Schenkels immer noch einwärts gestellt auf der vorgesehenen Linie läuft. Ein langer Weg ...
Ein wirklich durchlässiges Pferd läßt sich im Galopp sowohl nach innen als auch nach außen stellen, ohne daß es aufhört zu galoppieren, ohne die Bewegungsrichtung zu ändern und ohne fliegend zu wechseln.
Auch für die Entwicklung des Spins ist die Einwärtsstellung eine wichtige Vorübung.

Wendungen gegen den Zaun Teil III

Und wieder werden Wendungen gegen den Zaun geritten, und wieder werden sie aus dem Rückwärtsgang entwickelt. Hier steigen allerdings die Anforderungen an das Pferd, weil es jetzt bereits im Rückwärtsgang in die Wenderichtung schauen soll, zunächst ohne zu wenden.
Modernes Training für Cutting-Pferde erfordert ein Maximum an Athletik in den Wendungen, denn auch die Cutting-Reiter haben mit dem Problem zu kämpfen, daß ihre Pferde auf die innere Schulter fallen und damit gegen das Rind drücken. Deshalb trainieren sie mit ihren Pferden eine Wendung in Stellung: Das Pferd schaut in die Richtung, in die es wenden soll. Das macht den Abstand zwischen dem belasteten Hinterbein und dem übertretenden Vorderbein kleiner. Das Pferd wendet quasi durch sich selbst hindurch.
Wir planen also eine Wendung nach rechts. Das Pferd geht ohne Zügeleinwirkung willig rückwärts.
Technik: Der rechte Zügel stellt das Pferd nach rechts; der rechte Schenkel verhindert, daß das Pferd sofort wendet, indem er weit vorn angelegt wird. Das Pferd geht einwärts nach rechts gestellt weiter willig rückwärts. Dann darf es wenden. Das ermöglicht ihm der Reiter, indem er den rechten Schenkel vom Pferdekörper wegnimmt und selbst nach rechts schaut. Etwa im letzten Drittel der Wendung treibt der leicht zurückgelegte äußere Schenkel, wenn das Pferd nach der Wendung vorwärts gehen soll.
Auch das ist eine gute Vorübung für den Spin:
Man fängt das Pferd nach Vollendung der Wendung weich mit Stimme und Zügel in der Vorwärtsbewegung ab, läßt es langsam weiter auf der Hinterhand wenden, bis es wieder parallel zur Wand steht, um es dort schwungvoll weiterwenden zu lassen.

Rechts von oben nach unten:

Das Pferd geht ohne Zügeleinwirkung willig rückwärts.

Der Reiter stellt das Pferd nach rechts.

Das Pferd darf wenden.

Der äußere Schenkel treibt im letzten Drittel der Wendung.

Abfangen und langsames Wenden zur offenen Seite

Rollback

Als Rollback bezeichnet man in der Turnierdisziplin Reining eine Wendung von 180° auf der Hinterhand gegen die Einzäunung im Anschluß an einen Sliding Stop. Dieser Stop und die folgende Wendung sollen mit etwa drei Meter Abstand zur Wand so ausgeführt werden, daß man möglichst keine Zügeleinwirkung sieht und das Pferd auf der gleichen Linie, auf der es gestoppt hat, im Galopp wieder herauskommt. Dabei soll es in die Wenderichtung schauen, also gebogen sein.

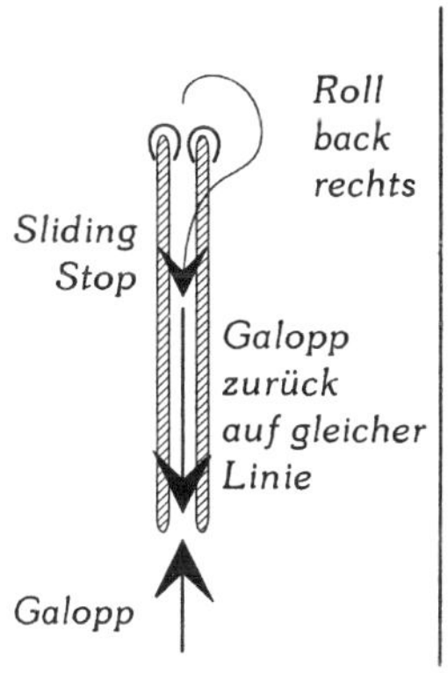

Rollback

Für ein Pferd, das den dritten Teil der Wende-Übung beherrscht, ist ein Rollback überhaupt kein Problem. Es sei denn, der Reiter hat es im Training nach der Wendung immer wieder heftig rückwärts gehen lassen. Solche Pferde verweigern in der Prüfung schnell den Rollback, indem sie sich nach rückwärts entziehen. Mehr als vier Tritte rückwärts oder ein Überdrehen dieser 180°-Wendung um mehr als ein Viertel bedeuten in Reining allerdings gleich Null Punkte.
Hier finden die Pferde sehr schnell eine Möglichkeit, sich gegen zuviel Zügeleinsatz ihres Reiters massiv zur Wehr zu setzen. Un-

schöne Bilder und „no score“, also Null Punkte, sind die Folge.
Im Unterschied zum Spin soll das Pferd den Rollback möglichst schnell ausführen, am besten, indem es sich auf die Hinterhand setzt und die Vorderbeine für 180° in der Luft behält, um blitzartig zu wenden.
Dazu drückt der Reiter den äußeren, den Bandenschenkel, im letzten Drittel der Wendung energisch an die Mitte des Pferdekörpers, nachdem er jede weitere Zügeleinwirkung aufgegeben hat. Zur Unterstützung der maximalen Beschleunigung kann er dem Pferd schnalzend „zwei Küßchen“ geben. Wichtig ist jedoch vor allen Dingen, daß er sein Gewicht in die Bewegungsrichtung bringt und auf jeden Fall vermeidet, die innere Schulter hängen zu lassen.
Ein gewaltfrei trainiertes Pferd wendet so schlagartig in den Rollback, wenn sein Reiter nur in die andere Richtung schaut, daß man besser darauf vorbereitet ist!

Pferde haben großen Spaß am Training des Rollbacks, weil er für sie einen praktischen Nutzen hat: Wer schnell wenden und lossausen kann, ist seinen Feinden immer eins voraus.

Pivot

Das ist eine schnelle halbe oder viertel Wendung um die Hinterhand. Ihre Beherrschung ist auch für nicht turniermäßig gerittene Pferde wichtig, damit der Reiter in der Lage ist, die Vorhand des Pferdes schnell beiseite zu nehmen, beispielsweise um natürlichen Hindernissen, Gefahrenquellen oder auch Spaziergängern auf engem Raum ausweichen zu können. Die Kontrolle über die Beweglichkeit der Vorhand stellt demnach ein erhebliches Maß an Sicherheit für Reiter und Pferd dar.

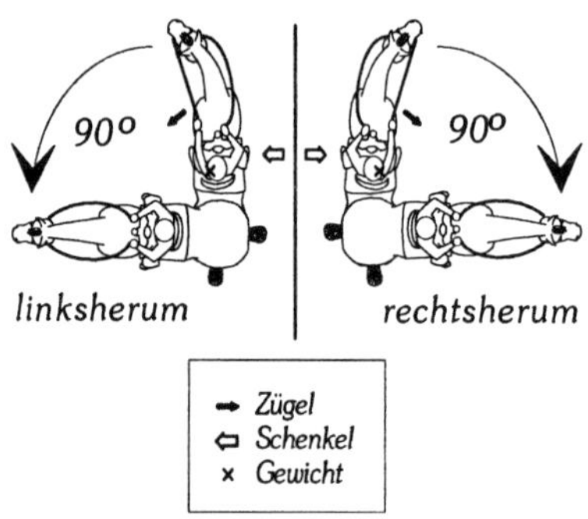

Viertel-Turn

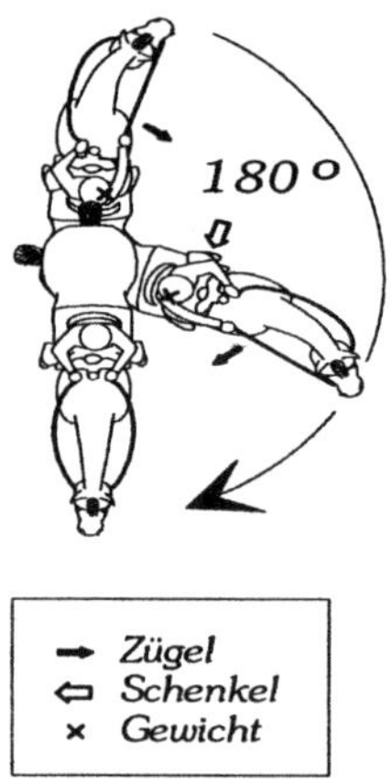

Half Turn

Schulterkontrolle ist geistige Kontrolle

Die Schulterkontrolle ist darüber hinaus die Antwort auf eine typische Verhaltensweise des Pferdes, nämlich gegen Rangniedrigere mit der Schulter zu drücken. Das Pferd verhält sich so nicht nur gegenüber Artgenossen, sondern gegenüber allen und allem, was ihm rangniedriger erscheint und Platz machen soll.
Wenn der Reiter demnach in einer engen Situation, in der das Pferd gegen Menschen, andere Pferde oder Gegenstände (beispielsweise Kinderwagen) drückt, es mit einem Half Turn davon entfernt, bringt er es gleichzeitig unter psychische Kontrolle, die dem Pferd deutlich macht, wer hier die Entscheidungen trifft. Eine derartige Kontrolle dankt das Pferd mit Vertrauen, das sich in Unterordnung und Gehorsam äußert. Denn das Pferd möchte, daß man ihm solche Entscheidungen abnimmt, es ordnet sich gern demjenigen unter, der gleichzeitig die Verantwortung für seine Handlungen und alles drumherum übernimmt. Diese Verantwortung muß der Reiter bereit sein zu tragen, damit ihm sein Pferd auch wirklich vertrauen kann.
Reiter mit einer „Freund Pferd"- und Kameradschafts-Philosophie werden sich in kniffligen Situationen immer in Schwierigkeiten finden, wenn sie nicht begriffen haben, daß „Kameradschaft" ein soldatischer Begriff ist. Niemand möge mir militaristische Tendenzen unterstellen, wenn ich behaupte: Das Pferd erwartet von seinem Reiter etwas anderes als eine basisdemokratische Diskussion.

„Ich trage dich, und du trägst die Verantwortung" – das ist der Standpunkt der Pferde und der ganze Grund, warum sie uns trotz allen reiterlichen Unvermögens auf ihrem Rücken dulden.

Spin

Dies ist die rasante Drehung des Reining-Pferdes um die Hinterhand. Dabei trabt es in höchstmöglicher Geschwindigkeit mit den Vorderfüßen um den inneren Hinterfuß, während der äußere schwungholend untersetzt – in Bewegungsrichtung gebogen, am losen Zügel, fast ohne treibende Einwirkung des Reiters. Und es kommt auf den Punkt genau zum Stillstand, nach $1\frac{1}{2}$ bis 4 Umdrehungen, je nachdem, was die Aufgabe (das Pattern) verlangt.
Während die sinnvolle Beherrschung des Half Turn gerade beschrieben worden ist, stellt der Spin eine Perfektion und gleichzeitig eine Perversion des durchlässigen Pferdes dar. Kein Geländereiter braucht ein Pferd, das sich rasant um die Hinterachse dreht, sooft es der Reiter will (es sei denn, er muß sich gegen einen angreifenden Hund zur Wehr setzen).
Aber der Spin ist der Gipfelpunkt seitlicher Durchlässigkeit des Westernpferdes, ebenso wie der Sliding Stop Gipfelpunkt frontaler Durchlässigkeit ist. Aber diese Elemente finden sich nur in der Turnierreiterei wieder, als Ausdruck reiterlichen Könnens.
Der Spin wird hier besprochen, weil sein Training eine Bereicherung der winterlichen

Spin am losen Zügel

Hallenarbeit des Geländereiters darstellen kann und dieses Training maßgeblich zur Durchlässigkeit und Rittigkeit des Pferdes beiträgt. Übrigens:

Jedes Pferd kann „spinnen"; nur die Geschwindigkeit ist eine Frage der Athletik.

Spin-Training:

Vor dem Tempo steht die **Technik**. Sie muß das Pferd zuerst lernen: den inneren Hinterfuß belastend stehen zu lassen und die Vorderbeine vorwärts kreuzend zu bewegen. Bei Pferden mit kräftiger Hinterhand und der Bereitschaft, sie auch einzusetzen, beginnt man den Spin aus der direkten Biegung mit Einwärtsstellung.

Man reitet das Pferd in einer Schrittvolte und stellt es durch den inneren Zügel am Hals und den inneren Schenkel am Gurt einwärts, so daß es in die Volte schaut, aber nicht hineinläuft. Diese Art der Volte übt man so lange, bis das Pferd sie auch ohne Zug auf dem inneren Zügel einwärtsgestellt laufen kann. Dann nimmt man den äußeren Zügel, legt ihn an den Hals, ohne ihn über den Mähnenkamm nach innen zu ziehen, wechselt den treibenden Schenkel, indem man jetzt mit dem äußeren, leicht zurückgelegten Schenkel treibt, so daß das Pferd eine Begrenzung an seiner Außenseite spürt und dieser nach innen ausweicht, indem es die Vorhand um die Hinterhand dreht. **Dabei schaut das Pferd weiterhin in Drehrichtung!**

Sobald das Pferd die rhythmische Vorwärtsbewegung des Schritts unterbricht, läßt man es wieder vorwärts in die einwärtsgestellte Volte gehen, bringt es in eine korrekte Einwärtsstellung bei fleißigem Schritt und beginnt von vorn.

Wer sich in seinen ersten Spins versucht, merkt in der Regel nicht, ob das Pferd wirklich um die Hinterhand dreht. Deshalb holt man sich am besten einen netten Menschen zu Hilfe, der beobachtet und kommentiert. Und man ist nicht gleich total frustriert, wenn das Pferd mit dem inneren Hinterfuß kein Loch bis nach Neuseeland in den Hallenboden bohrt. Es reicht erst einmal völlig aus, wenn das Pferd überhaupt um die Hinterhand dreht.

Die meisten Pferde werden jedoch versuchen, mit den Hinterbeinen kreuzend oder laufend nach außen auszuweichen, weil ihnen die nötige Flexibilität im Rumpf oder die nötige Kraft in den Hinterbeinen noch fehlt. Die meisten Reiter werden daraufhin versuchen, das Pferd mit dem äußeren Zügel in die Drehung zu ziehen. Das Pferd wird nach rückwärts ausweichen, ein Vorderbein hinter das andere setzen oder mit den Vorderbeinen springen, weil es sich nicht anders zu helfen weiß.

Alle Pferde, die auf diesen Ablauf mit Widerstand reagieren, machen sich steif. Man muß ihnen also helfen, die nötige Flexibilität und Kraft zu entwickeln, um in gebogener Haltung um den inneren Hinterfuß drehen zu können. Dabei darf ihnen der Reiter nicht mit falschem Sitz im Wege sein.

Wie muß der Reiter im Spin sitzen?

Das Pferd tritt immer unter den Schwerpunkt des Reiters. Es erfordert also schon sehr begabte Pferde, wenn der Reiter der Fliehkraft und der Aufwölbung des Pferderückens folgend außen sitzend einen Spin reiten will. Man kann dem Pferd helfen, indem man sein Gewicht in die Drehrichtung verlagert. **Verlagert, nicht verlehnt!** (Siehe Abbildung Seite 55.)
Das erreicht man, indem man das äußere Bein ein wenig abspreizt, in der äußeren Hüfte einknickt und die innere Schulter anhebt. So gibt man dem Körper eine totale Gewichtsverlagerung nach innen, ohne daß man sich nach der Seite verlehnen muß. Ein Verlehnen des Reiters bedeutet die Bewegung des Oberkörpers aus der Senkrechten zur Seite.
Von Natur aus möchte sich der Mensch gern in die Richtung lehnen, in die er sich bewegt. Das kann jeder an sich selbst ausprobieren: im schnellen Lauf auf kleinem Kreis, indem man sich auf einem Bürostuhl dreht, indem man mit dem Auto oder Motorrad eine enge Kurve fährt ... Bei größerer Geschwindigkeit tun manche aber genau das Gegenteil: Während der Motorradfahrer sich auf der Straße in die Kurve legt/lehnt, stellt der Motocross-, Sand- oder Eisbahnfahrer den Lenker seines Motorrades gegen die Kurve und verlagert sein Gewicht nach außen. Oft liegt die Maschine dabei so schräg, daß der Fuß auf der Innenseite der Kurve den Boden berührt.

Sich verlehnen – das ist es, was sowohl Reiter als auch Pferd gern tun – und was sich beide abgewöhnen müssen, wenn Wendungen und Drehungen funktionieren sollen.

So sitzen auch die Cutting-Reiter auf ihren blitzschnell wendenden Pferden. Beide – Motocrossfahrer und Cutter – zeigen überdeutlich, wie sie versuchen, ihren Körper angesichts der heftigen Fliehkräfte unter sich im Gleichgewicht zu halten: indem sie den Oberkörper nach außen verlehnen, um

Verwerfen im Genick

Verlehnen im Hals

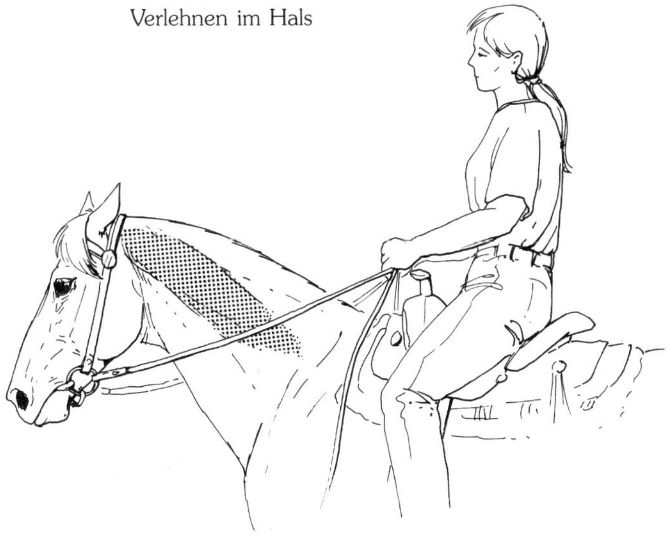

ihn senkrecht halten zu können. Nach außen – nicht nach innen!

Das Pferd hat fünf Möglichkeiten, sich zu verlehnen:

1. *Verwerfen im Genick:* Das kann der Reiter leicht feststellen: Das Pferd hält den Kopf schief, so daß das innere Ohr höher ist als das äußere und der innere Ganaschenrand sichtbar ist. Direkt hinter dem inneren Ohr schwillt ein faustdicker Muskel sichtbar an. Das Pferd tut dies, um eine Biegung im oberen Bereich des Halses zu vermeiden. Nahezu jeder Reiter hat irgendwann das Gefühl eines steifen Halses am eigenen Leibe erfahren. Ein steifer Hals ist ein Grund, warum ein Pferd den Hals nicht biegen möchte: Es tut weh.

In der Regel zeigt ein Steifmachen des Halses jedoch eine Hinterhandschwäche an: Wenn das Pferd in einer Biegung nach außen schaut, schwingt der innere Hinterfuß nicht unter den Körper. Entweder bereitet ihm das Probleme oder es möchte das äußere Hinterbein nicht belasten.

Abhilfe schafft vorsichtige, gefühlvolle Gymnastik, die den Hals vermittels des seitwärts wirkenden Zügels immer wieder zum Biegen auffordert, wobei der Zügel sofort nullwirken muß, sobald das Pferd durch Biegen nachgibt. Sonst legt es sein Kopfgewicht schief auf den Zügel, sucht darin eine Stütze für die schmerzende Muskulatur und zieht dem Reiter sogar den Zügel aus der Hand. Um den Schmerz in der Halsmuskulatur oder der Hinterhand zu lösen, wechselt man häufig die Biegeseite und ist wirklich zart mit der Zügeleinwirkung, aber energisch mit dem treibenden Schenkel.

Manchmal sind Pferde einseitig so steif, daß sie sich zur gegenüberliegenden Seite überhaupt nicht biegen können. Dann hilft die „feine lösende Übung" (siehe Kapitel „Aufbau einer Reitstunde"). Richtig angewendet, hat diese krankengymnastische Behandlung dieselbe schmerzlösende Funktion wie eine entsprechende Gymnastik für verspannte Menschen. Mit Gewalt erreicht man hier wie dort gar nichts.

Unterstützen kann man diese Therapie noch durch leicht wärmende Einreibungen im oberen Drittel des Halses, da sich hier die Muskulatur aufgrund der Abwehrhaltung extrem verspannt. Dasselbe möchte ich übrigens auch verspannten Reitern empfehlen; im Zusammenhang mit der rhythmischen Bewegung des Pferdes erreicht man für sich selbst erstaunliche Linderung.

2. *Verlehnen im Hals:* Das ist für den Reiter daran zu erkennen, daß das Pferd den oberen Armkopfmuskel gegen die Biegerichtung drückt. Er erscheint als bananenförmige Beule auf der Halsinnenseite.

Entweder kann sich das Pferd auf der Außenseite des Halses oder auf der Außenseite des Rippenbogens nicht dehnen. Die Ursache findet sich im Hals, wenn in der Dehnung auf der Außenseite Kuhlen sichtbar werden. Derartige Muskelverkürzungen finden sich bei Pferden, die eine schwere Erkrankung der Atemwege hinter sich haben oder mehr oder weniger dämpfig sind, und bei Pferden, die unsachgemäß lange und extrem ausgebunden worden sind. Pferde mit steifem Rippenbogen sind erkennbar einseitig besonders schief (siehe dazu Kapitel „Die natürliche Schiefe").
Auch hier helfen nur Biegen (die „feine lösende Übung"!), Geduld und regelmäßiges, tägliches Reiten. Wie beim Menschen ist die Neigung zu Verspannungen erstens anlage- und zweitens haltungsbedingt. Während der Mensch kaum einen Ausweg aus der für den Unterhalt seines Pferdes notwendigen, aber verspannungserzeugenden Büro- oder Fließbandarbeit sieht, hat er aber vielleicht eine Möglichkeit, die Situation seines Pferdes durch eine artgerechte Gruppen-Auslaufhaltung zu verbessern. Bei bewegungseinschränkender Boxenhaltung wird er jeden Tag erneut vor dem Problem nervenraubender Verspannungen stehen – ebenso wie ihn selbst die gleichen Schmerzen am Ende eines Arbeitstages ohne Bewegung quälen.
Darüber hinaus stehen Verspannungen in unmittelbarem Zusammenhang mit der gemütsmäßigen Verfassung des Individuums, gleich ob Reiter oder Pferd. Vollblütige, hochsensible Typen neigen zu regelmäßig wiederkehrenden Verspannungen, während gelassenere Pragmatiker nach einmaliger, umfassender Gymnastizierung einen entspannten Zustand beibehalten.
3. *Verlehnen in der Schulter:* Das Pferd verkrampft den Schultergürtel und die Brustmuskulatur. Das äußert sich darin, daß es lieber die Vorderbeine gegeneinanderschlägt oder sie sogar rückwärtig kreuzt und die Gefahr des Stolperns über die eigenen Beine in Kauf nimmt, als in weicher Vorwärtsbewegung ein Bein vor das andere zu setzen. Um dieses Verhalten nicht noch zu verstärken, rüstet man das Pferd für alle Manöver, bei denen es die Vorderbeine kreuzen soll, mit stabilen, schlagabweisenden Gamaschen und sogar mit Hufglocken aus, damit es nicht durch einen Schmerz im empfindlichen Bereich der Vorderröhren und Kronränder zu einem derartigen Vermeidungsverhalten aufgefordert wird.
Gleichzeitig läßt man das Pferd vermehrt über die äußere Schulter gehen, damit ihm das Kreuzen der Vorderbeine selbstverständlicher wird, so daß es nicht in verkrampften Ausweichmanövern sein Heil suchen muß. Ganz wichtig ist es dabei, daß die Vorwärtsbewegung des Pferdes erhalten bleibt.
Pferde, die sich hier verkrampfen, faßt man probeweise mit erträglichem Druck in die Brustmuskulatur. Reagiert das Pferd mit deutlichem Schmerzempfinden, was es durch Beißversuche oder Stampfen mit den Vorderbeinen signalisiert, liegen hier ausgesprochen schmerzhafte Verkrampfungen der Muskulatur vor. Reagiert das Pferd auch beim Griff in andere Muskelpartien mit Abwehr, sollte man den Tierarzt kommen lassen, um die Blutwerte untersuchen zu lassen. Oft sind Störungen im Muskelstoffwechsel die Ursache. Leider ist ein Verlehnen in der Schulter aber oft auch ein Anzeichen für Gelenkverschleiß der Vorderbeine, vor allem der Hufrolle. Solche Pferde reitet man besser nicht auf kleinen, gebogenen Linien.
4. *Verlehnen im Rippenbogen:* Dies macht sich in der Regel im Ausfall der Hinterhand in gegengleicher Richtung bemerkbar und ist vom Durchschnittsreiter vom Sattel aus nicht festzustellen. Es bedarf dafür sogar eines geschulten Auges vom Boden aus. Der Durchschnittstrainer wird nur das Ausfallen der Hinterhand, jedoch nicht den Ursprung im Festhalten des Rippenbogens erkennen.
Das ist auch nicht weiter schlimm, da die Abhilfe wieder einmal in der verstärkten Anwendung der „feinen, lösenden Übung" mit anschließender direkter Biegung zu finden ist.
Hält das Pferd den Rippenbogen fest, ohne daß eine Hinterhandschwäche vorliegt, darf der Reiter die biegende Zügelhand deutlich

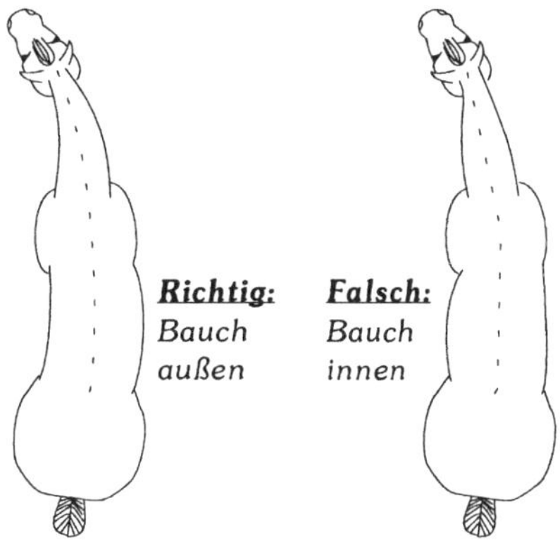

Die Rippenbiegung

rückwärts in Richtung Knie ziehen. Er muß das Gefühl haben, daß das Pferd gegen seinen äußeren Schenkel drängt, denn dann biegt es sich wirklich in der Körpermitte. Hier kann auch ein lang verschnalltes Ringmartingal nützliche Dienste erweisen.

5. *Verlehnen in der Hinterhand:* Sensible Reiter können dies vom Sattel aus bemerken. Sie haben das Gefühl, daß das Pferd sie dauernd auf die Außenseite der Biegung setzen will. Rippenbiegung und Hinterhandeinsatz hängen unmittelbar zusammen. Dadurch, daß das Pferd die innere Seite des Rippenbogens dehnt und damit anhebt, rutscht der Reiter nach außen. Gleichzeitig verlagert das Pferd sein Gewicht auf den äußeren Hinterfuß. Daher erscheint ein Festhalten des Rippenbogens schnell als Verlehnen der Hinterhand. Das ist für den Betrachter leicht zu erkennen. Das Pferd hebt die innere Kruppenhälfte und belastet das äußere Hinterbein.

Pferde, die sich nur in der Hinterhand verlehnen, erkennt man daran, daß sie sich dem Kruppeherein (siehe Seite 95), dem seitlichen Nachgeben der Hinterhand, entziehen und statt dessen gegen den Schenkel nach außen drängen, rückwärts verschwinden, steigen oder bocken, wenn der Reiter den äußeren Schenkel anlegt, damit das Pferd mit kreuzenden Hinterbeinen dem Schenkeldruck nach innen ausweichen soll.

Sitzposition des Reiters bei festem Rippenbogen

Zusammenfassung:
Wenn sich ein Pferd an irgendeiner Stelle seines Körpers verlehnt, zeigt es damit ein Vermeidungsverhalten gegen Schmerzen.

Damit dürfte ein für allemal klar sein, daß es ein „Der blöde Bock will bloß nicht!" nicht gibt. Nun soll man aber nicht gleich denken, daß man Pferde deswegen nicht reiten darf. Ganz im Gegenteil! Gymnastik fällt dem Pferd genauso schwer wie dem Menschen. Aber beiden hilft sie kolossal, elastisch und beschwerdefrei bis ins hohe Alter zu bleiben. Nur darf man die Dinge nicht im wahrsten Sinne des Wortes „übers Knie brechen"! Lieber jeden Tag, und jeden Tag ein bißchen mehr.

Wie erreicht man, daß das Pferd spinnen will?

Vor allem dadurch, daß man das Pferd im Spin selbst nicht drangsaliert, sondern besonders freundlich und mit seinen Einwirkungen zurückhaltend bis zur Nullwirkung von Zügel und Schenkel ist!
Und wie erreicht man dann, daß das Pferd überhaupt spinnt? Man läßt es in den Übungen „drumherum" ordentlich schuften. Voraussetzung ist jedoch, daß das Pferd gelernt hat, wie es sich überhaupt um die Hinterhand drehen kann (vgl. Seite 77).
Man setzt sich beispielsweise für einen Links-Spin korrekt in Position, fängt leise und rhythmisch an zu schnalzen, treibt vorsichtig mit dem rechten Schenkel direkt hinter dem Gurt, zeigt mit beiden Zügelhänden auf das linke Ohr, so daß der Zügel durchhängt – und beobachtet das Pferd.
Geht es einfach vorwärts, zieht man es zwei energische Tritte zurück. Und fängt wieder ganz lieb und freundlich mit dem Spin an.
Geht es rückwärts, treibt man es energisch vorwärts auf die einwärtsgestellte Linksvolte, läßt es dort einige Runden sehr fleißig und sehr einwärtsgestellt arbeiten und beginnt den nächsten Spin aus dem Schritt. Entzieht es sich im Spin selbst nach rückwärts, treibt man es in den Galopp und geht auf den Linkszirkel, bis es signalisiert, daß es lieber mit dem Galoppieren aufhören möchte. Dann läßt man es in den Trab fallen, reitet in den Zirkel hinein, wobei der angehobene, innere Zügel verhindert, daß das Pferd auf seine innere Schulter fällt, und läßt es hier den nächsten Spin direkt aus dem Trab beginnen. Entzieht es sich wieder rückwärts oder tritt sich selbst gegen die Gamaschen, läßt man es wieder galoppieren.
Nun fühlen sich manche Pferde im Galopp ganz besonders wohl und denken überhaupt nicht daran, damit aufhören zu wollen. Solche Pferde läßt man im Galopp schuften, indem man sie einwärts stellt. Vielleicht noch ein bißchen Kruppeherein (siehe unten)? Dann möchten sie bestimmt lieber weniger arbeiten, indem sie sich um die Hinterhand drehen.
Fällt das Pferd im Spin auf die innere Schulter, läßt man es förmlich in den inneren Sporn fallen, treibt dann mit dem inneren Schenkel am Ellenbogen, nimmt den inneren Zügel auf und läßt es (in unserem Beispiel des Links-Spins) über die rechte Schulter gehen – auf der Volte! Weicht das Pferd deutlich in der Schulter nach rechts, beginnt man wieder ganz lieb und freundlich den Links-Spin.
Fällt das Pferd in der Hinterhand aus, indem es (hier) damit nach rechts läuft, hat man zwei Möglichkeiten: Entweder man treibt es vom rechten Schenkel weg (siehe unten), immer wenn man spürt, daß sich die Hinterhand nach außen gegendreht, oder man treibt das Pferd in ein Kruppeherein nach links (siehe unten).
Schaut das Pferd im ansonsten korrekt aussehenden Spin nach außen, weiß man, daß es versucht, sein inneres Hinterbein hängen zu lassen, daß es versuchen wird, auf dem äußeren Hinterfuß zu drehen, um sich als nächstes rückwärts zu entziehen. Entsprechend wendet man die „feine lösende

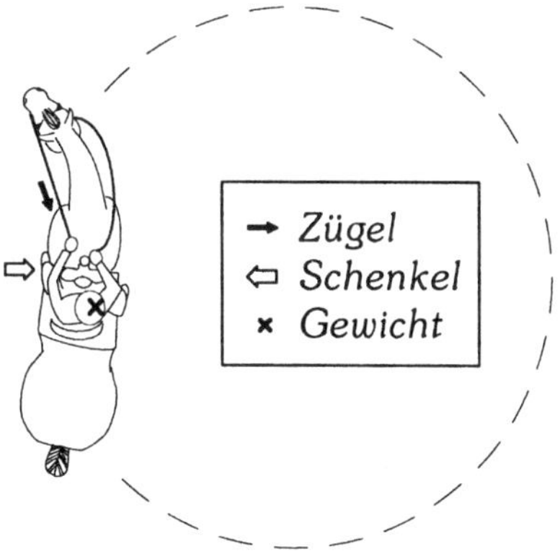

Volte in Außenstellung

Das Pferd vom Schenkel wegtreiben

Um ein Pferd zum Kruppeherein-Manöver zu veranlassen, ist die im folgenden besprochene Vorbereitung notwendig. Während die seitliche Nachgiebigkeit des Pferdes im

Kopf, im Hals und in der Schulter in den Basisübungen „direkte Biegung" und „Gehen über die äußere Schulter" behandelt wurde, geht es jetzt um die seitliche Nachgiebigkeit der Hinterhand.

Grundgedanke der Westernreitweise ist es, daß das Pferd allen Einwirkungen des Reiters durch Ausweichen nachgibt.

Dies konnte die angestrebte Nullwirkung des Zügels augenscheinlich verdeutlichen. Mit den Einwirkungen des Reiterbeins verhält es sich ebenso: Das Pferd soll durch die ange-

Übung" (Seite 127) auf der Volte an oder verfährt wie beim sich nach rückwärts entziehenden Pferd.

Zusammenfassung:
Der Spin gibt immer Aufschluß darüber, welche Steifheiten im Pferd durch gymnastizierende Übungen beseitigt werden müssen.

Da gibt es immer genug zu tun! Gleichzeitig wird in dieser Grundeinstellung kein Reiter mehr versuchen, sein Pferd in den Spin oder in sonst irgend etwas mit Gewalt hineinzuzwingen.

nehme Erfahrung der Nullwirkung lernen, daß es dem Druck des Beins, des Sporns ausweichen soll. Ziel ist es auch hier, den Druck der Einwirkung überflüssig zu machen.

Technik: Für das Wegtreiben des Pferdes vom Schenkel beginnt man mit der Einwärtsstellung auf der Volte. Wenn das Pferd dabei willig nachgibt und in fleißigem Schritt geht, darf der Reiter endlich einmal so sitzen, wie es eigentlich die direkte Biegung unmöglich macht, und das Pferd wird infolgedessen so gehen, als wollte es sich der direkten Biegung entziehen:

Der Reiter dreht seinen Körper so, daß er den Schweifansatz des Pferdes sehen kann. Angenommen, er befindet sich in einer Rechtsvolte, dann dreht er seinen Körper mit der rechten Hälfte zurück. Er zieht dabei weich am rechten Zügel rückwärts an seinem Körper vorbei bis an das Cantle und legt den rechten Schenkel etwa zwei Handbreit hinter dem Sattelgurt an den Rippenbogen des Pferdes. Noch weiter hinten bewirkt er nämlich nichts, aber die Unsitte, den Schenkel extrem weit nach hinten zu legen, beinahe bis an den Hüfthöcker des Pferdes, bringen viele Reiter aus vorangegangener, falsch verstandener deutscher Reitweise mit.

In dieser Haltung drückt der Reiter mit dem Schenkel/Sporn in den Rippenbogen des Pferdes, bis er sieht, daß das Pferd mit der Hinterhand seitlich nach außen ausweicht. Um das zu sehen, muß er nur auf den Schweifansatz des Pferdes schauen. Bewegt der sich nach links, also nach außen, weicht das Pferd mit der Hinterhand aus (siehe Abbildung Seite 91 unten). Im Extremfall dreht es mit der Hinterhand kreisförmig um die Vorhand. „Deutsch" ausgebildeten Pferden fällt dies leicht, da die Vorhandwendung Bestandteil der Grundausbildung ist.

Da man in der Westernreitweise – bis auf eine Aufgabe im Trail – keine Vorhandwendungen braucht, sondern immer bestrebt ist, das Pferd auf der Hinterhand wenden zu lassen, beschränkt sich diese Übung des Wegtreibens des Pferdes vom Schenkel auch darauf, daß man sie nur so lange anwendet, bis das Pferd dem Schenkel ausweicht. Vor allem, wenn der Reiter Sporen benutzt, ist dieses Thema innerhalb weniger Minuten ein für allemal geklärt.

Zur Überprüfung des Gelernten läßt man das Pferd stillstehen und nachdenken. Danach hebt man langsam die Zügel an, um dem Pferd verständlich zu machen, daß es nicht vorwärtsgehen soll. Gleichzeitig drückt man mit ganz langsam steigendem Einsatz mit einem Unterschenkel gegen den Rippenbogen des Pferdes. Das Pferd weicht durch ein, zwei Tritte seitwärts aus. Drückt man den rechten Schenkel ans Pferd, weicht es nach links aus. Selbstverständlich darf der gegenüberliegende Schenkel überhaupt nicht am Pferdekörper anliegen, denn sonst entstehen Mißverständnisse, und das Pferd entzieht sich vor- oder rückwärts.

Die Einwirkungen des Zügels und des Schenkels sollen deswegen möglichst langsam sein, damit das Pferd genügend Zeit zum Mitdenken hat. Wenn man es überfällt, wird es verschreckt irgendwohin flüchten und gar nichts mehr verstehen.

Als Steigerung kann man den Zügel auf dem Pferdehals liegenlassen und nur mit dem einen Schenkel langsam drücken. Die Stimme kann dabei durchaus von Nutzen sein: „Na, was sollst du wohl tun?" oder so. Geht das Pferd vorwärts, um den Ernst des Reiters zu erproben, hebt man langsam den Zügel, so daß er wirkt, wenn das Pferd wirklich vorwärts treten will. Denn das soll schon verhindert werden. Das Pferd soll seitwärts ausweichen und sich nicht vorwärts entziehen.

Sidepass

Mit Pferden, die eine Spezialausbildung für Trail bekommen sollen, kann man jetzt das Seitwärtsgehen üben, zuerst ohne, später auch über eine Stange. Ganz langsam: Tritt, Pause, Tritt, Pause!
Im Sidepass weicht das ungestellte, ungebogene Pferd der treibenden Einwirkung seines Reiters im Seitengang aus, wobei Vorder- und Hinterhufe voreinander kreuzen. Dabei verlagert der Reiter sein Gewicht in Bewegungsrichtung und treibt mit dem äußeren Schenkel am Gurt.
Damit das Pferd diese Einwirkung verstehen und den widernatürlichen Bewegungsablauf des Sidepass ausführen lernt, kombiniert der Reiter abwechselnd die Einwirkung für das Gehen über die Schulter und das Dem-Schenkel-Ausweichen, indem er das Pferd für einen Tritt über die Schulter gehen läßt, das Pferd lobt und eine Pause einlegt, es für einen Tritt in der Hinterhand ausweichen läßt, indem er denselben Schenkel eine Handbreit hinter den Gurt legt, lobt und eine Pause einlegt, bis das Pferd von sich aus aufgrund des am Gurt angelegten Schenkels gleichzeitig Vorder- und Hinterbeine überkreuz seitwärts setzt, eben so, wie es das Gehen seitwärts über eine Stange erfordert. Aber das ist eigentlich nur für Trail-Pferde wirklich wichtig.
Ich habe allerdings die Erfahrung gemacht, daß der beginnende Westernreiter spätestens nach dem einigermaßen funktionierenden Rückwärtsgehen seines Pferdes ein dringendes Bedürfnis nach irgendeiner Seitwärtsbewegung seines Pferdes verspürt, als sei das Pferd eine Kaffeetasse, die er auf dem Küchentisch beliebig in jede Richtung verschieben könnte. Deswegen wird an dieser Stelle der Sidepass besprochen, damit man weiß, wie man ihn richtig zusammensetzt, ohne dem Pferd eine Seitwärtsbewegung mit Zwangsmaßnahmen beibringen zu wollen.

Kruppeherein

Für alle anderen Pferde geht es jetzt mit dem bereits bekannten Gehen über die äußere Schulter weiter.
Technik: Folgt das Pferd den reiterlichen Einwirkungen willig und geht flüssig über die äußere Schulter vorwärts, setzt jetzt der äußere Schenkel ein, um das Pferd zu veranlassen, mit der Hinterhand nach innen auszuweichen.
Geht das Pferd also über die rechte Schulter, setzt der rechte Schenkel etwa zwei Handbreit hinter dem Gurt ein, um das Pferd zu einem seitlichen Ausweichen der Hinterhand nach links zu bewegen. Dabei bleibt die Bewegungsrichtung der Vorhand (hier nach rechts) erhalten. Zur Kontrolle der Vorhand hebt der Reiter beide Hände nach rechts, ohne sie über den Hals zu ziehen.
Das Kruppeherein (nach links) erfordert vom Pferd eine vermehrte Dehnung des (rechten) Rippenbogens, die ihm nicht immer gefällt und es deswegen zu Gegenmaß-

Beide Hände halten die Schulter außen.

Der äußere Schenkel treibt die Kruppe herein.

nahmen greifen läßt. In der Regel versteht es den äußeren (hier rechten) Schenkel als vorwärtstreibend und legt im Tempo zu – oder es versucht, sich auf die innere Schulter zu entziehen. Das muß der Reiter verhindern, indem er (hier links) am Gurt treibt, wenn das Pferd sich entgegengesetzt biegen will.

Die reiterliche Einwirkung zum Kruppeherein noch einmal ganz langsam andersherum, entwickelt aus dem Gehen über die äußere Schulter:

Wir reiten in diesem Beispiel auf der linken Hand. Beginnend nach der zweiten Ecke der kurzen Seite der Reitbahn verlagert man das Gewicht nach innen, also nach links, nimmt den rechten Zügel auf und stellt das Pferd damit nach rechts. Der rechte Schenkel treibt das Pferd von der Einzäunung weg auf die Diagonale. Das Pferd schaut nach rechts und geht nach links (= über die linke Schulter). Während man sich der Mitte der Reitbahn nähert, nimmt man jetzt auch den äußeren, linken Zügel auf. Beide Zügelhände zeigen nach links. In der Mitte der Bahn wechselt man den treibenden Schenkel – und sonst gar nichts. Nun treibt auf einmal der linke Schenkel zwei Handbreit hinter dem Gurt. Er treibt die Kruppe herein, nach rechts. Die Zügelhände zeigen nach links und halten so die Schulter des Pferdes links. Das Pferd schaut also nach rechts und weicht mit seiner Kruppe nach rechts, geht aber weiter nach links. Anfangs gibt sich der Reiter mit zwei Tritten der Hinterhand im Kruppeherein zufrieden, lobt das Pferd und läßt es weiter über die Schulter gehen.

Um das Pferd an das widernatürliche, aber außerordentlich gymnastizierende Kruppeherein zu gewöhnen, arbeitet man am besten auf einer Acht. Dazu läßt man das Pferd zuerst eine Acht in Form von zwei großen Volten gehen, wobei man die Acht gedanklich in zwei Diagonalen und zwei Halbkreise aufteilt. Die Halbkreise befinden sich jeweils am oberen und unteren Ende der Acht, die Diagonalen dazwischen. Dann läßt man das Pferd auf den Diagonalen über die äußere Schulter gehen und reitet die Halbkreise als einwärtsgestellte halbe Volten.

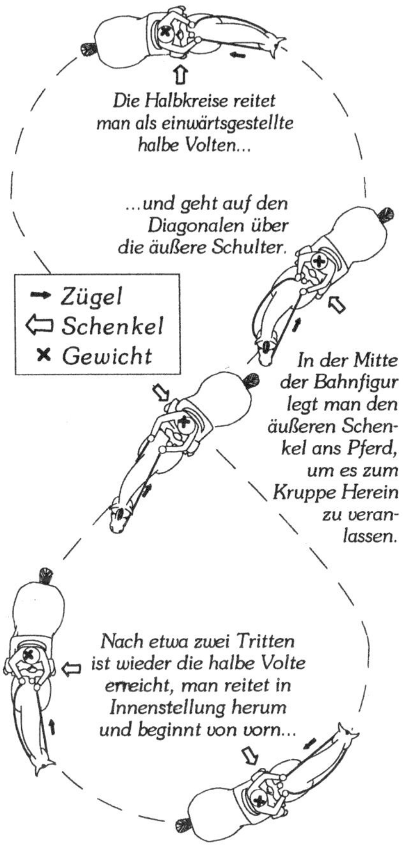

Reiten auf der Acht

Um das Pferd zum Kruppeherein zu veranlassen, legt man auf der Diagonalen beim Gehen über die äußere Schulter den äußeren Schenkel an der Stelle ans Pferd, an der sich die beiden Diagonalen der Acht kreuzen, also im Mittelpunkt dieser Bahnfigur. Dort treibt man mit dem äußeren Schenkel für etwa zwei Tritte, dann ist man auf der halben Volte, wo man das Pferd in Einwärtsstellung herumreitet. Es folgt wieder eine halbe Diagonale des Gehens über die äußere Schulter, bevor man wieder den äußeren Schenkel anlegt, um zu veranlassen, daß das Pferd ihm weicht.
Wenn das Pferd auf der Acht gelernt hat, dem äußeren Schenkel durch Kruppeherein zu weichen, wird es dies auch auf der Geraden befolgen können.

Wenn das Pferd nicht in der Kruppe weichen will

Ausgangssituation: Reiter und Pferd befinden sich auf der Diagonalen und gehen über die Schulter. Der Reiter nimmt die Hände nach außen, treibt mit dem äußeren Schenkel, erwartet daraufhin ein Kruppeherein – und nichts passiert. Oder das Pferd versteht den äußeren Schenkel einfach als Gaspedal und wird schneller, weicht aber nicht in der Kruppe.
In diesem Fall ignoriert das Pferd den zurückgelegten Schenkel; es will oder kann seine seitwärtstreibende Wirkung nicht verstehen. Da das Westernpferd jeder treibenden Einwirkung ausweichend antworten soll, ist dem Pferd hier nicht ganz klar, daß der zurückgelegte Schenkel ein Ausweichen zur Seite bedeutet.
Daran muß also noch gearbeitet werden. Einstweilen kehrt der Reiter zur Übung „Das Pferd vom Schenkel wegtreiben" zurück.

Kruppeherein am Fleck – die totale Kontrolle der Hinterhand

Ist das Pferd in der Lage, dem außen treibenden Schenkel in Stellungsrichtung für ein paar Tritte auszuweichen, läßt man diesen Schenkel immer länger am Rumpf des Pferdes liegen, um es zu veranlassen, ihm immer weiter seitwärts auszuweichen. Sobald es versucht, sich irgendwie zu entziehen, bricht man die Übung sofort ab und läßt es vorwärts über die äußere Schulter gehen, damit die Vorwärtsbewegung auf jeden Fall erhalten bleibt. Auf die Dauer wird daraus eine Vorhandwendung in Stellungsrichtung.

Beispiel: Wir beginnen mit dem Gehen über die linke Schulter auf der Diagonalen. Etwa in der Mitte der Bahn wechseln wir den treibenden Schenkel, das heißt, daß der linke Schenkel das Pferd jetzt zum Kruppeherein veranlaßt.
Bleibt dieser Schenkel am Pferd liegen, wird es weiter nach rechts schauen und mit seiner Hinterhand nach rechts ausweichen, indem es einmal um die Vorhand herumtritt: eine Vorhandwendung in Stellungsrichtung! Sie gibt dem Reiter die Gewißheit, daß er in der Lage ist, die Hinterhand seines Pferdes beliebig bewegen zu können. Spätestens in kniffligen Trailhindernissen, in der Arbeit am Rind oder auch „nur“ in engen Situationen im Gelände wird einem klar, wie wichtig das sein kann.

Vom Kruppeherein zum Spin

Wenn das Pferd in der Lage ist, seine Kruppe in die Bewegungsrichtung schwenken zu lassen, ist es gleichzeitig in der Lage, seine Außenseite zu dehnen. Das verkürzt den Abstand zwischen dem inneren Hinterbein und dem äußeren Vorderbein enorm. Um das Drehen des Pferdes um die Hinterhand bei Stellung in Bewegungsrichtung zu erreichen, läßt man ihm aus dem Kruppeherein mit dem Zügel Luft und nimmt den treibenden, äußeren Schenkel etwas vor (hinter den Gurt), damit es die Drehbewegung ausführen kann.

Die Gangarten des Westernpferdes

Der Schritt

Die Probleme, die andere Reitweisen mit einem taktreinen, raumgreifenden Schritt des Pferdes haben, treten in der Westernreitweise eigentlich nicht auf, denn der Westernreiter ist bemüht, sein Pferd im Schritt am langen Zügel geradeaus vorwärts zu reiten, ohne daß er selbst viel dazu beiträgt.

Wie soll der Reiter im Schritt sitzen?

Er sitzt gerade auf dem Pferd und läßt seine Hüften leicht im Schrittakt von einer Seite zur anderen schaukeln, während er seinen Oberkörper bis zur Bewegungslosigkeit ausbalanciert. Unter einem derart locker und passiv sitzenden Reiter wird das Pferd von ganz allein einen taktreinen raumgreifenden Schritt entwickeln.

Will der Reiter den Schritt verstärken, treibt er das Pferd im Schrittakt mit den Unterschenkeln an, die weich gegen den Rippenbogen des Pferdes fallen.

Verkrampfte Reiter haben mitunter Probleme, in diesen Takt hineinzufinden. Sie können sich helfen, indem sie auf die Schultern des Pferdes hinunterschauen:

Immer wenn die Schulter des Pferdes zurückgeht, treibt der gleichseitige Schenkel.

Wer locker auf dem Pferd sitzt, kann dies ganz leicht überprüfen: Augen zu und die Schenkel im Schrittakt des Pferdes an den Rippenbogen schwingen lassen; Augen auf, auf die Schultern des Pferdes hinunterschauen – immer wenn eine Schulter des Pferdes zurückgeht, schwingt der gleichseitige Schenkel an den Pferdekörper.

Probleme machen höchstens Pferde mit Töltveranlagung, denn sie neigen vor allem im beschleunigten Schritt zum Paßgang, das heißt, sie versuchen, Vorder- und Hinterbein einer Körperseite gleichzeitig nach vorn zu nehmen. Das kann dazu führen, daß das gleichseitige Hinterbein vor dem gleichseitigen Vorderbein aufgesetzt wird. Der Reiter kann dies an einer veränderten Klangfolge der aufsetzenden Hufe feststellen. Im taktreinen Schritt folgt auf den akustisch schwächer klingenden Vorderhuf der kräftigere Hinterhuf: 1–2–3–4, wobei die Betonung des kräftigeren Hinterhufs auf 2 und 4 hörbar wird. Man kann den Takt im Schritt auch so darstellen: te-dípp, te-dápp, te-dípp, te-dápp ...

Alles, was von diesem Takt abweicht, sollte dem Reiter, der an einer taktreinen Fußfolge des Pferdes im Schritt interessiert ist, Anlaß zur Überprüfung geben.

Nun ist es für den reinen Geländereiter ziemlich unerheblich, ob sein Pferd wirklich einen taktreinen Schritt geht. Er ist eigentlich nur daran interessiert, daß ihn sein Pferd im Schritt möglichst erschütterungsfrei und flott vorwärtsträgt. Die taktreine Fußfolge im Schritt ist also erst dann von Bedeutung, wenn man sein Pferd in irgendeiner Prüfung vorstellen möchte. Wer daran interessiert ist, sollte jedoch von den ersten Anfängen seines Pferdes an auf einen taktreinen, raumgreifenden Schritt achten. Denn schnell hat sich ein töltveranlagtes Pferd an die bequeme Fußfolge im Paßgang gewöhnt, die ihm nur mühsam, wenn überhaupt, wieder abzugewöhnen ist.

Während naturbelassene Primitivpferde über einen guten, raumgreifenden Schritt verfügen, neigen höher domestizierte Pferde leicht zum schleppenden Bummelschritt. Kein Pferd muß heutzutage in der Weide seinen Schritt verbessern, da es keine größeren Strecken zur Tränke oder zum Weideplatz zurücklegen muß. Erst unter dem Sattel wird es lernen, wie ein Soldat zu marschieren, denn es ist schon sehr lästig und unbequem, wenn der Reiter sein Pferd auf einem Ausritt dauernd antreiben muß, damit es mit anderen Pferden Schritt hält,

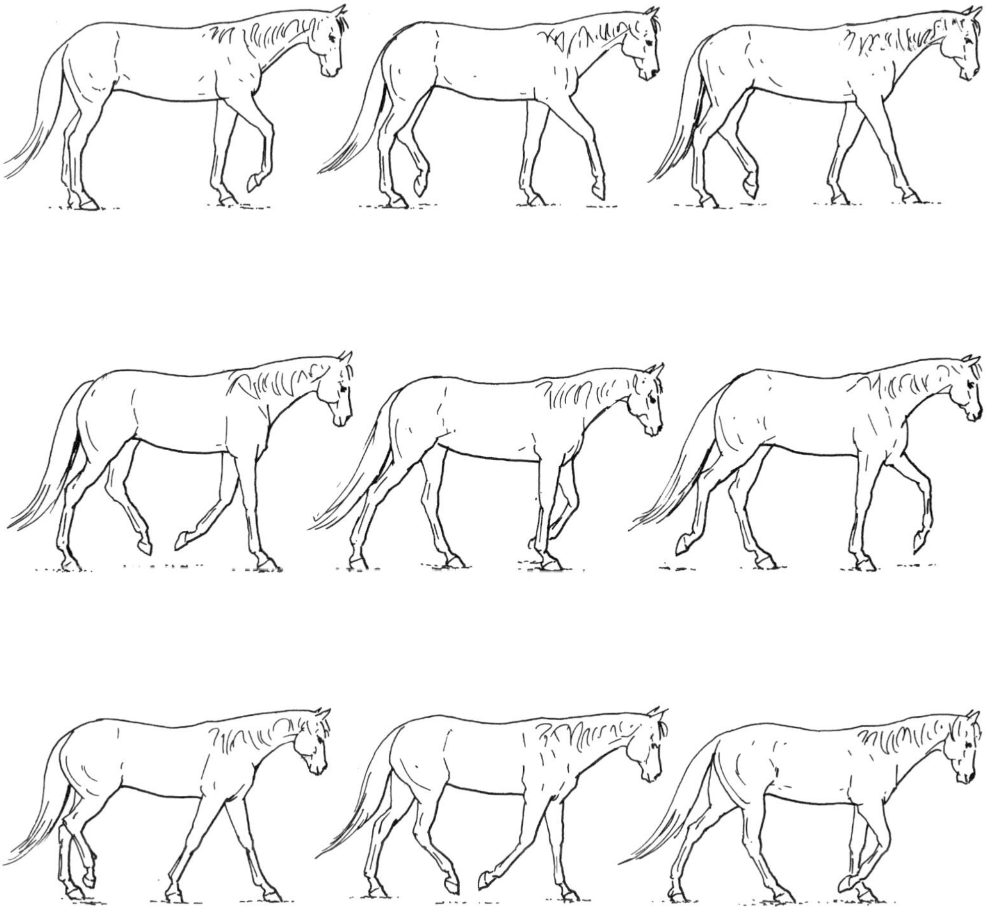

Fußfolge im Schritt

vor allem wenn es zum Aufholen in Zockeltrab fällt. Spätestens hier wird dem Reiter die Bedeutung eines langen, raumgreifenden Schritts seines Pferdes deutlich.

Pferde mit Schrittproblemen reitet man – wo es erlaubt ist – am langen Zügel durchs Unterholz eines Waldes, über Stock und Stein, über den tiefen Boden eines gepflügten Ackers und über Stangen auf dem Reitplatz. So erfährt das Pferd, daß es alle vier Beine kontrollieren muß.

Man treibt das Pferd so lange an, bis es seinen Schritt verstärkt, und hört dann so lange auf, bis es wieder langsam wird, um es dann erneut taktmäßig (s. o.) anzutreiben. Wenn man ein Pferd ständig im Schritt treibt, wird es sich auf diese Einwirkung verlassen und die Vorwärtsbewegung gänzlich einstellen, wenn das Antreiben aufhört. Das ist für den faulen Westernreiter viel zu anstrengend. Er treibt sein Pferd an in der Erwartung, daß es danach selbst das Tempo hält – und treibt es erst wieder, wenn es nachläßt. Das macht die Pferde sensibel für die treibende Einwirkung des Reiters, die als unangenehme Beeinflussung empfunden wird, so daß sie die eigene Aktivität zur Vermeidung reiterlicher Einmischung verstärken, indem sie flott vorwärts gehen, ohne angetrieben zu werden.

Gemütlicher Schritt im Gelände

Der Trab

Der Trab ist für den Reiter eine vergleichsweise unbequeme Gangart. Deshalb hat man für das Reiten von Pferden mit schwungvollem Trab das sogenannte Leichttraben erfunden. Dabei wird ein Trabtakt ausgesessen und der nächste ausgestanden. Der Reiter bewegt sich also im Trabtakt mit seinem Gesäß auf-ab-auf-ab. Dadurch wird er nicht mehr vom Trab seines Pferdes durchgeschüttelt.

Auf den unbequemen Trab legt die Westernreitweise wenig Wert. Es besteht aber kein Grund, im Westernsattel nicht leichtzutraben. Dabei achtet der Western- wie überhaupt jeder verantwortungsvolle Reiter jedoch darauf, daß er beide Bein-Diagonalen des trabenden Pferdes gleichmäßig belastet. Wie die Kollegen in der deutschen Reitweise trabt er auf dem inneren Hinterfuß leicht: Er setzt sich hin, wenn dieser auffußt. Gleichzeitig schwingt der innere Vorderfuß vor.

In der Geschichte der Reiterei hat es heftige Diskussionen über den Sinn des Leichttrabens gegeben, als diese englische Erfindung auf dem Kontinent bekannt wurde. Im Verlauf dieser Auseinandersetzungen hat es auch Befürworter des Einsitzens auf dem äußeren Hinterfuß gegeben. Aus zwei wichtigen Gründen hat sich jedoch das Einsitzen auf dem inneren Hinterfuß durchgesetzt: Erstens kann man nur Beine bewegen und infolgedessen antreiben, die sich in Bewegung befinden. Das kann jeder an sich selbst ausprobieren, wenn er auf dem Boden steht und ein Bein in der Luft hält. Das Bein in der Luft kann den Befehl „Vorschwingen!“ problemlos ausführen. Wenn man jedoch dasselbe von dem Bein am Boden, dem sogenannten Standbein, verlangt, wird man wahrscheinlich umfallen.

Auf das Pferd übertragen bedeutet dies, daß der leichttrabende Reiter beim Einsitzen auf dem inneren Hinterfuß des Pferdes das gleichzeitig vorschwingende innere Vorderbein problemlos dirigieren kann, sowohl vorwärts als auch seitwärts. Zweitens neigt das Pferd dazu, auf der gebogenen Linie (Zirkel und Volten) das äußere Hinterbein weniger zu benutzen, also unterzusetzen, als das innere, eben weil das äußere Hinterbein auf der gebogenen Linie einen weiteren Weg gehen muß als das innere. Deswegen ist es besser, sich hinzusetzen, wenn das äußere Hinterbein schwingt, weil man im Hinsetzen eher in der Lage ist, sein Gewicht einzusetzen und die eigenen Beine ans Pferd zu bringen, um es vorwärtszutreiben, damit es gleichmäßig geht.

Als verantwortungsvoller Reiter wechselt man den „Fuß“, die belastete Beindiagonale, alle fünf Minuten, um einen einseitigen Verschleiß des Pferdes zu vermeiden.

Daraus folgt, daß jeder Reiter die Trabdiagonalen seines Pferdes unterscheiden und damit richtig auf dem inneren Hinterfuß einsitzen können muß. Wirklich gute Reiter sind in der Lage, allein aus dem Gefühl – also ohne nachzusehen – auf dem inneren Hinterfuß des Pferdes einzusitzen, weil sie spüren, daß der äußere Hinterfuß vorschwingt, wenn sich die äußere Kruppenhälfte des Pferdes senkt.

Wer also Probleme mit dem „Fußwechsel“ im Leichttraben hat, konzentriert sich aussitzend (ohne Leichttraben) auf die Kruppen-

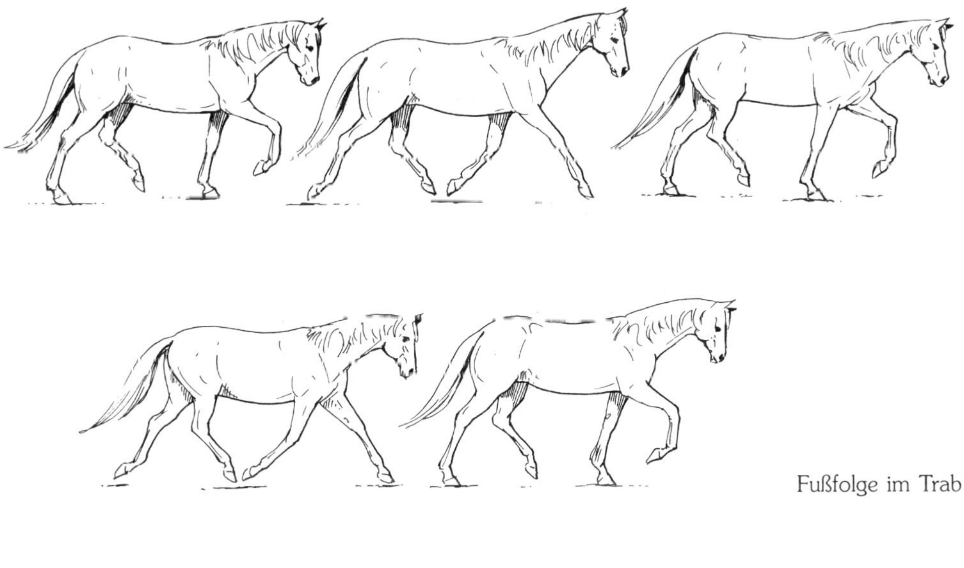

Fußfolge im Trab

bewegung des Pferdes: Wenn sich eine Kruppenhälfte senkt, fällt das Reitergesäß auf der gleichen Seite herab – wie in ein Loch. Reitet man in der Bahn also linksherum, muß man sich im Leichttraben hinsetzen, wenn die eigene rechte Gesäßhälfte absinkt.

Wie soll der Reiter im Trab sitzen?
Viele Reiter machen im ausgesessenen Trab den gleichen Fehler wie im Schritt: Sie lassen sich vor- und zurückschaukeln. Für sie ist der Trab immer eine unbequeme Schüttelei. Wer dagegen etwas tun möchte, muß sich auf den Bewegungsablauf des Pferdes einlassen, muß sich dem Gang des Pferdes anpassen, indem er sich *von einer Seite auf die andere* schaukeln läßt. So wird aus dem unbequemen Vor und Zurück ein erträgliches Von-rechts-nach-links. Für das Pferd balancierbar und damit erträglich und verständlich wird diese Reiterbewegung, sobald man in der Lage ist, seinen Oberkörper ganz ruhig zu halten und nur vom Becken abwärts der Pferdebewegung zu folgen. Und dies auch noch so wenig wie möglich, ohne sich mit den Beinen festzuklammern!

Der Jog

Der normale Durchschnittstrab schüttelt den Reiter, besonders im Gelände, ordentlich durch, sofern er nicht leichttrabt. Das Leichttraben ist wie gesagt eine englische Erfindung, die mit dem Aufkommen des Englischen Vollbluts und seinen schwungvollen Bewegungen zusammenhing und auf dem europäischen Festland bald übernommen wurde. Jeder Distanzreiter weiß diese Art der Fortbewegung als kräftesparendes Kilometerfressen zu schätzen.
Westernreiter dagegen sind ein faules Volk. Ihre bevorzugte Gangart ist ein erschütterungsfreier, trittsicherer Galopp. Und wenn sie überhaupt traben, dann im Jog. Das ist ein extrem abgekürzter, erschütterungsfreier Trab, der sich mühelos über Kilometer durchhalten und aussitzen läßt.
Der gemütliche Jog ist sowohl für den Reiter als auch für das Pferd enorm kräftesparend, so daß Pferde, die ihn beherrschen, ihn gern anbieten, um einen energischen Schritt im Marschtempo zu vermeiden.
Der Jog darf jedoch nicht mit dem nervösen Herumgezackel verwechselt werden, das viele deutsch gerittene Boxenpferde zeigen, wenn sie endlich einmal ins Gelände kommen, vor allem, wenn es sich bei dieser seltenen Gelegenheit um die alljährliche Herbstjagd des Vereins handelt. Der Jog ist im Gegensatz zum Zackeln eine völlig losgelassene, ausbalancierte und geradegerichtete Gangart im extrem abgekürzten Trab.
Neben dem Genuß dieser bequemen Gangart im Alltag findet sie ihre turniermäßige Darstellung in der Disziplin Western Pleasure, die sich allgemein großer Beliebtheit erfreut. „Pleasure“ bedeutet zu deutsch Vergnügen, und es soll dem Teilnehmer in dieser Disziplin anzusehen sein, daß es wirklich ein Vergnügen ist, ein Pferd in dieser bequemen Gangart des Jog und in der verkürzten Variante des Galopps, dem Lope (von dem später die Rede sein wird), zu reiten.
Leider ist in der jüngsten Vergangenheit viel Schindluder mit Pleasure-Pferden getrieben worden, solange auf dem Turnier der Grundsatz galt: Das langsamste Pferd gewinnt. Das hat zu traurigen Bildern völlig frustrierter Pferde geführt, die müde auf der Vorhand vorwärts schlichen. Inzwischen wurden energische Schritte unternommen,

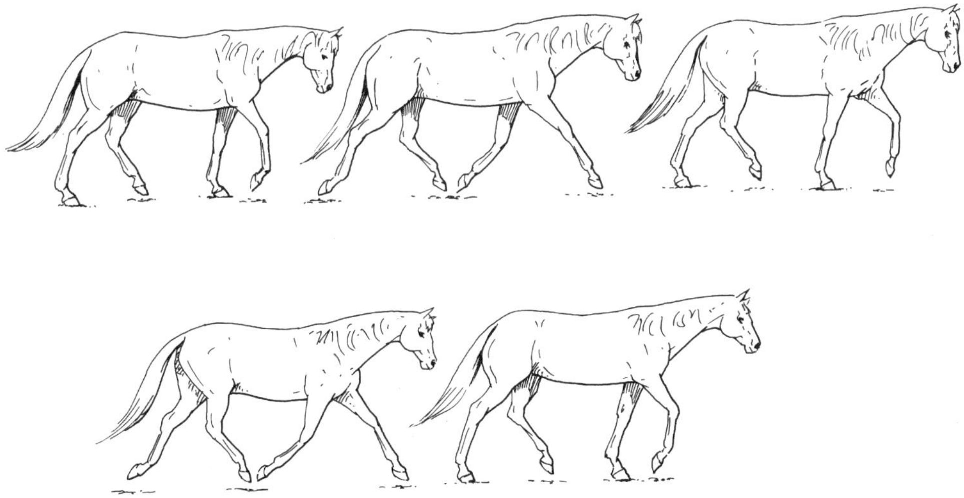

Fußfolge und Haltung des Pferdes im Jog

um diese Bilder aus der Turnierszene zu verbannen. Deswegen wird hier eine genaue Definition des Jog der modernen Darstellung gegeben:

Der Jog ist ein extrem abgekürzter, taktreiner, geradegerichteter Trab in völliger Losgelassenheit, das heißt, Entspanntheit des Pferdes. Es bewegt sich also geradeaus im klaren, diagonalen Zweitakt (rechter Vorderfuß und linker Hinterfuß, linker Hinterfuß und rechter Vorderfuß gleichzeitig auffußend) in seiner natürlichen, rassebedingten Haltung.

Der Turnierrichter erkennt diese Entspanntheit daran, daß die Halsmuskulatur des Pferdes entspannt „schwappt". Das bedeutet natürlich rassebedingt eine unterschiedliche Haltung: Während man dem Araber etwas mehr Aufrichtung zugesteht, soll sich das Quarter Horse mit waagerechtem Hals zeigen. Auf keinen Fall dürfen die Ohren tiefer als der Widerrist des Pferdes sein. Eine solche Haltung muß genauso schlecht bewertet werden wie ein falscher oder Vierschlaggalopp.

Der Jog ist eine flache Gangart im Trab ohne jede Versammlung. Seine Fußfolge ist langsam und ohne Erschütterung für den Reiter.
Wer also versucht, seinem Pony einen langsamen Trab beizubringen, indem er ihm Angst vor dem Schnellerwerden macht, wird hier wenig Erfolg haben, weil dieses Pony dann kurze, hektische Tritte zeigt und damit dem Richter nur allzu deutlich seine Angst vor dem Reiter vermittelt.

Wie man den Jog trainiert

Alle „normalen" Pferde gehen im Schritt und traben „hopps!" auf die Anweisung ihres Reiters an. Der Jog liegt jedoch genau dazwischen: Er ist ein Trab im Tempo des Schritts.
Den Unterschied zwischen Schritt und Trab kann jeder Reiter zu Fuß an sich selbst ausprobieren: Im Schritt bleibt immer ein Bein am Boden. Extrembeispiel dafür sind die Schnellgeher im olympischen Wettkampf. Im Trab ist beim Menschen immer ein Bein in der Luft und eins am Boden. Im Jog verlangsamt sich eigentlich nur das Tempo, aber immer noch sind zwei Pferdebeine gleichzeitig in der Luft und zwei am Boden.

Die dazwischenliegende Schwebe wird nur noch in Zeitlupenaufnahmen richtig deutlich.
Im Trab drückt sich das Pferd mit einer Beindiagonale ab (beispielsweise hinten rechts und vorne links), schwebt einen Augenblick in der Luft, um dann auf der anderen Beindiagonalen (hier: hinten links und vorne rechts) zu landen, sich damit wieder abzudrücken und so fort. Im Mittel- und besonders im starken Trab der Dressurpferde wird dieses Schweben deutlich betont.
Darauf legt der Westernreiter kaum Wert. Im Jog wird die Schwebephase sogar extrem unterdrückt. Das macht die trabende Fortbewegung des Pferdes nahezu erschütterungsfrei für den Reiter.
Damit die taktmäßige Fußfolge erhalten bleibt, muß das Pferd die unterdrückte Schwebephase in allen Gelenken seiner Gliedmaßen abfangen. Deshalb ist es ungeheuer wichtig, daß das Pferd im Jog völlig losgelassen bleibt, damit es nicht einzelne Gelenke überbelastet und auf die Dauer ruiniert. Besonders gefährdet sind hierbei die Hufrollen der Vorderbeine und die Knie (der Hinterbeine natürlich!). Diese Gefahr besteht, wenn man das Pferd in den Jog zwingt, indem man ihm Angst vor dem Schnellerwerden macht oder indem man es ihm erlaubt, im Jog faul auf der Vorhand zu schlurfen.
Technik: Nachdem man es zuvor ausgiebig warmgeritten und gelöst hat, treibt man das im Schritt gehende Pferd taktmäßig in einen fleißigen, energischen Schritt, schließt dann beide Beine weich um den Leib des Pferdes und drückt die Waden an seinen Rippenbogen. Dazu sitzt man sehr aufrecht im Sattel. Sobald das Pferd in den Trab fällt, hört die treibende Einwirkung der Schenkel auf, man tritt die Steigbügel tief und senkrecht aus, um den Sitz noch mehr zu straffen. Auf keinen Fall streckt man die Beine steif nach vorne oder zieht sie hinter die Senkrechte zurück.
Der straffe Sitz läßt das Pferd das Tempo drosseln. Trabt es dennoch zu eifrig, läßt man es anhalten, zwei Tritte rückwärts gehen, kurz verharren und beginnt wieder vom Schritt aus wie oben.

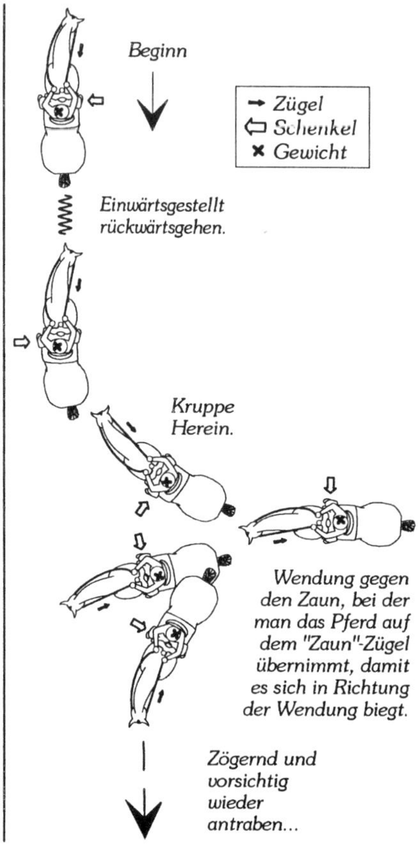

Korrektur des Jogs

Diesen Ablauf wiederholt man in aller Ruhe immer wieder.
Versucht das Pferd im Halten und Rückwärtstreten ins Gebiß zu drücken, hebt es den Kopf, drückt es den Rücken nach unten durch und stellt es im Rückwärtsgehen die Hinterbeine hinter den Rumpf – alles Versuche, die Hinterhand zu entlasten –, stellt man es einwärts, läßt es so gestellt rückwärts gehen und treibt mit dem zurückgelegten äußeren Schenkel die Kruppe herein, um es dann mit der Vorhand gegen den Zaun wenden zu lassen. Dabei übernimmt man das Pferd auf dem „Zaun-Zügel", damit es sich in Richtung der Wendung biegt. Auf diese Weise muß es sich zunächst versammeln und die Hinterhand untersetzen, und es muß sich durch den ganzen Körper von der einen

auf die andere Seite biegen. Das löst sämtliche Widerstände im Pferdekörper. Dadurch wird es auf natürliche Weise langsam, weil es sich losläßt. Entscheidend ist jedoch, daß man das Pferd nicht mit Druck in dieses Manöver zwingt, sondern im Gegenteil jeden Tritt langsam und gefühlvoll holt. Nur so kann das Pferd mitdenken und geistig und körperlich folgen.

Nach der Wendung läßt man es zögernd vorwärts gehen und schließt wieder weich die Beine, damit es – zögernd und vorsichtig – antrabt.

Immer wenn das Pferd zu schnell wird, macht es sich irgendwo im Körper steif und baut unerwünschte Spannungen auf. Dann beginnt die obige Übung von vorn.

Spürt der Reiter einen Unwillen des Pferdes gegen einen Bestandteil dieses Manövers, unterbricht er das Trainieren des Jog und kehrt zur Verbesserung des Elements zurück, bei dem das Pferd widersetzlich geworden ist. Hier helfen die Kapitel „Anhalten“, „Einwärtsstellung“, „Kruppeherein“, „Wendung gegen den Zaun“. „Sitzen“ alle einzelnen Bestandteile, kann das Training des Jog wiederaufgenommen werden.

Bleibt das Pferd schlußendlich im Jog, muß man sehr darauf achten, daß es nicht auf die Vorhand fällt. Das erkennt man daran, daß der vordere Teil des Sattels absinkt. Das Pferd streckt die Nase nach vorn, drückt den Hals herunter und tritt mit den Vorderbeinen härter und kürzer auf.

Einwärtsstellung und Kruppeherein in der Vorwärtsbewegung bringen es wieder ins Gleichgewicht. Gibt es den Einwirkungen des Reiters nach, entspannt man sich und lauscht den Bewegungen, um bereit zu sein, wenn das Pferd wieder auseinanderfallen möchte. Dann stellt man es wieder einwärts und so fort.

Am Ende muß man nur noch ganz leicht den Zügel anheben, und das Pferd begibt sich sofort wieder ins Gleichgewicht.

„Sitzt“ der Jog, verfährt man ebenso mit der Entwicklung des Lope, der langsamen Variante des Galopps. Damit beginnt man zunächst aus dem Jog, später kann man ihn dann auch vom Schritt aus verlangen.

Wer sein Pferd durch sämtliche Übungen der Gymnastizierung (Seite 34 bis 98) gut ausgebildet hat, wird feststellen, daß das Pleasure-Pferd eigentlich „nur das Abfallprodukt“ eines erfolgreichen Trainings ist.

Jetzt muß man nur noch an der Disziplin des Pferdes arbeiten, die langsamen Gänge auch in Gegenwart anderer Pferde beizubehalten, dann ist es – falls gewünscht – showfertig für Western Pleasure (Seite 168).

Fußfolge und Haltung des Pferdes im Lope

Der Galopp

Für den gemütlich das Gelände durchstreifenden Reiter ist sehr wichtig, daß sein Pferd sowohl Rechts- als auch Linksgalopp auf Anforderung darbietet, damit er es nicht einseitig verschleißt. Da die Galoppstrecken in unserer dichtbesiedelten, von Reitverboten beschränkten Umwelt ohnehin recht dünn gesät sind, bemerken es viele Geländereiter gar nicht, daß ihr Pferd immer nur einen Galopp benutzt, wenn das Gelände diese Gangart endlich einmal zuläßt.

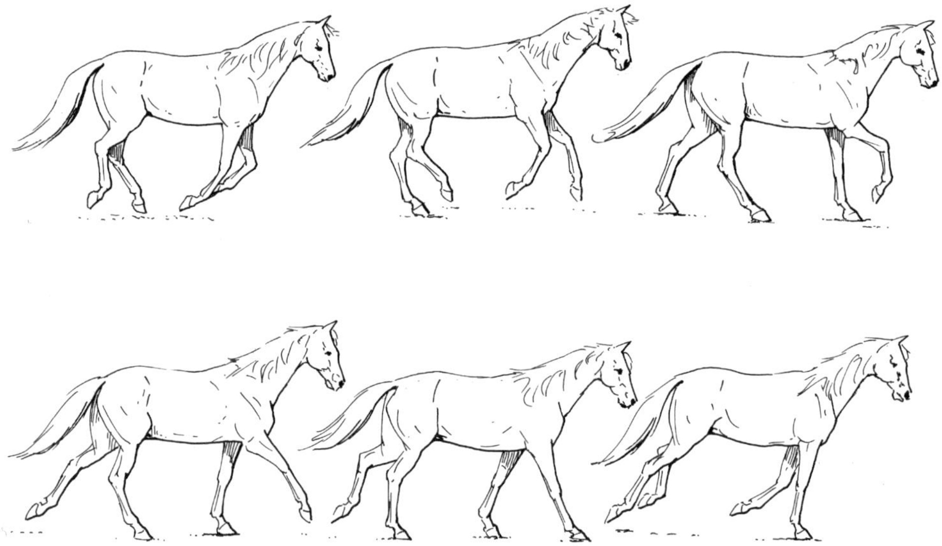

Fußfolge im Galopp

Die Vorliebe für einen Galopp und die natürliche Schiefe

Die meisten Pferde bevorzugen den Linksgalopp. Grund dafür ist die Tatsache, daß sowohl die Mehrzahl der Pferde als auch die der Reiter Rechtshänder sind. Die „Händigkeit“ ist nichts anderes als die natürliche Schiefe des Pferdes, die in veralteten Lehrbüchern auf die Lage des Fohlens im Mutterleib zurückgeführt wird. Sowohl Menschen- als auch Pferdebabys drehen sich im Mutterleib von einer Seite auf die andere, aber beide sind von Geburt an einer einseitigen „Händigkeit“ unterworfen. Neuere Forschungen halten dies für einen Überlebensmechanismus: Wer zu einer Seite schief ist, geht im Kreis. Das tun nicht nur Menschen in der Wüste, sondern jedes orientierungslose Säugetier. Damit trifft das Jungtier zwangsläufig nach Vollendung des Kreises auf die Spur der verlorenen Mutter, deren Wiederfinden Überleben bedeutet.
Diese natürliche Schiefe oder „Händigkeit“ ist individuell mehr oder weniger ausgeprägt. So neigen extrem einseitige (schiefe) Menschen zu Schwindelanfällen in der Höhe. Pferd und Mensch sind gleichermaßen einem Domestikationsprozeß unterworfen, der diese natürlichen Mechanismen beeinflussen kann.

Tatsache ist jedoch, daß die Mehrheit beider Spezies rechtshändig ist. Beim Menschen äußert sich diese Händigkeit vor allem im Schreiben. Da Pferde nicht schreiben können, ist es für den Reiter nicht so ganz einfach, die Händigkeit seines Pferdes festzustellen. Rechtshändige Menschen und Pferde können die rechte Seite der Wirbelsäule leichter und weiter seitwärts dehnen als die linke. Deswegen reiten die meisten Reiter auch lieber linksherum, indem sie in der inneren, d. h. linken Hüfte einknicken und das Gewicht auf die Außenseite, d. h. nach rechts verlagern (was die Reitkunst nicht gerade fördert!).
Diese Vorliebe wird vom Großteil der Pferde geteilt. Auf der linken Hand fällt es ihnen leichter, die gegenüberliegende rechte Außenseite zu dehnen. Deswegen gehen sie auch mit dem gegen das Gleichgewichtsgesetz außen sitzenden, ungeschulten Reiter willig linksherum.
Dieses Phänomen kann man auf einem Ausritt als letzter Reiter sehr gut beobachten. Obwohl die Reiter mit Gesäß und Sattel rechts herunterhängen, gehen die Pferde problemlos geradeaus. Das liegt daran, daß sie das Reitergewicht lieber auf der stärkeren und biegsameren rechten Körperhälfte tragen.
Treffen also ein rechtshändiger Reiter und ein ebensolches Pferd aufeinander, trachten beide nach dieser beschriebenen schiefen Haltung.
Unterstützt wird die Rechtshändigkeit sowohl beim Menschen als auch beim Pferd dadurch, daß beide rechts kräftiger sind. Beim Menschen äußert sich das vor allem in der rechten Hand, beim Pferd im rechten Hinterbein. Das rechtshändige Pferd bevorzugt unter dem Sattel den Linksgalopp, weil dann jeder Sprung mit dem rechten Hinterfuß beginnt. Von diesem Bein wird also die größte Kraftentwicklung verlangt, insbesondere wenn der Reiter von ihm auch noch verlangt, daß es im Gleichgewicht gehen soll, wenn er ihm also nicht erlaubt, sein Gewicht auf die linke Schulter zu verlagern. Entsprechend kann man die Händigkeit des Pferdes am besten im ungerittenen, unausgebildeten Zustand beobachten. Hier läuft der Rechtshänder lieber im Rechtsgalopp, weil er die rechte Körperhälfte besser dehnen und sich so besser nach links als nach rechts umschauen kann. Vergegenwärtigen wir uns noch einmal, daß das Pferd im natürlichen Galopp beispielsweise Rechtsgalopp geht und sich gleichzeitig nach links umschaut, um festzustellen, wovor es eigentlich wegläuft.

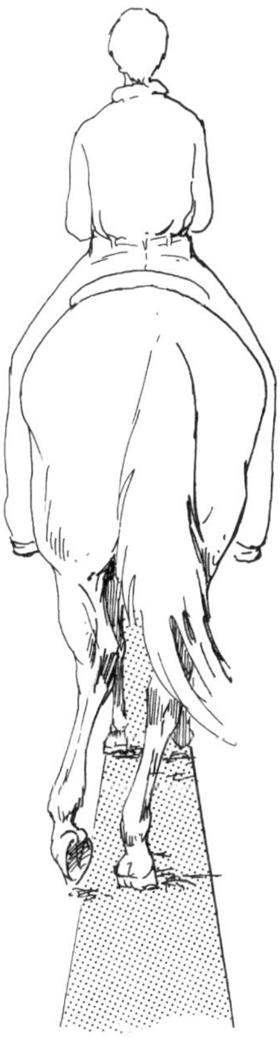

Die natürliche Schiefe des Rechtshänders

Wenn Pferde dagegen längere Zeit unter dem Sattel sind, übernehmen sie die Bewegungsabläufe des Trainings automatisch in den freien Lauf ohne Reiter. Das kann jeder Westernreiter feststellen, wenn er nach dem ersten Training der Wendungen gegen den Zaun versucht, sein Pferd von der Weide zu holen. Es zeigt ihm die gelernte Lektion, indem es gegen den Weide- oder Auslauf-

zaun derartig wendet, daß der Reiter Mühe hat, es einzufangen.
Dasselbe Phänomen zeigen auch Lipizzanerhengste, die nach ihrer Ausbildung in der Wiener Reitschule als Deckhengste ins Gestüt zurückkehren. Im Übermut ihres Bewegungsdranges bocken sie im Auslauf nicht willkürlich herum, sondern zeigen alle Lektionen der Hohen Schule, die sie zuvor gelernt haben.
Westernpferde mit Reining-Ausbildung zeigen auch im Auslauf Sliding Stops und Spins, und ich habe auch schon Trail-Pferde gesehen, die mit ausgesprochen wissenschaftlichem Gesichtsausdruck rückwärts durch ein Stangen-L gingen, während die Kollegen lustig herumbockten.
Das beweist einerseits die natürliche, nicht zwanghafte oder künstliche Grundlage der Ausbildung, andererseits, daß die Pferde die erlernten Manöver derart verinnerlichen, daß sie sie sogar in ihrer Freizeit gern wiederholen. Nicht zuletzt ist dies auch ein Zeichen dafür, daß das Pferd sehr an einer Perfektionierung seiner natürlichen Bewegungsmöglichkeiten interessiert ist.
Im Gegensatz dazu habe ich noch nie ein Pferd beobachten können und weiß auch von keiner Beobachtung anderer, daß ein Pferd sich im Übermut verbeugt oder hinkniet.
Auch wenn es diese Bewegungen für seinen Reiter und eine Leckerei bereitwillig ausführt, ist dies in freier Bewegung nur in der Rauferei der Hengste oder Wallache beobachtet worden.
Beim gerittenen Pferd läßt sich die Händigkeit nur noch an der natürlichen Schiefe feststellen, weil ihm im Verlauf der Ausbildung beide Galopps zur Gewohnheit geworden sind. Dagegen tritt die natürliche Schiefe auch beim sehr weit ausgebildeten und unter dem Sattel durch Gymnastik geradegerichteten Pferd im ungelösten Zustand immer wieder auf. Man kann sie beobachten, wenn ein Pferd aus der Box in die Weide entlassen wird oder wenn der Reiter gerade erst aufgestiegen ist und sein Pferd noch nicht gelöst hat. Rechtshändige Pferde sind nach links schief. Beobachtet man sie von hinten, tritt der rechte Hinterfuß „zwischen" den Vorderfüßen auf, während der linke nach links heraushängt.
Nun sind Pferde – und genauso Menschen – von Natur aus unterschiedlich schief. Und mit zunehmendem Training verschwindet die Schiefe fast völlig. Irgendwann kann der Mensch auf dem Schwebebalken gehen, turnen, kann der rechtshändige Mensch mit links schreiben, wenn er es nur lange genug übt. Und irgendwann ist auch das schiefste Pferd in der Lage, sich geradezurichten – wenn es dies geübt hat.
Daß es von Natur aus nicht so schiefen Pferden und Menschen leichter fällt, das Gleichgewicht zu halten und mit beiden Körperhälften gleich gut zu arbeiten, leuchtet ein. Hoffentlich wecken diese Betrachtungen der natürlichen Schiefe beim Reiter Verständnis dafür, daß das Pferd auf seiner schwachen Seite so viel schlechter arbeitet als auf der starken! Und daß man das Pferd trainieren muß, damit es besser und gleichmäßiger wird. Und vor allem, **daß man hier nichts erzwingen kann!**
Aus diesen Betrachtungen folgt: Wer sich darüber freut, daß sein Pferd im Gelände überhaupt galoppiert, und nicht darauf achtet, in welchem Galopp es geht, vernachlässigt einerseits das Interesse des Pferdes nach Ausbildung und läuft andererseits Gefahr, daß sein Pferd ständig und nicht nur im Galopp seiner natürlichen Schiefe folgt, die es veranlaßt, eine Körperseite mehr zu belasten als die andere. Auf die Dauer der reiterlichen Benutzung verschleißt es so in den Gelenken der bevorzugten Seite.
Es besteht also ein beiderseitiges Interesse, sowohl von seiten des Reiters, der sein Pferd möglichst lange benutzen möchte, als auch von seiten des Pferdes, das seine Dankbarkeit für neue Bewegungsmöglichkeiten sogar in seiner Freizeit zum Ausdruck bringt, diese einseitige Schiefe, diese Händigkeit zu überwinden.
Auch der Reiter erfährt durch die Benutzung seiner vernachlässigten Seite eine Bewußtseinserweiterung, indem er bislang unbenutzte Gehirnzellen mit neuen, motorischen Informationen belegt, die nicht nur eine

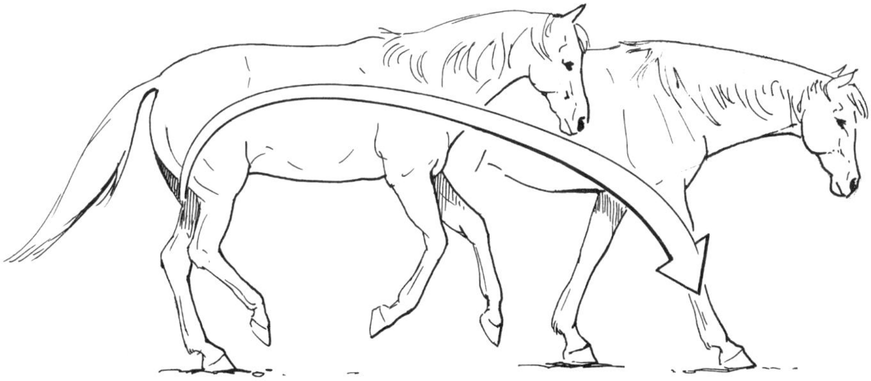

Der Schwung im Angalopp

größere körperliche Beweglichkeit beinhalten, sondern gleichzeitig durch ihre Bewußtheit eine größere geistige Beweglichkeit verursachen. Bewußtseinserweiterung für Reiter ...

Der natürliche Angalopp

Wie veranlaßt man ein Pferd, sowohl rechts als auch links anzugaloppieren?
Eigentlich ist das ganz einfach: Man muß nur darauf achten, daß im Moment des Angalopps die innere Schulter des Pferdes frei ist, um vorzugreifen. Denn die Entwicklung des Schwunges für den Angalopp verläuft immer diagonal durch das Pferd. Richtig und erwünscht: von hinten außen nach vorne innen.
Dazu gibt es zwei Möglichkeiten: Entweder man stellt das Pferd vor dem Angalopp mit Kopf und Hals nach außen, also gegen die Bewegungsrichtung – oder man stellt es vorher einwärts, also in die Bewegungsrichtung, und gibt im Moment des Angalopps die innere Hand mit dem einwärtsstellenden Zügel deutlich vor, so daß die innere Schulter frei ist. In beiden Fällen belastet der Reiter seinen äußeren Sitzbeinknochen und treibt mit dem äußeren Schenkel. Die zweite Möglichkeit setzt allerdings voraus, daß sich das Pferd überhaupt einwärts stellen läßt (siehe „Einwärtsstellung", Seite 78).
Das Pferd beginnt den Galopp mit dem äußeren Hinterbein. Es ist also aus Gründen der Balance gern bereit, seinen Hinterfuß unter das nach außen verlagerte Gewicht des Reiters zu setzen. Gibt der Reiter die innere Schulter gleichzeitig frei, wird es richtig in den gewünschten Innengalopp springen. Denn geht es rechtsherum, erwartet der Reiter einen Rechtsgalopp und umgekehrt.
Bei sehr weit ausgebildeten Pferden genügen ein Vorschieben der inneren Hüfte und eine Idee von außen angelegtem Schenkel, um das Pferd zum Angaloppieren zu veranlassen.
Bei allen anderen Pferden tut sich der Reiter leichter, wenn er die Außenseite des Pferdes belastet.
Aber Achtung! Viele Reiter neigen dazu, sich im Moment des Angalopps nach innen vorwärts zu beugen, vor allem wenn sie sich nicht sicher sind, ob ihr Pferd auch wirklich auf der richtigen Hand angaloppiert. Dabei belasten sie leider die innere Schulter des Pferdes und machen es ihm sehr schwer, auf der richtigen, inneren Hand anzugaloppieren.
Wer Schwierigkeiten damit hat, den Rechts- oder Linksgalopp seines Pferdes zu erfühlen, stellt am besten einen Reiterkollegen in die Mitte der Bahn und läßt ihn jedesmal „Falsch!" oder „Richtig!" rufen. Mit der Zeit stellt sich das Gefühl dann schon ein.
Wer allein arbeiten muß, schaut lieber erst ein paar Galoppsprünge später nach, ob das

innere Vorderbein weiter vorspringt als das äußere, und riskiert lieber ein paar Sprünge Außengalopp, als daß er sein Pferd durch Vorbeugen des Oberkörpers nach innen behindert. Stellt er einen Außengalopp fest, sagt er dem Pferd laut und ein bißchen hart: „Nein, falsch!", zieht es dazu weich an den Zügeln, läßt los und wartet, bis es wieder im ruhigen Trab ist, und versucht es erneut.

Probleme im Angalopp

Das Angaloppieren aus dem Schritt fällt ungeübten Reitern und Pferden ziemlich schwer. Ganz junge Pferde reitet man deswegen immer schneller im Trab, bis sie irgendwann in den Galopp fallen. Damit sie nicht der Meinung sind, man möchte einen Renntraber aus ihnen machen, hilft man ihnen, indem man leichttrabt, erst einmal ganz ruhig auf dem Zirkel. Ist der Reitplatz eingezäunt, befindet sich die beste Stelle zum Angaloppieren kurz vor dem Erreichen der langen Seite. Das liegt daran, daß alle Pferde auf der offenen Seite des Zirkels gern nach außen driften. Damit sie beim Erreichen der langen Seite nicht ganz in die entgegengesetzte Richtung laufen, müssen sie mit dem äußeren Hinterfuß weit und kräftig

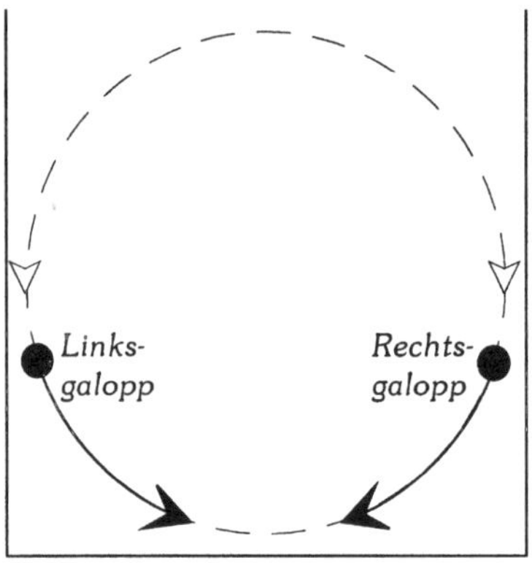

Der günstigste Punkt für den Angalopp

untertreten, um ihren Körper auf der Zirkellinie halten zu können.

Als nächstes muß der Reiter begreifen, daß das Pferd keine Maschine ist, die auf den Knopfdruck „Galopphilfe" ein anderes Gangprogramm fährt. Das Pferd kann mit dem Innengalopp immer nur dann beginnen, wenn der äußere Hinterfuß vorschwingt. Damit dieser noch ein bißchen weiter vorschwingt und zum Galopp abdrükken kann, treibt man das Pferd bereits im Leichttraben mit dem äußeren Schenkel an – immer dann, wenn man sich hinsetzt –, mit jedem Tritt ein bißchen energischer, um nach drei bis fünf Trabtritten zwei geschnalzte Küßchen oder „Galopp!" verlauten zu lassen.

Behält der Reiter dabei den Takt des Leichttrabens nicht bei und sitzt statt dessen zweimal oder mehrfach aus, wird das Pferd die Gelegenheit nutzen, um mit dem äußeren Hinterfuß einen kurzen Tritt zu machen, den inneren vorschwingen lassen und in den Außengalopp springen. Das passiert vor allem, wenn man vom Pferd den schlechteren Galopp auf seiner schwachen Seite verlangt. Bleibt der Reiter im Takt, kann er gar nichts falsch machen, weil er das Pferd immer im richtigen Moment antreibt. Die sicherste Methode, immer im richtigen Galopp zu landen!

Ältere, erfahrene Pferde nutzen hier gern die Schwäche ihres Reiters aus und fallen in den sogenannten „Schlachtertrab", einen schnellen, für den Reiter sehr unbequemen Trab, anstatt anzugaloppieren. Solche Pferde läßt man am besten aus der Wendung gegen den Zaun galoppieren. Dazu treibt man sie im letzten Drittel der Wendung außen, also auf der Zaunseite, an. Hartnäkkige Faulenzer benötigen dabei den Einsatz von Sporen oder Gerte. Kommt das Pferd im Trab aus der Wendung, versucht man nicht, es danach noch in den Galopp zu scheuchen, sondern läßt es wieder gegen den Zaun wenden, immer wieder, bis es im Galopp herauskommt.

Viele Pferde verweigern den Galopp, weil ihnen der Reiter gleich nach dem Anspringen ins Maul fällt. Er läßt die Zügel nicht lang genug oder ist steif in den Ellenbogen, so daß das Pferd bei jedem Galoppsprung einen harten Ruck im Maul bekommt. Das liegt daran, daß der Reiter vom Schwung des Pferdes jedesmal dann zurückgeworfen wird, wenn das Pferd gleichzeitig seinen Kopf und Hals streckt. Das ist der Augenblick, in dem das Pferd seine Hinterfüße vorbringt, um für den nächsten Galoppsprung Schwung zu holen.

Der Reiter muß also lernen, diese Bewegung auszugleichen. Jedesmal, wenn er vom Schwung des Pferdes mit dem Oberkörper zurückgeworfen wird, muß er die Arme mit lockeren Ellenbogengelenken aus der Schulter vorschieben, um den Ruck im Maul zu vermeiden. Diese Bewegung kann man am deutlichsten an Rennreitern im Finish beobachten.

Andere Pferde bleiben nur für ein paar Sprünge im Galopp und fallen dann wieder zurück in den Trab. Bei jungen Pferden ist das ganz normal. Sie haben große Schwierigkeiten, sich im Galopp unter dem Reiter auf der Enge der Zirkellinie auszubalancieren. Außerdem sehen sie keinen Sinn darin, in dieser noch so anstrengenden Gangart herumzuschuften. Zwingt man sie, im Galopp zu bleiben, werden sie im Angalopp immer widerspenstiger, weil sie erfahren haben, was ihnen da an Arbeit blüht. Und wer möchte bei solchen Aussichten noch angaloppieren?

Also läßt man die jungen und die ungeschickten Pferde gewähren und läßt sie in den Trab fallen, aber nicht in den Schritt, damit sie nicht auf die Idee kommen, die Vollbremse zu ziehen. Im Trab bringt man den Zirkel in Ordnung, wartet, bis das Pferd wieder gleichmäßig und entspannt läuft, und galoppiert dann wieder an. Nur ein paar Sprünge? Okay, das Ganze von vorn!

In den nächsten Tagen macht man einen schönen Ausritt. Da ist die Lust am Galopp doch gleich viel größer!

Pferde müssen gar nicht wissen, wie schnell sie wirklich sein können. Das können sie als Reining-Pferd auf dem Zirkel herausfinden! Ältere, ungeschickte Pferde läßt man ebenfalls in den Trab fallen und sich völlig entspannen. Sie haben unter Umständen echte Angst vor dem Galopp, weil sie befürchten, ihr Gleichgewicht nicht halten zu können und deswegen hinzufallen, und weil sie sich nicht vorstellen können, wie sie wieder anhalten sollen. Das ist wie im Spielfilm, wenn bei der Autoverfolgungsjagd bergab auf der Paßstraße die Bremsen ausfallen: die Handbremse und die Motorbremse dazu, weil das Auto Automatikschaltung hat. Da weiß man auch nicht, wie man anhalten soll. So fühlen sich diese Pferde! (Siehe auch Seite 24.)

Man läßt sie ausgiebig gegen den Zaun wenden und reitet sie über die äußere Schulter, auf der Diagonalen und in der auswärtsgestellten Volte (siehe Abbildung Seite 93). Das verbessert ihre Flexibilität und ihr Gleichgewicht. Je mehr sie ihren eigenen Kräften trauen können, desto lieber und länger werden sie galoppieren.

Faustregel fürs Gelände:
Im Trab darf das Pferd soviel vorwärts gehen, wie es möchte. Auch Trabrennen mit Kollegen sind völlig ungefährlich. Wer angaloppiert, ist ausgeschieden und muß üben: "Wer kann am langsamsten galoppieren?“

Wie soll der Reiter im Galopp sitzen?

Vollkommen passiv! Das ist ein großer Unterschied zur deutschen Reitweise, in der jeder Galoppsprung aktiv aus dem Pferd herausgeritten werden soll. Die Westernreitweise geht davon aus, daß das Pferd sehr wohl in der Lage ist, allein – ohne Reiter im Sattel – zu galoppieren. Demnach soll sich der Reiter im Sattel so verhalten, daß er das Pferd im Galopp auf keinen Fall stört.

Je ruhiger der Reiter seinen Oberkörper hält, desto leichter ist es für das Pferd, das Gewicht auf seinem Rücken zu balancieren. Der Reiter muß also lernen, seinen Oberkörper so ruhig zu halten, daß er nicht mehr

Völlig losgelassener Sitz im Galopp

vor- und zurückschwingt. Reiterinnen mit Pferdeschwanzfrisur können sich dabei am leichtesten überprüfen: Sie sitzen perfekt, wenn ihr „Pferdeschwanz" sich nicht mehr bewegt. Gleichzeitig soll der Reiter mit seinem Gesäß selbstverständlich im Sattel sitzenbleiben und nicht bei jedem Galoppsprung auf- und niederknallen. Das erreicht man nur, wenn man völlig losgelassen in der Balance sitzt und nicht versucht, sich mit den Knien oder den Unterschenkeln am Pferd festzuhalten.

„Dann muß das Pferd doch nur einen Hopser beiseite machen, und man liegt unten!" mögen jetzt viele Leser entgegnen. Weit gefehlt!

Je lockerer und entspannter man auf dem Pferd sitzt, desto unerheblicher werden alle Hopser und Seitensprünge – eben weil man so locker darauf sitzt, daß man in der Lage ist, mit jedem Hopser mitzugehen.

Solch ein Sitz erfordert erfahrungsgemäß viel mehr Übung als der aktiv treibende Sitz der deutschen Reitweise, der außerdem noch in jeder Hand einen Zügel mit Verbindung zum Pferdemaul hat, an dem man sich wenigstens ein bißchen festhalten kann (kann, nicht soll!).

Der Sitz des Westernreiters ist erst dann perfekt, wenn er in der Lage ist, im Galopp bei völlig ruhigem Oberkörper mit verschränkten Armen oder Händen in den Jakkentaschen, sein Pferd vom Zirkel auf die ganze Bahn und wieder zurück auf den Zirkel, von Zirkel zu Zirkel in fliegendem Galoppwechsel zu reiten.

Wer in dieser Haltung dann auch noch in der Lage ist, sein Pferd jeden dritten, zweiten oder sogar jeden Galoppsprung (= à tempo) auf der Geraden wechseln zu lassen, hat das absolute Ziel lässiger Eleganz und reiterlicher Faulheit der Westernreitweise erreicht. – Und nun behaupte niemand mehr, daß die Westernreitweise eine reine Gebrauchs- und Cowboyreitweise ist – es sei denn, er wird diesem Anspruch gerecht!

Wie man den Galopp des Pferdes verbessert

Das ideale Reitpferd zeichnet sich dadurch aus, daß es gleich beim ersten Angalopp seines Lebens unter dem Reiter völlig ausbalanciert, taktrein und ruhig galoppiert, als wäre es das Selbstverständlichste, was man von einem Pferd fordern kann. Wer solch ein Pferd irgendwann einmal angeritten hat, weiß, wieviel alle anderen Durchschnittspferde bis dahin noch lernen müssen.
Nun kaufen sich die wenigsten Reiter ihr Pferd unter dem Gesichtspunkt ausbalancierter Gänge. Und entsprechend lange dauert es, bis diese Pferde in der Lage sind, ruhig und trotzdem taktrein zu galoppieren.
Für das Westernpferd ist es nicht wichtig, einen langen, raumgreifenden Trab zu haben. Warmblüter aber werden darauf gezüchtet, möglichst viel „Tritt" im Trab und einen langen, raumgreifenden Galopp zu haben. Alle ursprünglichen Ponyrassen sind Trabpferde. Sie laufen stundenlang in einem kilometerfressenden Trab, ohne sich dabei groß anzustrengen. Der Galopp dagegen ist von Natur aus nicht ihre bevorzugte Gangart.
Den flachen, leicht zu verkürzenden Galopp, den die Westernreitweise und der ihr verfallene, bequem faule Reiter so lieben, bringt außer den typischen Westernpferderassen Quarter Horse, Paint Horse (die gescheckte Variante des Quarter Horse) und Appaloosa höchstens noch der Araber mit. Und sicherlich gibt es das eine oder andere Kreuzungs- oder rasselose Pferd mit natürlicher Begabung für den Galopp. Der gesamte Rest bevorzugt es, in dieser Gangart unkontrolliert loszupoltern.
Diesen Pferden fehlt die Möglichkeit, ihren Schwerpunkt im Galopp auf die Hinterhand zu verlagern, und das müssen sie mit viel Geduld und Zeit lernen. Wenn sie erst einmal können, bieten sie den kurzen Galopp auch gern an.
Auf dem Weg dorthin empfehlen sich für den Reiter die Wendungen gegen den Zaun, das Abstoppen – bei zu hohem Tempo, Taktfehler (– Hoppeln) oder fehlender Nachgiebigkeit im Hals – mit Rückwärtstreten und erneutem Angalopp oder auch Longieren mit schulterhebenden Ausbindern. Dabei achtet man immer darauf, daß das Pferd weich und nachgiebig im Hals bleibt, nicht gegen das Gebiß drückt und nicht hektisch wird.
Dieser lange Lernweg nähert sich seinem Ende, wenn das Pferd in der Lage ist, beim Angalopp aus dem Schritt oder dem Halten seinen Widerrist zu heben, so daß der erste Tritt ein Galoppsprung ist. Dabei zeigt es keinen steif aufgerichteten Hals, kein Hoch-

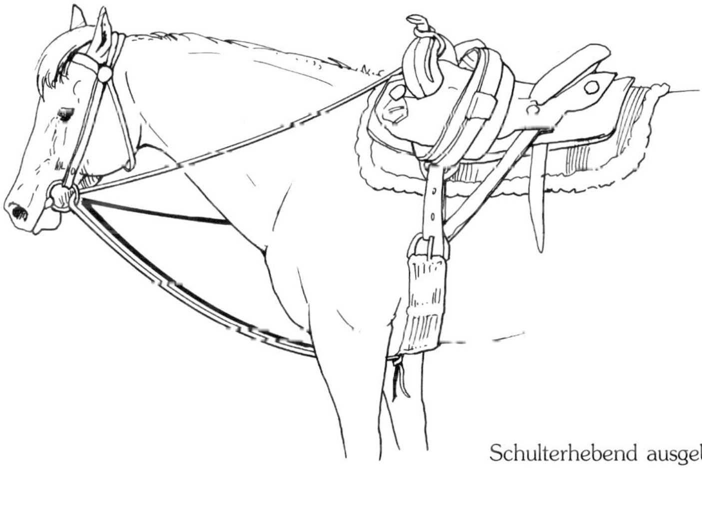

Schulterhebend ausgebundenes Pferd

reißen des Kopfes und kein Ziehen am Zügel. Es springt ruhig und gesittet in einen langsamen Galopp. An diesem Punkt können auch die Reiter mit weniger begabten Pferden mit den Vorübungen zum fliegenden Galoppwechsel beginnen.

Fliegende Galoppwechsel

Der natürliche Wechsler

Ein Pferd mit natürlichem Galoppwechsel ist für den Westernreiter erheblich wertvoller als eines, das den fliegenden Galoppwechsel erst erlernen muß. Der Naturwechsel ist beim Kauf eines Pferdes mindestens soviel wert wie Hufe, die keinen Beschlag benötigen. Und das kann Tausende DM ausmachen.
Für den Beschlag läßt sich das leicht berechnen: Vorausgesetzt, daß ein vierjähriges Pferd 20 Jahre lang im Einsatz bleibt und ein Hufbeschlag rundum DM 130,– kostet, spart man DM 22 533,–, (das Jahr hat 52 Wochen; das sind in 20 Jahren 1040 Wochen; geteilt durch sechswöchigen Beschlag mal DM 130,–).
Um diese DM 22 533,– ist ein Pferd, das keinen Beschlag benötigt, beim Ankauf mehr wert als eines, welches regelmäßig zum Schmied muß.
Die Vorbereitung eines unbegabten Pferdes auf den fliegenden Wechsel kann bis zu zwei Jahre dauern. Das wäre allein kein Hindernis, wenn man die Zeit und die Geduld hat. Was aber ist, wenn man dazu die Hilfe eines professionellen Trainers braucht? Der arbeitet nämlich nicht umsonst mit dem Pferd ... Bei zwei Jahren Trainingszeit und monatlichen Trainingskosten von zur Zeit DM 1000,– sind das schon wieder DM 24 000,–. Und dabei ist man am Ende noch nicht sicher, daß das Pferd auch unter dem vergleichsweise ungeübten Besitzer genauso sicher den Galopp fliegend wechselt wie unter dem Trainer.
An dieser Stelle ergeben sich für den Durchschnittsreiter zwei Möglichkeiten: Entweder er ist bereit, sich von vornherein nach einem Naturwechsler auf die Suche zu machen (vielleicht weiß der Verkäufer ja gar nicht, was sein Pferd wert ist), oder er findet sich mit der Tatsache ab, daß sein Pferd zwar billig war, aber nie ein echtes Westernreitpferd werden wird.

Woran erkennt man einen Naturwechsler?

Beim Herumlaufen in der Bahn oder auf der Weide wechselt er fliegend von einem Galopp in den anderen, ohne jemals Kreuzgalopp zu zeigen. Wer sich als „Normalreiter“ hier seiner Sache nicht sicher ist, wer also nicht in der Lage ist, einen fliegenden Wechsel vom Kreuzgalopp zu unterscheiden, der sollte auf jeden Fall jemanden mitnehmen, der das problemlos erkennen kann.
Beim gerittenen Pferd hat man es dagegen leichter. Man reitet es von einem Galoppzirkel auf den anderen (die deutsche Reitweise nennt dies „aus dem Zirkel wechseln“) und wartet ab, was passiert. Ein Naturwechsler springt von allein in den anderen Galopp.

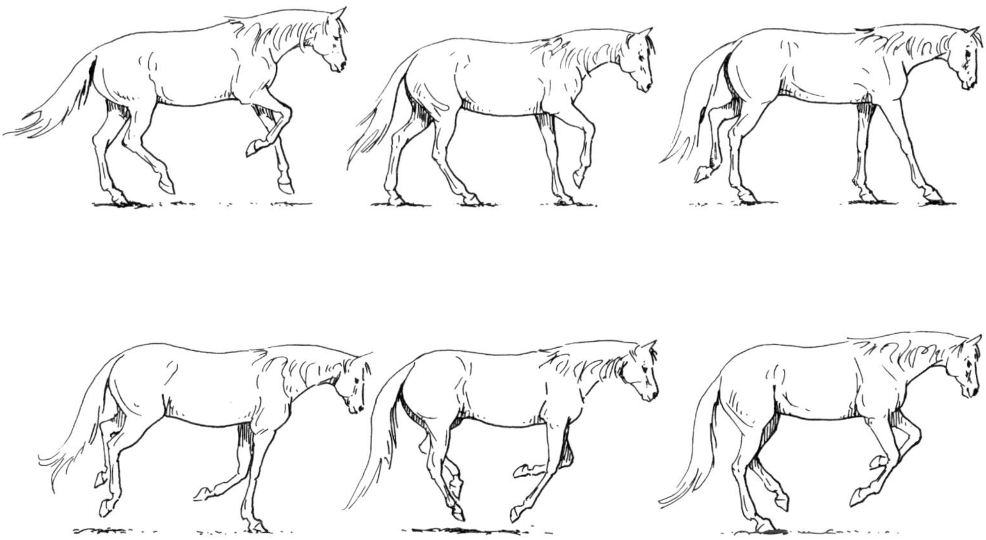

Fußfolge im fliegenden Galoppwechsel

Einige Pferde setzen jedoch trainingsbedingt voraus, daß der Reiter sie dabei nicht dadurch behindert, daß er sein Gewicht in Richtung des neuen Zirkels verlagert und so den Wechsel unmöglich macht. Von diesem beliebten Reiterfehler wird später noch die Rede sein. Wer diesem Fehler unterliegt und deswegen ein solch gut gerittenes Pferd behindert, läßt es sich von seinem Trainer vorreiten. Springt es vom einen zum anderen Zirkel fliegend um, ohne daß der Reiter eine sichtbare Einwirkung zeigt, handelt es sich um einen Naturwechsler.

Trainingsbedingt kann solch ein Pferd jedoch auch gelernt haben, nur auf reiterliche Einwirkung den Galopp zu wechseln. Das ist gar nicht einmal schlecht, denn dadurch wird verhindert, daß das Pferd bei jeder Richtungsänderung oder Gewichtsverlagerung des Reiters umspringt. In diesem Fall läßt man sich genau erklären, auf welche reiterliche Einwirkung das Pferd den Galopp wechselt – und versucht das nachzureiten.

Naturwechsler haben immer einen leichtfüßigen, federnden – ja: dahingetupften – Galoppsprung. Sie bieten diese Gangart gern freiwillig an, und es ist kein Problem, sie in der Geschwindigkeit des Galopps bis

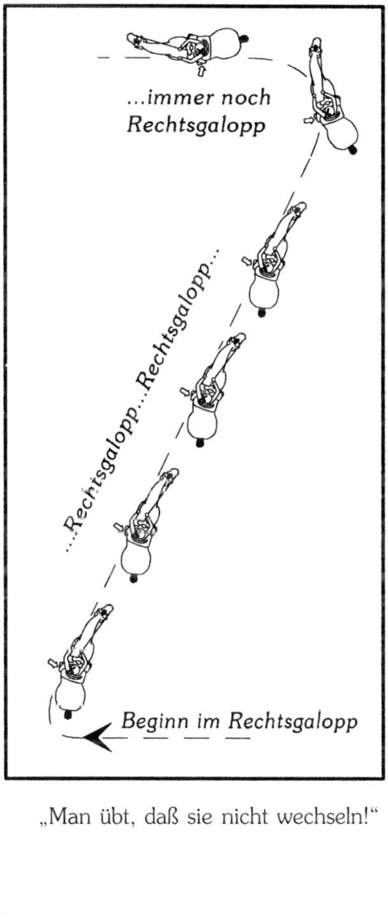

„Man übt, daß sie nicht wechseln!“

auf ein Minimum zu verkürzen. Dafür sind sie oft vergleichsweise schlecht im Trab, vor allem in seinen Verstärkungen.
Nun interessiert sich der Westernreiter weniger für einen raumgreifenden, schwingenden Trab als für einen natürlichen Galoppwechsel. Einen kleinen Nachteil hat jedoch auch der Naturwechsler: Er wechselt schon mal, wenn es der Reiter nicht wünscht. Das kann in Turnierprüfungen sehr unangenehm sein, weil es mit Fehlerpunkten belegt wird.
Solche Pferde wird man im Training sehr wenig, vielleicht sogar überhaupt nicht wechseln lassen. Mit ihnen übt man vor allem, daß sie *nicht* wechseln: Man läßt sie über die Diagonale galoppieren und bleibt beim Erreichen der langen Seite im Außengalopp.

Das Durchschnittspferd

Fast jedes Pferd ist in der Lage, den Galopp fliegend zu wechseln. Aber nicht jedes bietet den Wechsel so gern an wie ein Naturwechsler.
Ob ein Pferd generell bereit ist, den Galopp zu wechseln, kann man am besten auf einem großen Außenplatz feststellen, mit genügend Platz für große Zirkel mit ca. 50 m Durchmesser und etwas mehr Tempo als in der 20 × 40 m Reitbahn. Man beginnt mit dem Galopp auf der schlechteren Seite, indem man große Zirkel im flotten Galopp reitet und irgendwann von der schlechten auf die bessere Seite aus dem Zirkel wechselt, also von einem Zirkel auf den anderen reitet. Ein eher tiefer Boden veranlaßt das Pferd zusätzlich, die Gelegenheit des Rich-

Fußfolge im einfachen Wechsel über Trab

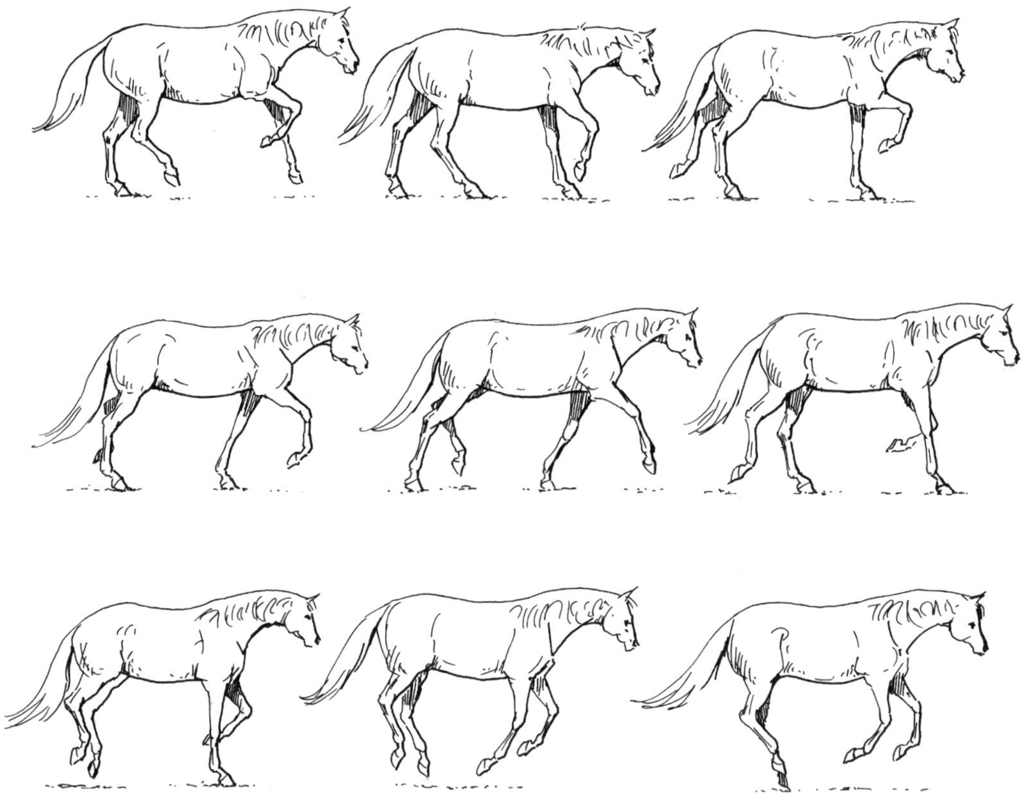

tungswechsels zu nutzen, um in den bevorzugteren Galopp von selbst fliegend umzuspringen.
Nach einigen weiteren Zirkeln kehrt man wieder auf die unbeliebte Richtung zurück. Wechselt das Pferd wieder, freut sich der Reiter und lobt sein Pferd begeistert. Wechselt es nicht, macht er sich keinen Streß daraus, straft es vor allem nicht, auch nicht mit der Stimme, sondern läßt das Pferd weiter galoppieren, im Außengalopp – und wartet ab.
Wenn es innerhalb der nächsten Zirkel umspringt, lobt man das Pferd ausgiebig, verlangsamt es mit viel Stimme und wenig Zügel zum Halten und läßt es verschnaufen. Springt es nicht um, pariert man es zum Schritt und läßt es aus dem Schritt neu und richtig angaloppieren.
Den Trab sollte man in dieser Übung vermeiden, da sonst die Gefahr besteht, daß das Pferd feststellt, daß es lieber und einfacher über den Trab in den neuen Galopp wechselt. Es kann darin eine große Geschicklichkeit entwickeln und sogar nur einen einzigen Trabtritt zwischen den Galopps einlegen, den der Reiter kaum spürt. Aber das bedeutet das Aus für alle Western-Turnierdisziplinen, die einen fliegenden Wechsel verlangen, also Reining, Western Riding, Superhorse und ggf. sogar Western Horsemanship.
Wer als Reiter nicht spürt, ob und wann sein Pferd wechselt, sucht sich einen Helfer, der in der Lage ist, den Wechsel als Zuschauer zu erkennen, und veranlaßt ihn loszujubeln, sobald das Pferd umspringt in den neuen Galopp.
Wessen Pferd nicht in der Lage ist, vom Galopp in den Schritt zu parieren, bricht das gesamte Unternehmen erst einmal ab und übt den Übergang vom Schritt zum Galopp und vom Galopp zum Schritt. Theoretische Unterstützung liefern ihm dazu die Abschnitte über den Angalopp und das Halten in diesem Buch.

Nicht alle Pferde sind Naturwechsler – Technik des Galoppwechsels

Pferde, die Probleme haben, ihren Galopp zu verkürzen, zeigen meist auch keinen fliegenden Wechsel unter dem Sattel. Dazu kommt, daß alle Reiter beim fliegenden Wechsel denselben Fehler begehen – bewußt oder unbewußt: Sie verlagern ihr Gewicht in die neue Bewegungsrichtung.
Beispiel: Man möchte vom linken auf den rechten Zirkel wechseln. Um dem Pferd den Richtungswechsel zu verdeutlichen, verlagert man sein Gewicht auf die neue Seite, also von links nach rechts, und sieht womöglich auch noch unten nach, ob das Pferd wirklich gewechselt hat.
Das Pferd springt im besten Fall vorne um und verbleibt im Kreuzgalopp.
Der Reiter muß lernen, auf der Außenseite des neuen Galopps sitzen zu bleiben, also in diesem Beispiel auf der linken Seite. Das ermöglicht dem Pferd, seine innere Schulter zu entlasten und gleichzeitig unter den Schwerpunkt des Reiters zu treten – es wird auch hinten wechseln. Nun gibt es viele Pferde, die selbst dann noch im Kreuzgalopp bleiben. Das liegt daran, daß sie trotz der reiterlichen Unterstützung durch Belasten der Außenseite nicht in der Lage sind, ihr Gleichgewicht im Richtungswechsel zu erhalten. Sie belasten dennoch die innere Schulter und brechen schräg in den neuen Zirkel herein, anstatt an seiner Außenseite entlangzulaufen.

Vorübungen zum fliegenden Wechsel

Man beginnt mit dem Gehen über die äußere Schulter im Schritt – zunächst irgendwo in der Bahn, ohne sich an ein bestimmtes

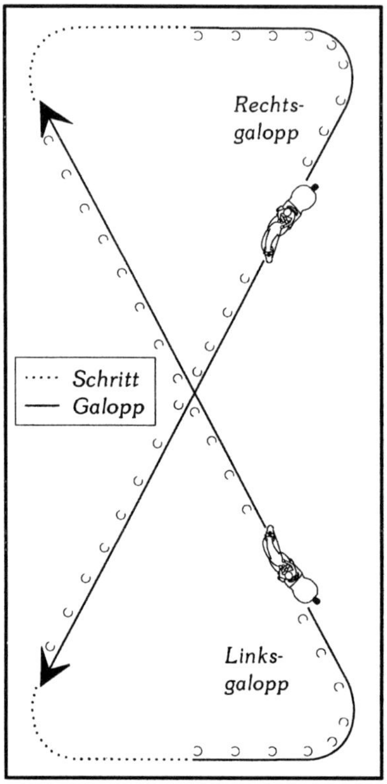

Galopp und Schritt auf der Acht

Reitmuster (= Bahnfigur) zu halten. Man klärt erst einmal, ob das Pferd generell bereit ist, über die äußere Schulter zu weichen. (Wer nicht mehr weiß, was gemeint ist, liest das Kapitel „Gehen über die äußere Schulter“ noch mal durch.)

Danach geht es auf eine Hufschlagfigur: Durch die halbe Bahn wechseln. Wer nur eine sehr kleine Reitbahn zur Verfügung hat, wechselt durch die ganze Bahn. Auf den Diagonalen läßt man das Pferd über die äußere Schulter gehen. Macht das Pferd willig und ruhig mit, galoppiert man beim Erreichen der langen Seite an, indem man das Pferd auf der äußeren Seite (das ist die Seite, die der Bande oder dem Zaun zugewandt ist) mit dem Schenkel antreibt und gleichzeitig den inneren Zügel im Augenblick des Angalopps ganz losläßt.

Etwa Mitte der nächsten kurzen Seite pariert man zum Schritt, wechselt wieder durch die halbe oder ganze Bahn und läßt dabei das Pferd wieder über die äußere Schulter weichen, um bei Erreichen der langen Seite erneut anzugaloppiern usw.

Dann läßt man das Pferd im Galopp, wendet auf die Diagonale ab und läßt das Pferd dort wieder über die Schulter gehen, die reiterliche Einwirkung bleibt gleich. Kommt man beispielsweise von der rechten Hand, also im Rechtsgalopp, auf die Diagonale, stellt man das Pferd nach links und treibt mit dem linken Schenkel am Gurt. Beim Erreichen der langen Seite pariert man das Pferd zum Schritt.

Sollte das Pferd noch Probleme mit dem Galopp über die Schulter haben, pariert man es, sobald die Probleme auftreten, bereits auf der Diagonalen zum Schritt.

Den Trab in dieser Übungsphase zu vermeiden ist sehr wichtig. Sollte das Pferd also noch Probleme mit dem Übergang vom Galopp in den Schritt haben, bricht man diese Übung zunächst ab und schaltet eine Einheit zur Verbesserung von Galopp zum Schritt und umgekehrt ein. Da sich diese Schwierigkeiten aus der fehlenden Durchlässigkeit des Pferdes ergeben, muß man das Kapitel zur Erarbeitung des Stops noch einmal praktisch durchgehen.

Auch die Pferde, die willig auf der Diagonalen über die äußere Schulter gehen, pariert man beim Erreichen der langen Seite zum Schritt, läßt sie sich bis zur nächsten kurzen Seite entspannen und dort erneut angaloppieren und über die folgende Diagonale über die äußere Schulter weichen usw.

An dieser Stelle ist man in der Lage, zwei Bausteine zum fliegenden Galoppwechsel zu reiten: 1. im Schritt über die Diagonale und Angalopp beim Erreichen der langen Seite, 2. im Galopp über die Diagonale und Schritt beim Erreichen der langen Seite.

Jetzt wird vielleicht auch klar, warum es so wichtig ist, daß die Pferde in dieser Übung keinen Trab einschalten. Wer versucht, den fliegenden Galoppwechsel mit ein paar Trabtritten dazwischen zu erreichen, eröffnet dem Pferd, das von Natur aus lieber nicht von einem Galopp in den anderen springt, eine unkontrollierbare Möglichkeit, zwischen dem Wechsel wenigstens einen Trabtritt zu machen. Das ist für das reine Freizeitpferd sicherlich eine akzeptable Lösung. Wer aber mit dem Gedanken einer turniermäßigen Vorstellung spielt, schafft sich damit ein geradezu unüberwindliches Problem: In der Disziplin Reining kostet das 2 und in Western Riding sogar 3 Fehlerpunkte. Das wirft den Teilnehmer heutzutage aus jeder Placierung.

Ist das Pferd in der Lage, beide Bausteine zu absolvieren, wird der Reiter mit Sicherheit das Bedürfnis des Pferdes, vom einen in den anderen Galopp zu springen, auf der Diagonalen im Galopp über die äußere Schulter zu spüren bekommen. Das Pferd signalisiert dieses Bedürfnis und damit gleichzeitig, daß es die Absicht des Reiters verstanden hat, indem es beim Weichen über die äußere Schulter auf der Diagonalen kürzere und höhere Galoppsprünge macht. Dann und erst dann ist der Zeitpunkt gekommen, das Pferd fliegend von einem Galopp in den anderen wechseln zu lassen, indem man genau dasselbe tut wie zum Angalopp aus dem Schritt beim Erreichen der langen Seite: Man legt den äußeren Schenkel an und achtet darauf, daß der innere Zügel angehoben, aber lose ist. Das wird zunächst beim Erreichen der langen Seite der Fall sein, später kann man das Pferd bereits auf der Diagonalen umspringen lassen.

Nun neigt jeder Reiter dazu, sein Pferd sehr deutlich auf der Außenseite anzutreiben, was das Pferd schnell dahingehend versteht, daß es im Tempo kräftig zulegen soll. Zum Erreichen des fliegenden Galoppwechsels ist

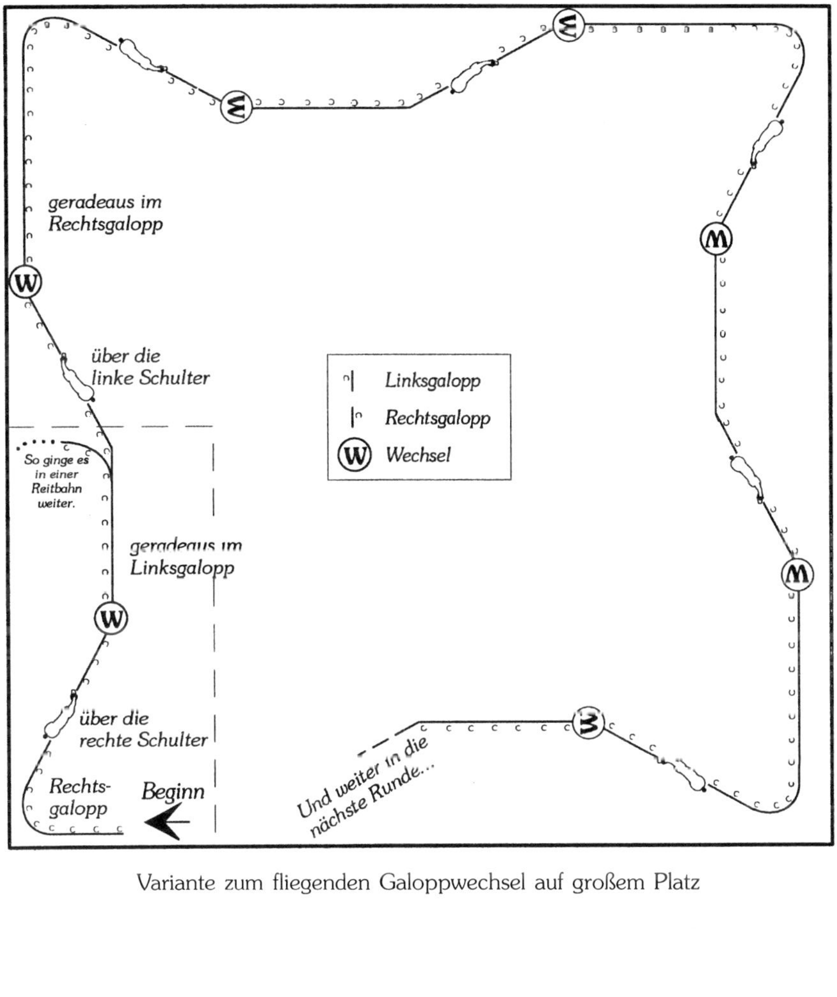

Variante zum fliegenden Galoppwechsel auf großem Platz

das auch gar nicht so falsch. Damit sich das Pferd jedoch nicht angewöhnt, nach erfolgtem Wechsel loszustürmen, pariert man nach einigen Sprüngen im neuen Galopp zum Schritt, lobt das Pferd ausgiebig und läßt ihm im Schritt Zeit zum Verschnaufen und Entspannen. Oder man hält es sogar an, damit es sich eine Zeitlang im Lob des Reiters sonnen kann.
Auf diese Weise trainiert, wird der fliegende Wechsel leicht und flach – oft so flach, daß ihn der Reiter gar nicht spürt, weil er nicht mehr im Sattel hochgeworfen wird. Wer hier Probleme hat, sucht sich einen Zuschauer, der losjubelt, sobald das Pferd umgesprungen ist.
Veranlaßt man das Pferd, bereits auf der Diagonalen umzuspringen, läßt man es bis zum Erreichen der langen Seite in derselben Position. Um dieses Gehen über die äußere Schulter beizubehalten, muß der Reiter auf der Außenseite sitzenbleiben. Fällt er nach innen, wird das Pferd entweder anfangen zu stürmen oder in den Trab fallen, je nach Temperamentslage.
Als nächstes läßt man das Pferd auf der Diagonalen wechseln, reitet dann aber geradeaus auf die kurze Seite zu, um dort in Richtung des neuen Galopps abzuwenden.
Wenn auch das sicher sitzt, sucht man sich eine große Fläche, beispielsweise einen Außenplatz oder – wo es erlaubt ist – einen Stoppelacker: Dort reitet man dasselbe Muster. Wegen der vergleichsweise unbegrenzten Fläche ist man jedoch in der Lage, das Muster weiter auszubauen: Diagonale, fliegender Wechsel, geradeaus auf eine gedachte kurze Seite, diagonal in die andere Richtung, fliegender Wechsel, geradeaus auf eine gedachte kurze Seite usw.
Je kürzer die Diagonalen werden, desto häufiger folgt der Wechsel. Und bald ist man in der Lage, das Pferd auch auf der Geraden wechseln zu lassen – einfach nur dadurch, daß man still und ausbalanciert im Sattel sitzen bleibt und nur den jeweils äußeren Schenkel anlegt. Auf diese Weise kann man das Pferd ganz zwanglos nach vier, drei, zwei oder sogar nach jedem Galoppsprung (à tempo) wechseln lassen, wie es sonst die S-Dressurpferde können.
Eine weitere Möglichkeit, den fliegenden Wechsel zu trainieren, wird im Anschluß an das folgende Kapitel besprochen.

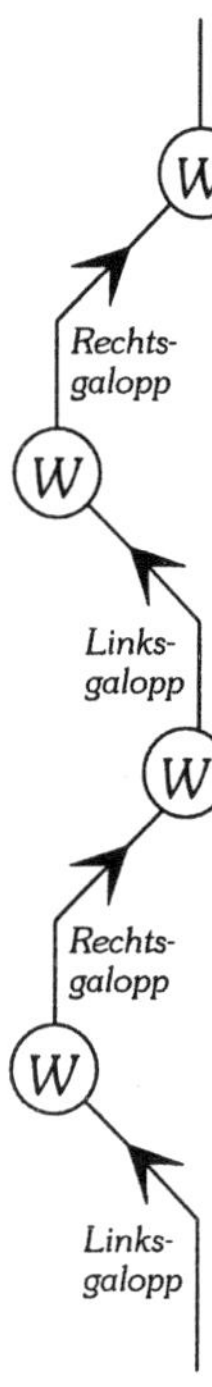

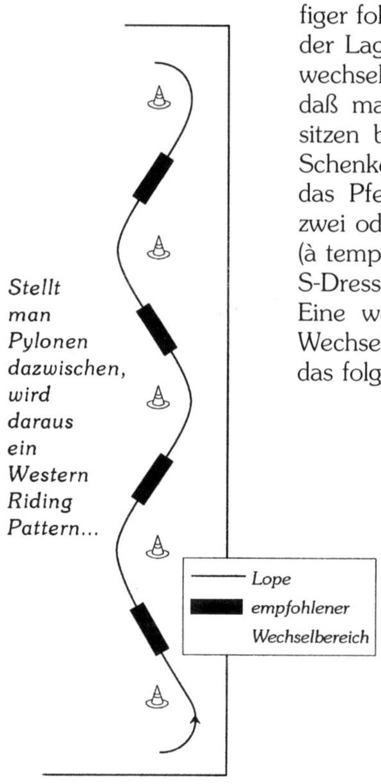

Die Abstände zwischen den Wechseln werden kürzer.

Kleiner Ausflug in die Trainingslehre

Westernpferde werden oft sehr hart trainiert, vor allem wenn sie für Reining, Cutting, Working Cowhorse oder die Renndisziplinen ausgebildet werden. Im Gegensatz zu Vielseitigkeits- oder Distanzreitern wissen die Westernreiter heutzutage jedoch recht wenig über die Belastungen ihres Pferdes und den Aufbau seiner Kondition.
In der Ruhe liegt der Pulsschlag eines Pferdes zwischen 24 und 36 Schlägen pro Minute. Mit dem Satteln kann er bereits auf 40 bis 50 Schläge steigen, und je nach Belastung erhöht er sich in der Arbeit. Gut trainierte Pferde weisen nach Trab oder Galopp etwa 64 bis 72 Schläge auf, schwere Ponys etwa 80 bis 88, Kaltblutpferde auch mehr. Unter Extrembelastungen (im Renngalopp beispielsweise) klettert der Puls bis auf 360 Schläge pro Minute, fällt jedoch direkt danach rapide auf etwa 120 bis 140 zurück, um je nach Trainingszustand in den nächsten Minuten weiter zu sinken.
Die Höhe der Pulsfrequenz während der Arbeit sagt aus, wie anstrengend sie für das Pferd ist. Je schneller der Puls nach der Arbeit absinkt, desto besser ist das Pferd in Kondition. Ist ein sogenannter **Laufwert** von 64 bis 72 Pulsschlägen (der heißt so, weil das Pferd damit weiterlaufen kann) nach zehn Minuten erreicht, war die Arbeit anstrengend. Ist dieser Wert nach zwanzig Minuten nicht erreicht, wurde das Pferd überlastet; gesundheitliche Schäden werden bei weiterer Belastung die Folge sein.
In solchen Fällen beendet man die Arbeit mit zwanzig bis dreißig Minuten im Schritt, um den Stoffwechsel des Pferdes zu fördern. Das bedeutet, daß man dadurch Schäden wie Muskelkater und Kreuzverschlag verhindern kann. Danach stellt man das Pferd nicht in die Box, sondern auf die Weide oder in den Auslauf, damit es sich durch Wälzen und ruhige Bewegung erholen kann. Am nächsten Tag sollte man das Pferd unbedingt reiten: mindestens 30 Minuten im Schritt. Zeigt es sich danach fit, kann man mit dem eigentlichen Training in eingeschränkter Form weitermachen.
Den Puls kann man bei einigen Pferden in der linken Gurtlage mit flach angelegter Hand fühlen. Ist da nichts zu spüren, empfiehlt sich der Kauf eines einfachen Stethoskops für etwa DM 20,– (im medizinischen Fachhandel erhältlich), das man an derselben Stelle zum Abhören anlegt. Fühlen an der Ganasche oder an der Schweifrübe halte ich für zu ungenau.
Der Atemwert des Pferdes sagt in bezug auf Belastung und Kondition nur dann etwas aus, wenn man ihn unter verschiedenen Wetterbedingungen bei gleicher Arbeit gemessen hat. Denn je nach Rasse atmen Pferde sehr unterschiedlich. Während für einen Araber, der in der Ruhe vielleicht vier Atemzüge pro Minute macht, vierzig Atemzüge nach leichter Arbeit schon sehr viel sein können, sind sie vielleicht für einen Haflinger bereits in der Ruhe völlig normal. Hier ist also jeder verantwortungsvolle Reiter aufgefordert, die Ruhe- und Laufwerte der Atmung seines Pferdes unter verschiedenen Wetterbedingungen zu überprüfen. Bei hoher Luftfeuchtigkeit atmen Pferde allgemein etwas mehr – vor allem bei Nebel. Manche reagieren auf Hitze; Araber läßt das dagegen völlig kalt ...
Die Atmung läßt sich leichter überprüfen als der Pulsschlag: Entweder hält man die Hand vor die Nüstern und spürt so das Ausatmen, oder man sieht sie in der Flankengegend. Angesichts der Tatsache, daß heutzutage viele Pferde an Atemwegsinfektionen erkranken und viele in der Folge chronisch husten, allergisch oder gar dämpfig werden, sollte jeder Reiter unbedingt wissen, wann sein Pferd heftiger als normal atmet.

Faustregel:
Ein gutes Pferd hört man nicht atmen!

Kennt man die Atemwerte seines Pferdes, liefern sie ebenso wie die Pulswerte Aussagen über die Kondition des Pferdes. Da es hier rassetypisch sehr große Unterschiede gibt, hilft für allgemeine Aussagen nur der früher maßgebliche Laufwert für Distanzpferde weiter: 72 Atemzüge pro Minute galten dort vor einigen Jahren als tolerierbar. Je höher der Wert direkt nach der Arbeit,

desto größer die Anstrengung für das Pferd; je weiter er innerhalb von zehn Minuten nach der Arbeit absinkt, desto besser die Kondition.
Im Training des Westernpferdes spielt Streß eine wichtige Rolle. Je höher der Streß, desto höher die Atemwerte. Je schneller die Atemwerte absinken, desto besser die Streß-Verarbeitung. Deswegen wartet man beispielsweise im Stop-Training immer so lange stillstehend ab, bis das Pferd „tief seufzend" durchatmet.

Das Pferd und der Streß

Streß ist ein Schlagwort unserer hektischen Zeit. Für die Pferde ist das ein großes Glück. Denn aufgrund der Tatsache, daß ihre Reiter beim Verdienen des Lebensunterhaltes ihres Pferdes weit mehr unter Streß stehen als die Reiter früherer Jahre, leuchtet es dem modernen Reiter durchaus ein, daß auch sein Pferd unter Streß stehen kann.
Abgesehen von dem Streß, den eine neue Umgebung für das standorttreue Wild „Pferd" bedeuten kann, übernimmt das herdenbezogene Tier „Pferd" zwangsläufig den Streß seines Chefs. Wen wundert es da noch, daß Pferde auf dem Turnier oft ganz anders reagieren als daheim in gewohnter Umgebung ...? Pferde empfinden es bereits als Streß, wenn der Reiter etwas von ihnen verlangt, was sie nicht können, ganz egal, ob es daran liegt, daß sie es bisher noch nie gemacht haben, oder ob sich ihr Reiter einfach unklar ausdrückt.
Jeder Mensch weiß, daß er in einer entspannten, zwanglosen Umgebung die besten Lernergebnisse hervorbringt. Das gilt für das Pferd in einem noch viel höheren Maße, weil es sich in der schwierigen Situation befindet, die in der Regel unklar ausgedrückten Anforderungen seines Reiters richtig deuten zu müssen. Es versteht doch wirklich kein Wort von dem, was der Reiter will! Nur der körpersprachliche Ausdruck dieses Wollens sagt ihm, was es tun soll. Und der ist beim völlig verkopften Wesen „Mensch" oft jämmerlich genug. Wie schön ist es da für jeden Reiter, der sein Pferd liebt, zu sehen, wie es unter dem begnadeten Hintern eines guten Reiters auf einmal alles versteht!
Das darf niemals zum eigenen Frust – „Ich bin zu doof zum Reiten!" – führen. Es kuriert allerdings die Auffassung: „Aber ich liebe doch mein Pferd, warum tut es dann nicht, was ich will?!", muß aber Ansporn sein, über die eigene Ausdrucksfähigkeit dem Pferd gegenüber nachzudenken. Es muß den Wunsch wecken, sich selbst klarer ausdrücken zu können – nicht nur technisch, sondern auch zwangloser und damit streßfreier.
Sicherlich gibt es auch unter den Pferden dieselben Ausnahmen wie unter den Menschen: solche, die unter Streß zu Höchstleistungen gelangen. Aber das sind Pferde für die Begnadeten unter den Reitern – und zum Glück die seltene Ausnahme.

Westernpferde werden oft ausgiebig im Galopp aufgewärmt. Das stellt für ein austrainiertes und ausbalanciertes Pferd auch kein gesundheitliches Risiko dar, weil es im Verlauf seiner vorangegangenen Ausbildung genügend Zeit hatte, die dazu notwendige Kondition aufzubauen. Vor allem unter den Reining- und Cutting-Pferden der Rasse Quarter Horse befinden sich viele „Workaholics" (das sind Pferde, die die Arbeit erfunden haben), die erst nach einer gemütlichen halben Stunde Zirkelgalopp für das eigentliche Programm ansprechbar sind. Voraussetzung ist jedoch, daß das Pferd dafür über eine gute Kondition verfügt, damit es nicht Schaden an Muskeln, Sehnen, Bändern, Gelenken und Stoffwechsel nimmt.
Über das Maß der Anstrengung gibt die Pulsfrequenz Auskunft. Sie sagt aber leider nichts über die Belastbarkeit von Sehnen,

Bändern und Gelenken aus. Hier helfen die Erfahrungen und das Training der Vielseitigkeits- und Distanzreiter: Die Festigkeit der **Sehnen** (und der unbeschlagenen **Hufe**) trainiert man im Schritt und später auch im ruhigen Trab auf Asphalt, die der **Bänder** auf unebenen Wegen. Die Belastung der **Gelenke** können nur ein Reiten im Gleichgewicht und ein gezielter Aufbau der Muskelkraft reduzieren.
Das Reiten auf Asphalt und unebenen Wegen kann man idealerweise an das Ende einer Trainingseinheit/Reitstunde anschließen. Dabei kann man die Trabphasen auf Asphalt von anfänglich wenigen Metern auf bis zu zehn Minuten steigern, indem die Trabstrecke jeden Tag ein bißchen länger wird.
Beim **Aufbau der Kondition** unterscheidet man ganz grob zwischen Ausdauer- und Intervall-Training. Auf den ersten Blick wird der Westernreiter seine Arbeit mit dem Pferd als Intervall-Training bezeichnen: Aufwärmen, kurzzeitige intensive Belastung, Regeneration, kurze Belastung, Regeneration ... Abwärmen.
Hält man sich jedoch vor Augen, daß das Training des Westernpferdes in erster Linie aus dem Erlernen von Fähigkeiten und Techniken besteht, in denen eigentlich mehr der Geist und die Konzentration des Pferdes als seine maximale Athletik gefordert werden, wird deutlich, daß der Aufbau der körperlichen Kondition hier zu kurz kommt.
Sicherlich trägt das Warmlaufen zu Beginn der Arbeit dazu bei, aber genaugenommen läßt ein derartig umfangreiches Lernprogramm in der Bahn gar keine Zeit für ein gezieltes Konditionstraining. Dafür sind Ausritte wie geschaffen, auf denen man sein Pferd wie ein Distanzpferd aufbauen kann. Sie schaffen nicht nur einen psychischen Ausgleich zur geistig anstrengenden Arbeit in der Bahn, sondern fördern auch die körperliche Belastbarkeit des Pferdes.
Erst wenn die Technik sitzt, tritt ein Training der körperlichen Belastbarkeit in den einzelnen Manövern in den Vordergrund.
Sicherlich sind die Anforderungen an die Kondition eines Westernpferdes in hohem Maße davon abhängig, welche Schwerpunkte man sich aus der großen Vielfalt der Westernreiterei aussucht. So sind sie für die Pferde der „heißen“ Disziplinen Working Cowhorse, Cutting und Reining extrem hoch, während sie für ein Trail-Pferd vergleichsweise niedrig sind. Turnierteilnehmer sollten sich die Zeit nehmen und in Ruhe ausrechnen, wie lange ihr Pferd unter dem Sattel ist, wenn es in dieser und jener Disziplin starten soll: Warmreiten, Vorbereiten, Warten, Showen und Abwärmen. Da kommen erstaunliche Zeiten zustande!
Jeder Reiter erwartet von seinem Pferd, daß es beim dritten, vierten Start eines Turniertages immer noch fit und fröhlich und in Bestform ist, aber zu Hause wird es nur jeden zweiten Tag eine halbe Stunde lang geritten ...
Das kann nicht gutgehen!

Aufbau einer „Reitstunde“

Wie man eine Trainingsstunde beginnt, hängt vor allem davon ab, ob das Pferd aus der Box oder von der Weide bzw. dem Auslauf kommt, denn in der Box stehen die Pferde sich steif, während sie auf der Weide oder im geräumigen Auslauf Gelegenheit haben, sich selbsttätig zu lösen. Es spricht also nichts dagegen, mit einem Weidepferd im warmen Sommer gleich loszugaloppieren. Ein Boxenpferd benötigt dagegen eine mindestens zwanzig Minuten lange Schrittphase ohne jede Beeinträchtigung durch den Reiter. Vorurteile, daß Weidepferde im Gras augenblicklich jede Kondition verlieren, dürften inzwischen als altertümliche Ammenmärchen abgetan werden (hoffentlich!). Sicherlich kann man das Boxenpferd für diese Phase auch an die Führanlage hängen oder an die Longe nehmen. Aber es braucht diese Zeit, um sich vom zwangsweisen Stillstehen in der noch so großen Box zu lösen. Dasselbe gilt übrigens auch für Pferde, die man vom winterlichen Matsch-Auslauf holt.

Westernpferde werden sehr viel und stark gebogen. Dazu ist es unbedingt notwendig, sie vorher ausgiebig aufzuwärmen, damit sie nicht Schaden an Muskeln, Sehnen, Bändern und Gelenken nehmen. Deswegen halte ich auch überhaupt nichts von der zur Zeit weit verbreiteten Praxis, die Trainingsstunde gleich mit stark biegenden Übungen zu beginnen, um das Pferd auf diese Weise zu lösen. Ich sehe darin entweder das Unvermögen oder die Faulheit dieser Reiter, ihre Pferde vorher im Trab oder Galopp aufzuwärmen. Oder ist es die Angst vor dem Vorwärtsdrang der Pferde und ihrer Bewegungslust, die diese Reiter zu Übungen greifen läßt, die gleichzeitig die Fluchtdistanz des Pferdes unterschreiten, indem sie sie auf kleinem Raum biegen?

Andererseits wissen erfolgreiche Western-Trainer, daß es sinnvoller ist, die oft sehr gehfreudigen Cutting- und Reining-Pferde zuerst ausgiebig galoppieren zu lassen, bevor sie mit dem eigentlichen Training beginnen. Das geht natürlich nicht mit einem Pferd, das noch nicht in der Lage ist, sein Gleichgewicht im Galopp selbständig zu halten, „sich selbst zu tragen“, so daß es dauernd auf die Vorhand fällt, gegen die Zügel drückt und wegstürmt. Solche Pferde läßt man traben, denn im Trab ist es für das Pferd viel einfacher, das Gleichgewicht zu halten, weil es seinen Schwerpunkt nicht ständig verlagern muß, wie das im Galopp der Fall ist.

Daß das Pferd sich warmgelaufen hat, erkennt man daran, daß sich seine Haut warm anfühlt und die Adern unter der Haut hervortreten. Letzteres kann man bei einem Pony im dicken Winterfell allerdings kaum wahrnehmen. Meist sind es die Nordlandponys, die zur Ausbildung eines besonders dichten Winterfells neigen. Wenn man sie auch im Winter reiten will, muß man sie scheren: „Rallye-Streifen“ oder Teilschur, auch wenn sie im Offenstall leben. Den meisten tut man damit einen echten Gefallen, weil das Fell so dick ist, wie hier kein Winter kalt wird. Unter dem dicken Fell schwitzen sie sich wie in einer Sauna das Unterhautfettgewebe weg – und dann brauchen sie das dicke Fell wirklich, um nicht zu frieren. Zum Reiten gönnt man ihnen lieber etwas mehr Speck auf den Rippen – und schert sie.

Ist das Pferd warmgelaufen, beginnt man je nach Ausbildungsstand mit der Reihenfolge der zuvor aufgeführten gymnastischen Übungen. Dem erfahrenen Reiter zeigen die Pferde bereits beim Warmlaufen, woran gearbeitet werden muß.

Wer sein Pferd nicht ohne Zügeleinwirkung warmlaufen lassen möchte oder kann, bekommt jetzt eine feine Übung, mit der man bereits im Schritt beginnen kann, wenn man die Reitbahn betritt.

Die „feine lösende Übung“

Dazu reitet man im Schritt am hingegebenen Zügel in der Reitbahn herum und beobachtet, zu welcher Seite das Pferd am liebsten seinen Hals dreht, wenn es nicht gerade dringend irgendwohin gucken muß. Kein Pferd ist völlig gerade! Schaut das Pferd nach rechts – und das tun die meisten, weil sie Rechtshänder sind (vgl. das Kapitel über die natürliche Schiefe) , beginnt die Übung auf dem Linkszirkel in Rechtsstellung. Denn das entspricht der Lieblingshaltung des rechtshändigen Pferdes: nach links zu gehen und nach rechts zu schauen. So geritten,

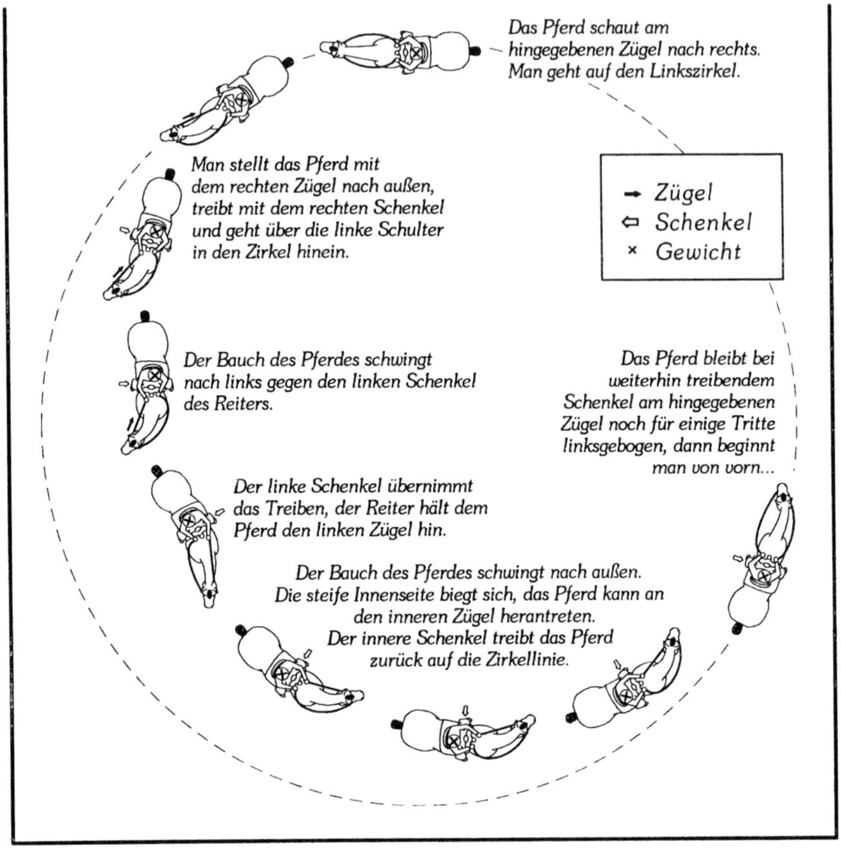

Die „feine lösende Übung"

nehmen rechtshändige Pferde den rechten (äußeren) Zügel gern an und geben ihm willig nach. Gleichzeitig erscheint es fast unmöglich, sie in Linksbiegung an den linken Zügel zu bekommen, weil ihr ganzer Körper sich dagegen stellt. Zieht man am linken Zügel, verwerfen sie sich im Hals und machen alle möglichen Anstalten, nur um sich nicht auf der steifen rechten Seite dehnen zu müssen. Wenn also Ziehen nichts hilft, bleibt nur noch das Treiben. Man bringt demnach das Pferd in eine Position, die es dem Reiter ermöglicht, die scheinbar unerreichbare Linksbiegung durch Treiben zu erreichen.

Dazu geht man auf den Linkszirkel und stellt das Pferd nach außen, bis es dem äußeren, also rechten Zügel nachgibt. Dann treibt man es über die linke Schulter in den Zirkel. Dabei schwingt der Rippenkasten des Pferdes nach links gegen den linken Schenkel des Reiters. Dieser übernimmt das Treiben, während der rechte Zügel losläßt. Gleichzeitig hält der Reiter dem Pferd den erhobenen linken Zügel hin, damit es durch das Nach-Rechts-Schwingen des Rippenkastens an den linken Zügel herantreten kann, weil es sich durch das Nach-Außen-Schwingen des Rippenkastens auf der steifen Innenseite biegt. Dahinter steht ein einfaches Prinzip: Drückt man die Mitte nach außen, schwingen das vordere und hintere Ende nach innen. Das kann man leicht mit einem Grashalm nachvollziehen. Dann treibt der innere Schenkel das Pferd wieder zurück auf die Zirkellinie.

Dabei beobachtet der Reiter den Hals des Pferdes genau, denn hier kann er wie auf einem Monitor ablesen, was die Hinterhand des Pferdes tut. Sobald sich direkt hinter dem linken Ohr des Pferdes ein kleiner, dikker Muskel aufwölbt oder in der Mitte des Halses ein langgestreckter, bananenförmiger Muskel heraustritt, versucht das Pferd, das linke Hinterbein hängen zu lassen bzw. versucht es, sich wieder nach rechts auf die angenehme Seite zu biegen (vgl. den Abschnitt über das Verlehnen, Seite 89). Dann beginnt der Reiter wieder auf der Außenseite, läßt das Pferd dem rechten Zügel nachgeben, treibt es über die linke Schulter und so fort.

Bleibt das Pferd daraufhin für einige Tritte links gebogen, nimmt er die Hände nach außen, um so die Schulter außen zu halten, und treibt mit dem zurückgelegten rechten Schenkel die Kruppe nach links. Fortgeschrittene Pferde kann man dabei im Travers nach links gehen lassen. (Travers: Das Pferd schaut (hier) nach links und geht mit Vor- und Hinterhand gleichermaßen nach links, siehe Seite 131). Nach wenigen Tritten wird das Pferd versuchen, sich aus dieser unnatürlichen Haltung zu befreien. Dann beginnt der Reiter wieder mit dem Nachgeben auf der rechten Seite und so fort.

Diese Übung sorgt dafür, daß das Pferd sein schwaches – in diesem Beispiel linkes – Hinterbein unter den Körper setzt und sich so auf natürliche Weise auf beiden Seiten, der starken und der schwachen, gleichermaßen löst.

Schon nach kurzer Zeit kann der Reiter beobachten, wie sein Pferd sich beim Heraustreiben mit dem inneren Schenkel an die gehobene innere Zügelhand dehnt, indem es den Hals entspannt vorwärts-abwärts wölbt, so daß der Reiter auf einmal einen leichten Druck in der inneren Zügelhand verspürt. Diesem muß er anfangs nachgeben, indem er dem Pferd so viel Zügel gibt, wie es sich vorwärts-abwärts strecken möchte. Hier zeigt sich der wahre Wert guter Trainingszügel, die dem Pferd dieses Dehnen ermöglichen, weil sie lang genug sind. Deswegen verwendet der Westernreiter auch bevorzugt lange, dicke Splitreins (geteilte Zügel; siehe Seite 142f.). Ihr Segen liegt darin, daß man sie beliebig lang werden lassen kann, um sie im nächsten Moment mühelos wieder kurz fassen zu können (siehe Seite 143).

Auch wenn das Pferd in dieser Dehnungshaltung „Erdkunde" betreibt, darf sich der Reiter dadurch nicht verwirren lassen: Es dehnt wohlig seine gesamte Wirbelsäule und bedankt sich auf diese Weise bei seinem Reiter für die richtige Trainingsanleitung. Und keine Angst, wenn das Pferd in dieser Haltung bleibt! Solange der Hals leicht gewölbt ist, befindet sich das Pferd im Gleichgewicht. Erst wenn er sich nach unten durchbiegt, ist es auf der Vorhand. Außerdem kann man jederzeit leicht überprüfen, ob sich das Pferd trotz der gedehnten Haltung noch im Gleichgewicht befindet, indem man es ohne Zügel stoppen läßt. Stoppt es weich auf der Hinterhand, muß es vorher im Gleichgewicht gewesen sein!

Das Erreichen der **Dehnungshaltung nach vorwärts-abwärts** ist grundlegender Bestandteil jeder sinnvollen Reitweise, weil es die Pferde in ihrer Gesamtheit löst und entspannt. Nur so kann man ihre Muskeln gezielt spannen und zielgerichtet arbeiten lassen, ohne dem Pferd Schmerzen zuzufügen oder ihm Gewalt anzutun.

Wenn es im Schritt funktioniert, kann man es im Trab reiten, dann auch im Galopp. Ist das Pferd warmgelaufen, kann man mit dem eigentlichen Training, der Lehrstunde, beginnen. Dabei hat das Pferd dem aufmerksamen Reiter bereits durch Steifheiten beim Lösen gezeigt, woran gearbeitet werden muß. Die „feine lösende Übung" ist ein untrüglicher Schlüssel, der den Reiter an einem Tag zu Wendungen gegen den Zaun, an einem anderen vermehrt zum Spin-Training veranlassen wird usw.

Wer sich die Zeit nimmt, sein Pferd in der Lösungsphase zu beobachten, bekommt das Trainingsprogramm vom Pferd selbst dargeboten.

Das eigentliche Lernprogramm ist immer in dem Augenblick beendet, in dem das Pferd dem Willen des Reiters entsprechend freudig und erfolgreich arbeitet. Dieses Ziel darf der Reiter pro Trainingseinheit auf keinen Fall zu hoch ansetzen. Sonst gerät das Pferd in Streß und lernt bestenfalls, wie man es nicht macht – zu Ungunsten des Reiters.
Wie das Ende einer Reitstunde aussieht, hängt davon ab, wohin das Pferd danach geht.
Boxenpferde benötigen dringend eine Abwärmphase von mindestens zwanzig Minuten, besser einer halben Stunde, bevor sie in die Box zurückkehren, in der sie sich steifstehen. Sicherlich kann man ein Pferd dafür wieder an die Führanlage hängen. Besser für sein psychisches Gleichgewicht ist es auf jeden Fall, wenn man es im Schritt ausreitet. Schritt über den Asphalt fördert seine Nervenstärke, weil es etwas von der Welt zu sehen bekommt. Es verbessert seine Hufe und seine Sehnen, weil sie auf gleichmäßig festem Untergrund fußen. Zehn Minuten auf unebenem Weg festigen seine Bänder, die die Gelenke halten.
Ein **Weide- oder Auslaufpferd** kann man direkt nach noch so anstrengender Arbeit in Auslauf oder Weide entlassen. Es hat dort ausreichend Gelegenheit, für seine körperliche Entspannung zu sorgen. Ebenso kann es dort sich selbst überlassen in Ruhe über das Gelernte nachdenken (und Pferde tun das!), herumgehen, sich wälzen usw.
Wer die Möglichkeit hat, sollte sein Pferd an der Stätte der Arbeit, also auf dem Reitplatz oder in der Reithalle, nach getaner Arbeit frei herumlaufen lassen. Erstens verbinden die Pferde dadurch den Ort harter Arbeit mit dem wohligen Gefühl von Freizeit, indem sie sich dort nach Herzenslust wälzen können, zweitens nutzen die „Workaholics" unter den Pferden diese Zeit gern, um das Gelernte immer wieder in aller Ruhe zu wiederholen.

Pferde lieben die Wiederholung!

Vertikale Kontrolle: Das Westernpferd am Zügel?

In der „feinen lösenden Übung" konnte der Reiter beobachten, wie sich das Pferd auf einmal auch auf der schlechten, der schwachen Seite vorwärts-abwärts dehnt und auf diese Weise von sich aus Kontakt mit dem gleichseitigen Zügel aufnimmt. Der Reiter hat daraufhin den Kontakt aufgegeben, damit sich das Pferd wohlig entspannt beliebig vorwärts-abwärts dehnen kann, ohne vom Zügeldruck aufgehalten zu werden.
Einerseits ist die Westernreitweise darauf ausgerichtet, daß die Pferde ohne Zügelanlehnung arbeiten, andererseits möchte sie aber auch, daß die Pferde keine Angst vor dem Zügel haben, die sie dadurch äußern, daß sie bei leisestem Kontakt den Kopf hochreißen.
Westernpferde sollen jeglichem Druck ausweichen, auch dem des Zügels, indem sie den Hals entspannen und das Kinn anziehen. So antwortet das gut ausgebildete Westernpferd auf Zügeldruck und irritiert damit jeden Reiter konventioneller Herkunft, weil er auf einmal „nichts mehr in der Hand hat".
Diese Erfahrung ist um so heftiger, wenn er ein gutes Hackamore-Pferd reitet, also eins, das in der Klassischen Hackamore fein ausgebildet worden ist. Denn die lose Aufhängung dieser Zäumung gibt dem Reiter das Gefühl von total nachgiebigem Gummi – und genauso fühlt sich das Pferd auf einmal an, zum Schrecken des konventionell ausgebildeten Reiters. Für den Westernreiter ein traumhaftes Gefühl!
Allerdings setzt diese zarte Nachgiebigkeit des Pferdes die völlige Entspannung seines Körpers voraus. Das ist dem heutigen Reiter, der selbst Erfahrung mit Yoga oder Zen gemacht hat, viel leichter zu verdeutlichen als seinen Vorgängern.
Nimmt der Reiter nun mit angehobenen Händen leichten Kontakt zum Maul des gelösten und gedehnten Pferdes auf und for-

dert gleichzeitig durch Treiben mit beiden Schenkeln die Hinterhand zu energischem Vorwärtstreten auf, wird das Pferd mit Aufwölben des Halses und weiterhin tiefer Nase antworten.
Nimmt er nur einen Zügel auf, wird sich das Pferd bei gleichseitig treibendem Schenkel durch seinen ganzen Körper biegen – und immer noch die Nase unten haben.

Das ist das Geheimnis der vertikalen Kontrolle: Sie kommt aus dem gesamten Körper des Pferdes als Antwort auf ein gezielt lösendes Training.

Nur dazu sind all die gymnastizierenden Übungen als Vorbereitung notwendig. Deswegen steht dies Kapitel auch so weit hinten in diesem Buch.
Wer jetzt entgeistert ausruft: „Puh, das stinkt ja total nach Dressurreiten!“, der liegt völlig richtig. Nur daß der Westernreiter mit einem Zehntel an Kraft und Einwirkung auskommt, um dasselbe Ziel zu erreichen: ein vollkommen durchlässiges Pferd, das seine Kräfte dem Reiter zum Erreichen des momentanen Zwecks zur Verfügung stellt – nicht nur willig, sondern freiwillig und freudig!

Vom Kruppeherein zum Travers

Ist das Pferd erst einmal in der Lage, mit der Kruppe in Stellungsrichtung zu weichen, ist die Entwicklung von Travers und Traversale kein Problem.
Im Travers schaut das Pferd in Bewegungsrichtung und bewegt sich vorwärts-seitwärts in dieselbe Richtung.
Für eine reine Gebrauchsreiterei im Gelände sind Travers und Traversale zugegebenermaßen völlig überflüssig, aber sie tragen enorm zur seitlichen Flexibilität des Pferdes bei und helfen derart vor allem beim Training des fliegenden Galoppwechsels am Punkt. Darüber hinaus verbessern sie Stop und Spin des Reining-Pferdes und fördern die Athletik für Cutting und Working Cowhorse. Wenn Ihre Ambitionen also auch nur ein bißchen über die reine Geländerei-

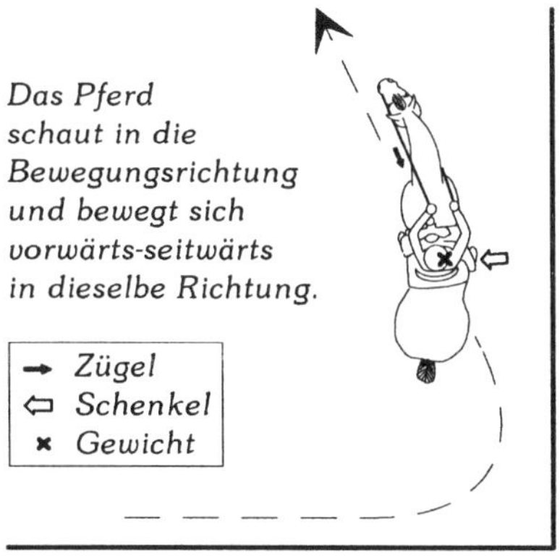

Der Travers

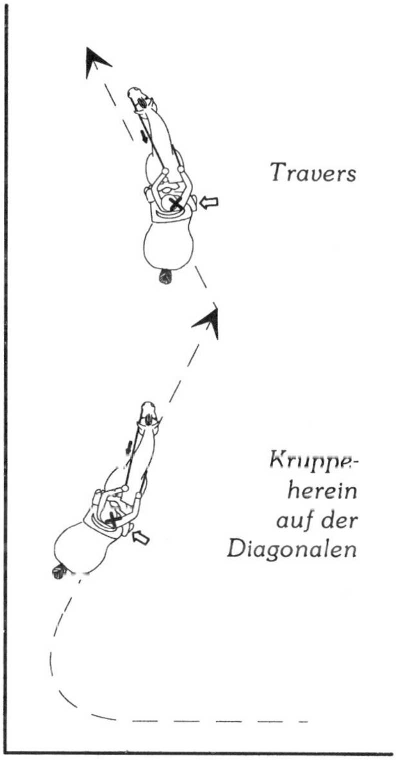

Vom Kruppeherein zum Travers

terei hinausgehen, lohnt sich die Beschäftigung mit diesen Übungen.
Die Pferde werden allerdings diese Idee des Reiters, daß sie sich jetzt in Stellungsrichtung gebogen vorwärts bewegen sollen, gar nicht witzig finden, da es überhaupt nicht ihrer Natur entspricht. Sobald sie bemerken, was der Reiter da vorhat, werden sie den Kopf hochreißen und versuchen, sich der reiterlichen Einwirkung durch Kontrastellung zu entziehen – ihre Art, dem Reiter zu verstehen zu geben: „Das ist anatomisch völlig unmöglich!“.
Aber der Reiter geht liebevoll auf diesen Protest ein, stellt das Pferd auswärts, läßt es in der Schulter nachgeben, übernimmt den nach innen schwingenden Bauch mit dem innen treibenden Schenkel, treibt ihn nach außen, so daß das Pferd an den inneren Zügel herantritt, hebt beide Hände nach außen, damit die Schulter außen bleibt, wechselt den treibenden Schenkel und treibt das Pferd mit dem zurückgelegten äußeren Schenkel wieder in den Travers. Bis das Pferd von neuem protestiert. Dann fängt er wieder von vorn an.
Mit der Zeit wird das Pferd im Rippenbogen immer flexibler und damit williger im Travers. Vor allem Hengste werden diese Übung zu schätzen wissen, da sie ihrem Imponiergehabe bei der Annäherung an eine Stute den nötigen Ausdruck verleiht.

Vom Travers zur Traversale

Vom Travers in die Traversale

Da der Reiter immer weich und liebevoll bleibt, wird sich das Pferd immer besser in den widernatürlichen Travers fügen. Damit an dieser Stelle keine Langeweile im täglichen Training aufkommt, entwickelt man aus dem Travers die Traversale.
Hier geht das Pferd in Stellungsrichtung auf die Diagonale. Die besondere Schwierigkeit: Die Schulter ist vor der Hinterhand, ohne belastet zu werden.
Beispiel: Aus dem vorbereitenden Linkszirkel geht das Pferd auf die Diagonale. Es schaut nach links und kreuzt die Vorder- und Hinterbeine vorwärts nach links. Dabei geht die Vorhand vor der Hinterhand, etwa um Hufbreite versetzt.
Auch wenn an dieser Stelle vor allem die Freunde barocker Pferde jubilieren: „Wie schön, daß sich das auch im bequemen Westernsattel reiten läßt!“, seien alle Liebhaber der Seitengänge ordentlich verwarnt: **Zuviel davon belastet Fesselträger und Karpalgelenke, vor allem in kaltem Zustand!**
Seitengänge in Stellung sind nützlich zur Kontrolle des fliegenden Galoppwechsels, aber man soll sie nicht zuviel und zu lange trainieren, denn eigentlich will die Westernreitweise das Bewegen des Pferdes in seinem natürlichen Gleichgewicht und seiner natürlichen Versammlung fördern.

Schwungvolle Traversale in natürlicher Versammlung

Die „feine lösende Übung" und der fliegende Galoppwechsel

Dazu muß das Pferd im Außengalopp auf dem Zirkel gehen. Um das zu erreichen, gibt es zwei Möglichkeiten:

1. Man reitet im Innengalopp auf einem Zirkel und läßt das Pferd aus dem Zirkel wechseln, ohne den Galopp zu wechseln. Damit das Pferd den Galopp nicht wechselt, behält man die Einwärtsstellung des ersten Zirkels bei und reitet das Pferd über die äußere Schulter auf den anderen Zirkel.
2. Man beginnt im Schritt auf dem Zirkel, stellt das Pferd mit der Nase nach außen, treibt es über die Schulter ein paar Tritte in den Zirkel hinein und läßt es in der Kruppe nach außen (also in Stellungsrichtung) weichen, um sicherzugehen, daß es durch den ganzen Körper gebogen ist. Nehmen wir als Beispiel einen Rechtszirkel, so wird das Pferd nach links gestellt, man läßt es über die rechte Schulter weichen, stellt die Kruppe nach links, um sicher zu sein, daß das Pferd auch wirklich den rechten Hinterfuß belastet – denn der Linksgalopp beginnt mit dem rechten Hinterfuß –, und treibt das Pferd mit dem rechten Schenkel in den Linksgalopp.

Geht das Pferd in Außenstellung im Außengalopp auf dem Zirkel – in diesem Beispiel also im Linksgalopp linksgestellt auf dem Rechtszirkel –, treibt man es über die rechte

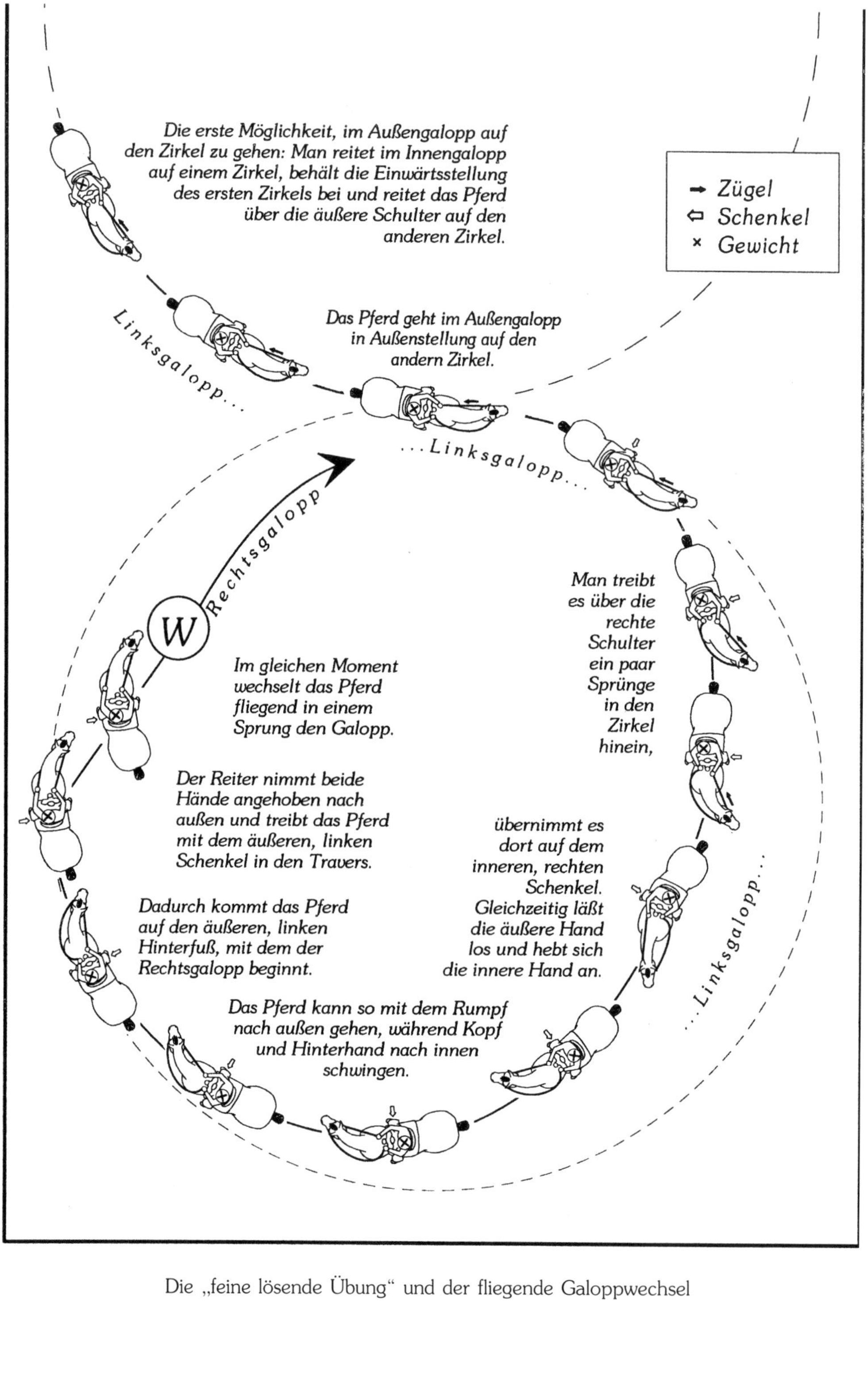

Die „feine lösende Übung“ und der fliegende Galoppwechsel

Schulter ein Paar Sprünge in den Zirkel hinein und übernimmt es dort auf dem inneren, dem rechten Schenkel direkt hinter dem Gurt. Gleichzeitig läßt die äußere Hand los, und die innere Hand wird angehoben. So kann das Pferd mit dem Rumpf nach außen gehen, während Kopf und Hinterhand nach innen schwingen. Dadurch kommt das Pferd auf den linken Hinterfuß (und mit diesem beginnt der Rechtsgalopp). Deswegen werden manche Pferde hier bereits wechseln, auch wenn es der Reiter lieber erst in der nächsten Sequenz hätte. Denn er nimmt als nächstes beide Hände angehoben nach außen, um die Schulter außen zu halten, und treibt das Pferd mit dem äußeren, dem linken Schenkel in den Travers. Im gleichen Moment wechselt das Pferd fliegend in einem Sprung den Galopp.

Diese Art des Galoppwechsels ist die sicherste, weil der Reiter bestimmt, wann gewechselt werden soll. Sie sei allen Reitern empfohlen, die ihr Pferd in Western Riding und Superhorse showen wollen.

Zum Nachschlagen

Die wichtigsten Zäumungen

Trense

Die Trense ist die Grundlage aller Ausbildung! Dieser Grundsatz gilt auch für die Westernreiterei, wo sie *Snaffles* genannt werden. Die gängigste Form ist eine *Ringtrense* mit ca. 1,2 cm dickem, einfach gebrochenem, gebogenem Mundstück. Je größer die Ringe, desto länger und weicher der Anzugsweg. Auch *D-Trensen* sind sehr beliebt. Sie unterstützen die seitwärtsweisenden Einwirkungen.

Korrekte Zäumung auf Trense

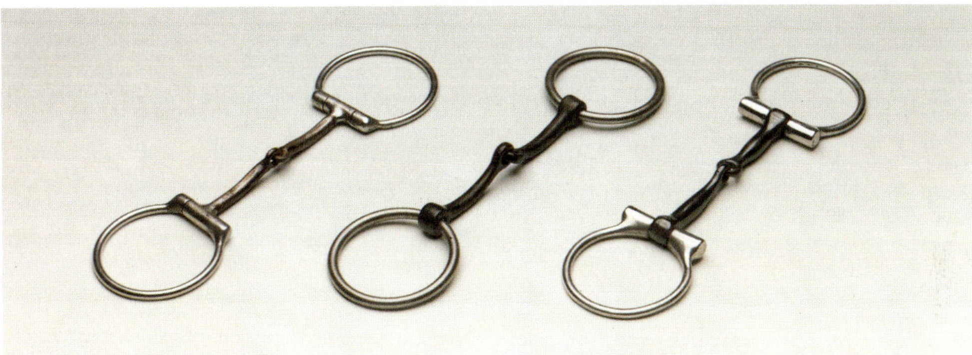

Offset D-Snaffle, Futurity (oder Sweetwater) Snaffle, Don Dodge Snaffle

Da die Westerntrense in der Regel ohne Reithalfter verwendet wird, schnallt man ein Lederriemchen unterhalb der Zügel in die Trensenringe. Das verhindert ein Durchziehen des Gebisses durch das Pferdemaul und läßt die Ringe bei losgelassenem Zügel nicht herumfliegen.

Zur Trense gehört immer ein Kopfstück mit Stirnband und Kehlriemen. Es verhindert ein seitliches Verrutschen des Gebisses bei einseitigem Zügelgebrauch.

Gebißlose Zäumungen

Manche Pferde sind geradezu dankbar, wenn sie mit einer gebißlosen Zäumung geritten werden. Diese sollte man allerdings sicherheitshalber zunächst ausgiebig in der Bahn ausprobieren, bevor man sich damit ins Gelände wagt.

Warnen möchte ich in diesem Zusammenhang vor den *mechanischen Hackamores*. Diese mächtigen Zäumungen, die man besser Außenkandaren nennen sollte, um ihre Wirkungsweise zu verdeutlichen, werden

Mechanische Hackamore

nur von wenigen Pferden akzeptiert und sind auf Westernturnieren nur in den Renndisziplinen zugelassen.
Unter gebißlosen Zäumungen verstehe ich die *Klassische Hackamore, Cowboy's Hakkamore* und das *Sidepull*. Die Klassische Hackamore ist hierzulande eher unter dem Namen *Bosal* bekannt. Das Bosal ist eigentlich nur der aus Rohhaut oder Leder geflochtene Ring, der um die Nase des Pferdes gelegt wird. Zusammen mit dem Haarseil *(Mecate)* als Zügel und dem Kopfstück heißt diese Zäumung dann *Hackamore*. Da dieser Begriff hierzulande aber bereits von der o. g. Außenkandare besetzt ist, nennt man sie *Klassische Hackamore.*
Sie ist die traditionelle Ausbildungszäumung des California Style und wirkt in erster Linie auf das Verständnis des Pferdes. Rein physikalisch gesehen liegt ihre Wirkungsweise im Bereich des Stallhalfters. Sie funktioniert allerdings nur, wenn man sie richtig, das heißt, nicht ziehend, anwendet. Ihren Gebrauch muß man sich schon unter fachkundiger Anleitung aneignen, um nicht nach kurzer Zeit frustriert zu sein. Aber sie ist sicherlich die ideale Zäumung, um ein Pferd extrem fein abzustimmen und die Reiterhand in gleicher Weise zu schulen.
Im Verlauf der modernen Ausbildung von Westernpferden wird die Klassische Hackamore nach der Trense eingesetzt, zur Feinabstimmung vor der Umstellung auf die Kandare. Sie ist aber kein Muß und kann auch übergangen werden.

Klassische Hackamore

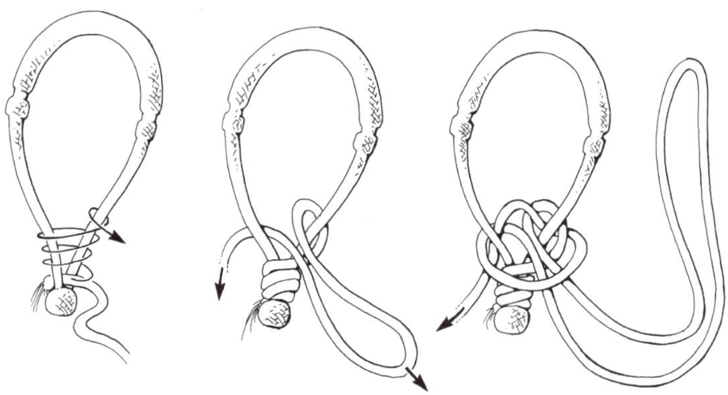

So knotet man die Mecate.

Cowboy's Hackamore ist die vereinfachte Variante der Klassischen Hackamore texanischen Ursprungs. Ihr Nasenband besteht aus einem alten Stück Lasso, was die ganze Sache ein bißchen schärfer, erheblich leichter, aber auch viel preiswerter macht.
Das *Sidepull* heißt übersetzt „Seitenzieher". Es ist die Zäumung, die über ein steifes Stück Nylonseil auf die Nase des Pferdes wirkt – wenn man seitwärts daran zupft. Die Steifheit des Nylonseiles bewirkt, daß es sich jedesmal, wenn der Reiter den Zügel losläßt, von der Pferdenase entfernt, so daß das Pferd den Nulldruck deutlich wahrnehmen kann.
Eigentlich ist das Sidepull eine schonende Zäumung zum Anreiten junger Pferde. Seine Verwendung erhält das Pferdemaul zart und unverbraucht, was sich bezahlt macht, wenn nach dem Anreiten auf Trense umgestellt wird.

Sidepull

Cowboy's Hackamore

Westernkandaren

Der Westernreiter nennt die Kandare einfach *Bit*. Sie wird immer ohne Reithalfter und ohne Unterlegtrense verwendet. Ein weiterer Unterschied zur Kandarenzäumung der konventionellen Reiterei besteht darin, daß es sie in unendlicher Vielfalt und Unterschiedlichkeit gibt. Um den Rahmen dieses Buches nicht zu sprengen, beschränke ich mich auf grundsätzliche Aussagen und zeige ein paar gängige, bewährte Modelle.
Die meisten Westernkandaren haben zurückgebogene Anzüge. Das macht sie in ihrer Hebelwirkung schwächer und läßt sie gleichzeitig so ausbalanciert hängen, daß das Pferd sie nur mit dem Genick tragen kann, ohne Druck im Maul oder am Unterkiefer zu spüren – vorausgesetzt natürlich, daß der Zügel durchhängt.
Kandaren mit geraden Anzügen können unter Umständen so viel Druck ausüben, daß die Zunge zerquetscht oder der Unterkiefer gebrochen wird. Das kann mit einer Westernkandare mit zurückgebogenen Anzü-

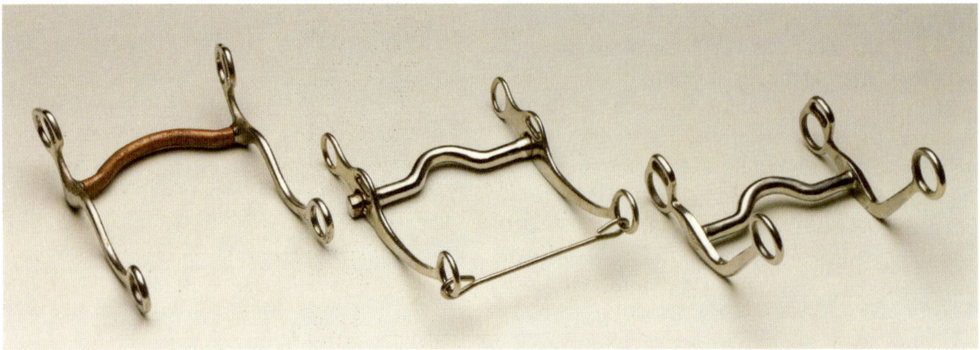

Curb Bit, Stockhorse Bit, Grazer Bit

gen nicht passieren, da man sie auch mit Gewalt nicht bis in die Waagerechte ziehen kann. Aber auch sie vervielfachen den Druck, der auf das Pferdemaul ausgeübt wird. Das kann man ausrechnen, indem man die Länge des Oberbaums (das Stück oberhalb des Mundstücks) und des Anzuges mißt und die Maße in Form einer Verhältnisgleichung gegenüberstellt.

Westernkandaren gibt es abgesehen von den Anzügen auch mit vielen verschiedenen Mundstücken. Das richtige Mundstück wählt man nach der Maulform des Pferdes aus: Ein Pferd mit breitem Unterkiefer und einer Zunge, die flach darin eingebettet ist, bekommt ein flaches Mundstück; ein Pferd mit schmalem Unterkiefer und einer dicken Zunge bekommt ein Mundstück mit großer, weiter Zungenfreiheit, denn der Zügeldruck soll sich in allen Fällen möglichst gleichmäßig im Maul verteilen.

Korrekt auf Kandare gezäumtes Pferd

Der Kinnriemen wirkt erst unter Anzug.

Wird die Zunge eingequetscht, weil sie nicht genug Platz hat, wird das Pferd versuchen, sie über das Gebiß zu nehmen, oder das Maul aufreißen. Ist der Druck auf die Kieferäste zu groß, wird das Pferd die Zunge abpolsternd auf die Seite des stärkeren Drukkes legen (bei rechtshändigen Reitern rechts), so daß sie seitlich aus dem Maul herausschaut oder -hängt. Oder das Pferd versucht, sich anderweitig dem Druck zu entziehen, indem es sich auf das Gebiß legt, mit dem Kopf schlägt, sich aufrollt usw.

Pelhams

Hier finden sich die zur Zeit am meisten verwendeten Bits wieder. Der Westernreiter nennt sie *Snaffles with Shanks,* also Trensen mit Anzügen, wenn sie ein gebrochenes Mundstück haben. Es gibt sie jedoch mit allen nur denkbaren Mundstücksformen. Die beliebtesten gehen auf das Design des Bitmakers Greg Darnell zurück und werden einfach nach ihm benannt.

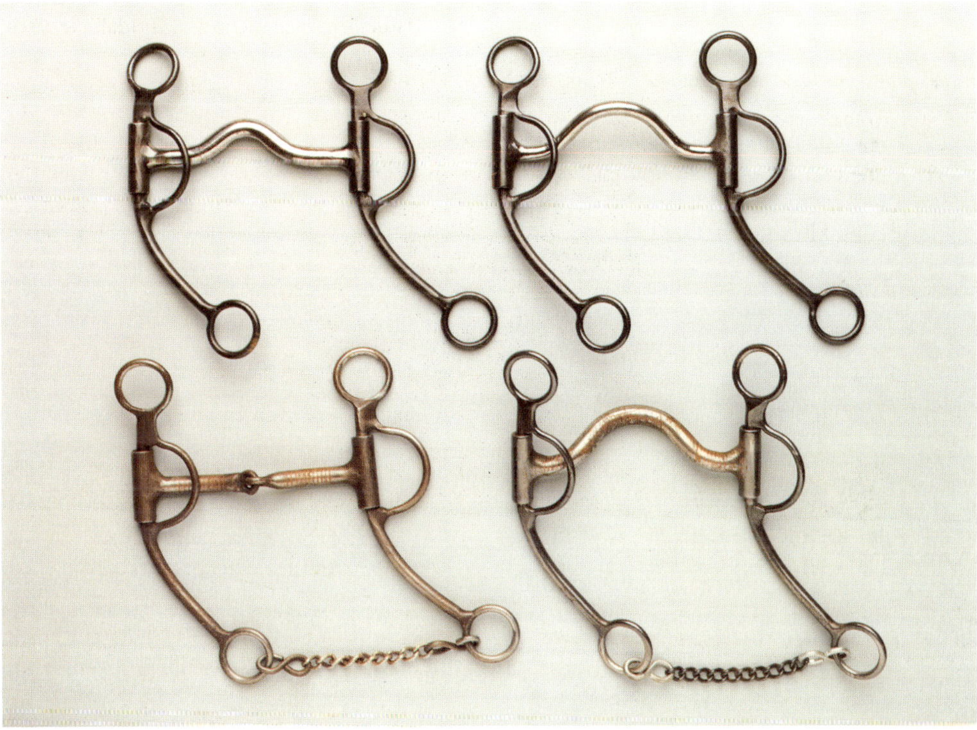

Greg Darnell Bits

Die Westernkandare wird je nach Mentalität des Pferdes mit einem ledernen Kinnriemen oder mit einer Kinnkette versehen, die so verschnallt werden, daß sie bei vollem Zügelzug gut anliegen. Das entspricht in etwa der Faustregel, daß in losem Zustand zwischen Pferd und Kinnriemen zwei Finger Platz haben sollten.

Pelhams kann man mit zwei Zügelpaaren gleichzeitig reiten, indem man einen Zügel in die Durchlässe in Höhe des Mundstücks und einen in die Ringe am unteren Ende der Anzüge einschnallt. Das ist den meisten Reitern allerdings viel zu umständlich. Sie beschranken sich lieber darauf, die Zügel im Bit langsam und vorsichtig zu benutzen, das ständige, völlige Loslassen des Zügels tut ein übriges, um die Pferde nicht abstumpfen zu lassen.

Wonder Snaffle oder Gonzales Bit

Das ist eine *Ringtrense mit Anzügen*. Tief verschnallt und mit loser Kinnkette stellt sie eine hervorragende Trainingszäumung dar, die allerdings nur funktioniert, wenn man auch wirklich losläßt, denn dann fällt das lang verschnallte Mundstück im Pferdemaul herunter und veranlaßt das Pferd, es mit der Zunge wieder in die Lage zu befördern, in der es ihm am liebsten ist. Das löst das Pferdemaul und fördert das Einspeicheln des Gebisses.
Ihr Anzugsweg ist länger als bei einer Zäumung auf Trense. Man kann also vorsichtiger einwirken und das Pferd auf feineren Druck einstellen.
Außerdem ist diese Zäumung bei gehobener Hand eine gute Hilfe, um zu verhindern, daß das Pferd auf die Vorhand fällt. Sie ist allerdings auf den meisten Turnieren nicht zugelassen, da man sie auch sehr scharf einstellen kann, wenn man das Kopfstück so kurz schnallt, daß das Pferd „das Grinsen lernt", und den Kinnriemen straff anzieht. Nicht die feine Art!

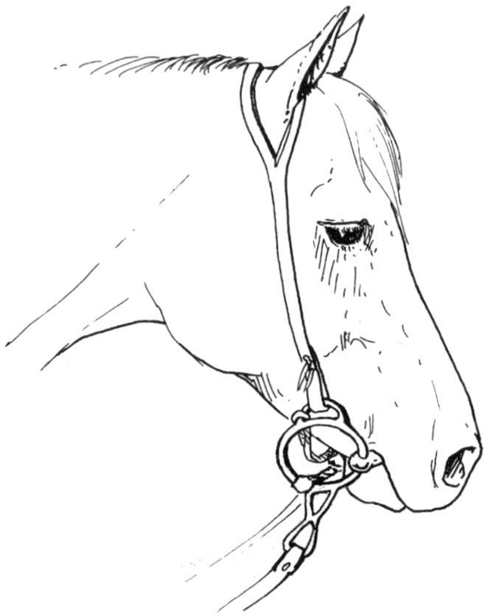

Wonder Snaffle

Zügel und Zügelführung

Der Trainingszügel

Im Training wird der Zügel entweder beidhändig oder einhändig geführt, je nachdem, ob man „trainieren" oder „genießen" möchte (vgl. Seite 35).
Der Großteil der Westernreiter verwendet im Training *Splitreins* aus dickem Harness-Leder. Das sind zwei etwa 2,10 m lange, geteilte Zügel aus US-Geschirrleder, das besonders dick und weich ist. Wie breit der Zügel ist, entscheidet der persönliche Geschmack des Reiters. Bewährt haben sich Zügel von 1,6 cm (= 5/8″) oder von 1,9 cm (= 3/4″), deren herabhängendes Ende etwas dicker im Leder ist. Das sorgt dafür, daß der Zügel gut herunterhängt, ohne dem Reiter schwer in der Hand zu liegen und ohne herunterzufallen.
Gutes Harness-Leder ist sehr pflegeleicht. Zügel aus diesem Leder sind gebrauchsfertig; man muß sie nicht erst fetten oder ölen. Sollte man besser auch nicht tun, denn dann quillt das Leder, wird stumpf und wabbelig und gleitet nicht mehr durch die Hand des Reiters. Warum gerade das beim Reiten mit zweihändiger Zügelführung so wichtig ist,

wird gleich erklärt. Gute Zügel aus Harness-Leder erkennt man daran, daß beide Seiten ganz glatt und die Kanten abgerundet sind. Sie fühlen sich gleich beim Kauf „sympathisch" an. Selbst bei jahrelangem, hartem Gebrauch kommen Harness-Zügel mit ein wenig Sattelseife zum Reinigen und ganz wenig Lederöl aus.
Beim Kauf sollte man darauf achten, daß die Zügel zur Befestigung an der Zäumung große Schlaufen aus Leder *(Loops)* haben, die mit Lederbändern an den eigentlichen Zügel geknotet werden. Sie sorgen dafür, daß der Zügel sich ganz leicht im Trensenring bewegt und niemals hakt, wenn der Reiter den Zügel annimmt oder losläßt. Die Lederbändchen sehen vielleicht nach Billiglösung aus. Sind sie aber nicht, denn sie stellen eine Sollbruchstelle im Zügel dar: Tritt das Pferd versehentlich auf den Zügel, reißt das Bändchen, vielleicht auch die dazugehörigen Löcher im Zügelleder. Beides ist schnell ersetzt, der Zügel bleibt gebrauchsfähig, und man muß sich keinen neuen kaufen!
Darüber hinaus gibt es auch Trainingszügel aus geflochtener Baumwolle oder Nylon. Sie werden hauptsächlich in den USA zur Rancharbeit verwendet, weil sie im nassen Zustand nicht glitschig werden. Ihr Nachteil ist, daß sie dem Reiter nicht so geschmeidig durch die Hand gleiten wie Zügel aus Leder.

Beidhändige Zügelführung: Die Zügelbrücke

Die Verwendung von *Splitreins* hat den Vorteil, daß man sie beliebig verlängern und verkürzen kann, um sie den jeweiligen Anforderungen an das Pferd anpassen zu können. Hier liegt der größte Unterschied zum deutschen Gurtzügel. Der wird immer an der gleichen Stelle angefaßt und benutzt, bis diese Stelle durchgewetzt ist. Westernreiter verändern dagegen die Länge ihrer Zügel ständig, bis das Pferd so weit ausgebildet ist, daß das Zaumzeug eigentlich nur noch als „Verzierung" auf dem Pferdekopf getragen wird. Um den Zügel ständig verlängern und verkürzen zu können, führt man die Zügel überkreuz. Das Ende des rechten Zügels hängt auf der linken Seite des Pferdes herunter, das Ende des linken Zügels auf der rechten. Der dicke Harness-Zügel hat dabei den Vorteil, daß man ihn auch einmal einfach aus der Hand fallen lassen kann. Er landet auf dem Pferdehals, ohne herunterzufallen, und bleibt dort jederzeit griffbereit.

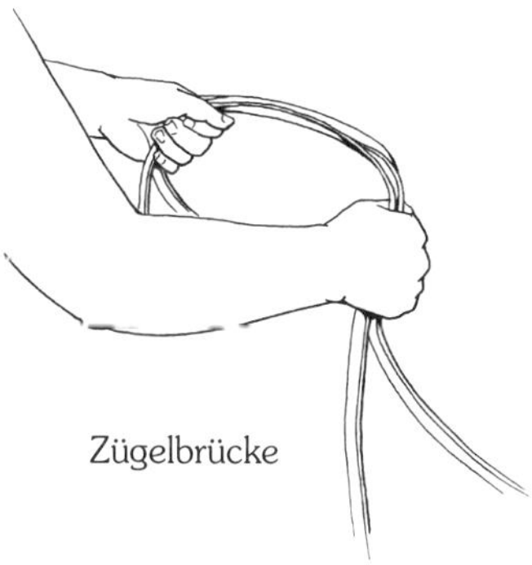

Zügelbrücke

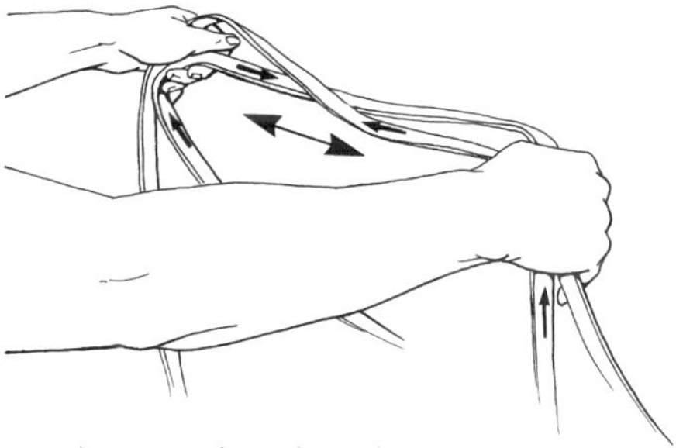

Auseinanderziehen der Zügelbrücke

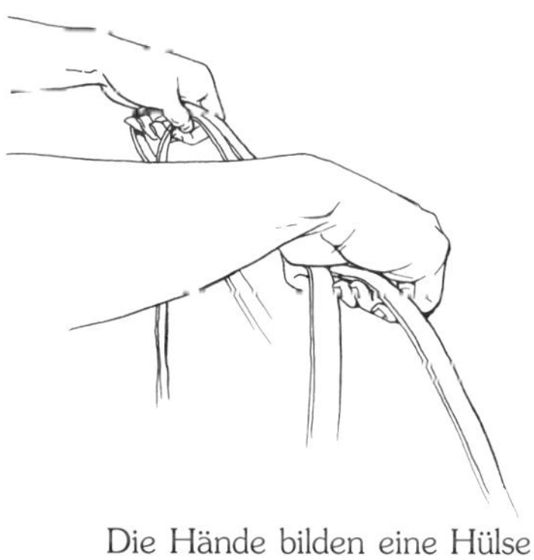

Die Hände bilden eine Hülse.

Beim Reiten werden die Zügel niemals übers Horn gelegt! Da sind sie nämlich im Zweifelsfall nicht griffbereit.
Um den Zügel jederzeit verlängern und verkürzen zu können, nimmt der Reiter beide Zügel in beide Hände. So bildet sich die „Zügelbrücke".
Um die Zügel zu verlängern, hält man die vorderen Stücke fest (das sind die, die vom Pferd zur Hand verlaufen) und zieht die Zügelbrücke auseinander. Da man die hinteren Stücke (das sind die, die aus der Reiterhand herunterhängen) dabei nicht aus der Hand fallen läßt, ziehen sie sich durch die Hände des Reiters. Dann bilden die Hände eine Art Hülse um die vorderen Stücke, halten die hinteren fest und schieben sich zusammen. Die vorderen Stücke schieben sich dadurch unter der Handkante aus den Händen Richtung Pferdemaul heraus: Der Zügel wird verlängert.
Genauso verfährt man, um die Zügel zu verkürzen, nur daß man dazu beim Zusammenschieben der Hände am Ende die vorderen Stücke festhält. Dann schieben sich die hinteren unter der Handkante aus den Händen: Die herabhängenden Zügelenden werden länger, die Verbindung zum Pferdemaul kürzer.

Einhändige Zügelführung: Das sagenumwobene Neck Reining

Davon träumen alle Westernreiter: Ihr Pferd so weit auszubilden, daß es sich vollständig einhändig reiten läßt. Eben wie in einem Western-Film! Leider sieht die Realität meist anders aus: Ein einhändiges Gewürge der Zügel von einer Seite zur anderen über den Pferdehals. Hochgeworfene Pferdeköpfe mit aufgerissenen Mäulern sprechen eine deutliche Sprache – die schauerliche Folge eines falsch verstandenen Mythos.
Trotzdem lebt das *Neck Reining* und ist bei vielen Turnierpferden zu bewundern. Modernes Neck Reining ist nichts anderes als die feine Abstimmung des Pferdes auf Gewicht und Schenkel des Reiters, so fein, daß man das Kopfstück abnehmen kann, und nichts ändert sich!

Einhändige Zügelführung im Training: Cross-Reins

Um im Training den „Stand der Dinge" überprüfen zu können (und weil Westernreiter so faul sind), führt man das Pferd bereits vom Anfang seiner Ausbildung an immer wieder einhändig.
Wie bereits gesagt, liegen die Splitreins überkreuz auf dem Pferdehals. Ergreift man diese Kreuzung mit einer Hand, so daß die Zügel übereinander in der Hand liegen, nennt man das *Squaw Reins* oder *Cross Reins*. Mit dieser Zügelführung kann man Pferde gefahrlos einhändig reiten, weil man jederzeit in der Lage ist, mit der zweiten Hand in die Zügel zu greifen, um die Zügelbrücke zu bilden und beidhändig zu reiten. Auch für das einhändige Reiten im Gelände sind Cross Reins die ideale Lösung. Fallen sie dem Reiter aus der Hand, liegen sie griffbereit auf dem Pferdehals.
Von der einhändigen Zügelführung auf Turnieren wird später noch die Rede sein.

Wenn nur ein Zügel gebraucht wird: Die weichste Zügelführung der Welt

In vielen Übungen wird nur ein Zügel benutzt, vor allem beim fortgeschrittenen Pferd: In der direkten Biegung, beim Gehen über die Schulter, in den Wendungen, in der

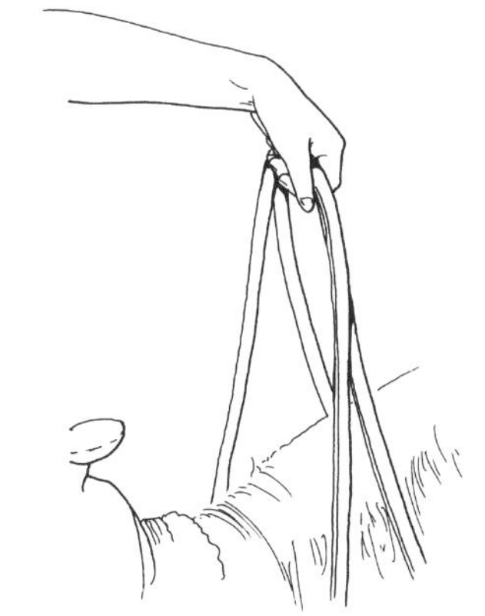

Die linke Hand hebt den Zügel ...

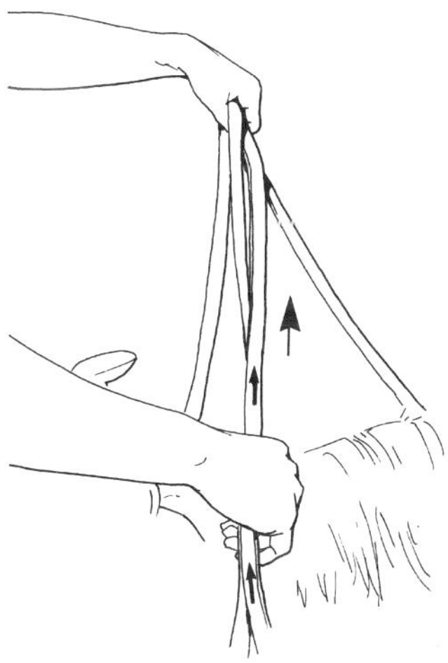

... und zieht ihn durch die rechte.

Einwärtsstellung. Man kann also beide Zügel als Cross Reins aufnehmen, aber man muß es nicht immer, sondern kann den zweiten Zügel auch mal auf dem Hals liegen lassen, vorausgesetzt, er ist so beschaffen, daß er dort auch liegen bleibt (siehe oben).
Angenommen, wir reiten eine Wendung gegen den Zaun nach rechts. Die linke Hand hebt den rechten Zügel vom Hals, die rechte bildet eine Hülse um den Zügel. Die linke Hand zieht den Zügel durch die rechte, bis Kontakt zum Pferdemaul entsteht. Zum Loslassen öffnet der Reiter die rechte Hand, so daß der Zügel herausfällt und nur noch von der linken gehalten wird. Weicher kann man einen Zügel wirklich nicht wirken lassen!
Natürlich kann man die rechte Hand auch um den Zügel schließen, nachdem die linke ihn auf passende Länge durchgezogen hat, wenn man eine stärkere Einwirkung braucht. Auf jeden Fall hat der Zügel bei dieser Art der Anwendung immer die richtige Länge, und unschöne, unpraktische Bilder eines Reiters, der sich die Zügel bis hinter die Ohren zieht, werden vermieden.

Zügelführung bei Klassischer Hackamore und Cowboy's Snaffle Bit

Die *Klassische Hackamore* hat ein 6,60 m (22 feet) langes Seil, aus dem ein geschlossener Zügel und ein Führseil geknüpft werden. Eigentlich besteht dieses Seil aus gedrehtem Pferdehaar *(Mecate)*. Gute Mecates bestehen aus Mähnenhaar und sind sündhaft teuer. Außerdem werden sie im feuchten Zustand steif und unangenehm rauh, und sie verrotten in unserem feuchten Klima recht schnell. Deswegen bieten sich weitaus günstigere, rundgeflochtene Polyseile fürs Training besonders an. Idealerweise haben sie einen Durchmesser von 1,6 bis 1,9 cm (5/8″ bis 3/4″) und sind schön glatt und schwer.
Denselben Zügel kann man auch am Trensengebiß verwenden. Dann wird er mit sogenannten *Slobber Leathers* (Sabber-Ledern) an den Trensenringen befestigt. Diese Lederstücke haben den Vorteil, daß der Speichel des Pferdes das teure Haarseil nicht ruiniert, und sie stellen gleichzeitig eine Sollbruchstelle dar. Diese Zügelseile sind nämlich weitaus stabiler als Lederzügel, so daß es besser ist, die Slobber Leathers reißen, als daß sich das Pferd verletzt, wenn es dummerweise einmal in den Zügel tritt.
Die Zügelschlaufe beider Zäumungen kann der Reiter individuell kürzer oder länger knüpfen. Entspricht sie in ihrer Länge etwa

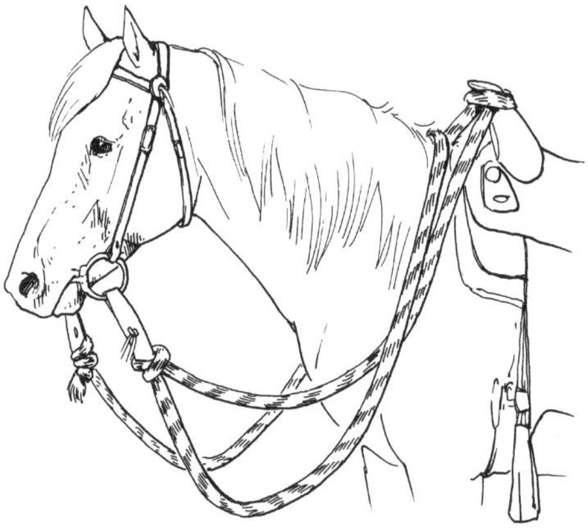

Cowboy's Snaffle Bit

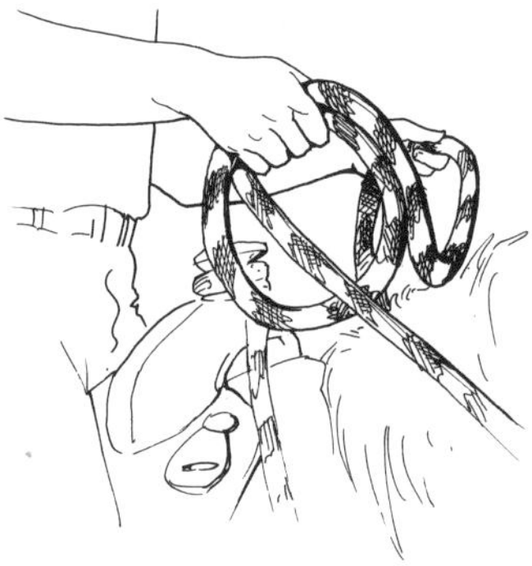

Zügelführung mit Schlaufe

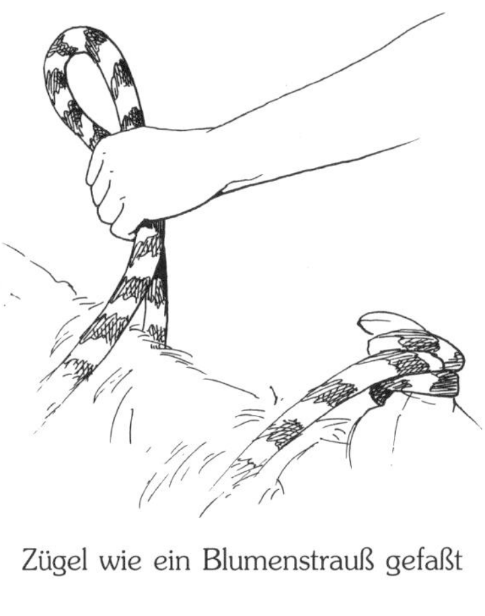

Zügel wie ein Blumenstrauß gefaßt

dem Pferdehals, wird sie wie ein konventioneller Zügel aufgenommen. Ist sie deutlich länger, bildet man in einer Hand eine Schlaufe, um den Zügel auf die richtige Länge zu bringen. Die längere Schlaufe hat den Vorteil, daß man dem Pferd mehr „Leine" lassen kann, wenn man den Zügel hingibt.
Auch die *Mecate* kann man sehr gut einhändig führen. Auf diese Art stellt sie einen idealen Übergang von der beidhändigen zur einhändigen Zügelführung dar: Man hebt den Zügel mit einer Hand an und umfaßt mit der anderen Hand beide Zügelseiten wie einen Blumenstrauß. Die dabei entstehende Schlaufe kann man mit der freien Hand leicht verkürzen. Oder man kann mit der zweiten Hand in den Zügel greifen, um das Pferd beidhändig zu führen.
Für das Reiten im Gelände hat sich die *Mecate* als Zügel ebenfalls gut bewährt. Auf Turnieren ist sie am Trensengebiß nicht überall erlaubt.
Wer die Mecate doof findet, kann im Training auch seine Klassische Hackamore mit Splitreins verwenden. Auf Turnieren ist das nur selten erlaubt.

Turniergerechte Zügelführung

1. Beidhändig
Junge Pferde kann man sowohl im *Snaffle Bit* als auch in der *Klassischen Hackamore* oder im *Bit* vorstellen. Ebenso dürfen Einsteiger bei einigen Turnieren unter diesen drei Zäumungsarten wählen.
Snaffle Bit und Klassische Hackamore müssen beidhändig geführt werden, das Snaffle Bit mit der oben beschriebenen Zügelbrücke zwischen den Händen.
2. Einhändig
Pferde, die älter als vier Jahre sind, müssen einhändig im Bit vorgestellt werden. Bei *Splitreins* darf die freie Hand den Zügel nicht berühren. Die Zügelfaust schließt sich so um den Zügel, daß beide Zügel zwischen Daumen und Zeigefinger in die Hand hin-

einlaufen und zusammen zwischen Handrücken und kleinem Finger aus ihr herauskommen. In der Regel ist der Ringfinger zwischen den Zügeln erlaubt. Beide Zügelenden hängen auf der Seite der Zügelfaust herunter. Da in der Regel der Zügel mit der linken Hand geführt wird, hängen die Zügel also auch auf der linken Seite herunter. Wenn auch der Ursprung der linkshändigen Zügelführung in der Tradition zu finden ist – der Cowboy braucht die rechte Hand für das Lasso –, hat das Benutzen der linken Hand darüber hinaus zwei ganz praktische Vorteile: Zum einen ist der Rechtshänder in der linken Hand gefühlvoller, zum anderen muß man den Zügel nach dem Aufsteigen nicht erst auf die rechte Seite sortieren.

Rechts:
Gute Zügelführung im Bit

Unten:
Korrekte Zügelführung mit Romal Reins

3. Romal Reins
Für die einhändige Vorstellung im *Bit* kommen aus der kalifornischen Tradition ganz eigenartige Zügel, die *Romal Reins*. Sie bestehen aus einem geschlossenen Zügel mit eingeknoteter, peitschenartiger Verlängerung. Hier wird die Zügelhand wie bei einem Blumenstrauß um den Zügel geschlossen, wobei kein Finger zwischen den Zügeln erlaubt ist. Die freie Hand hält das (aufgerollte) *Romal*. Sie darf nicht zum Verkürzen der Zügel gebraucht werden.
Romal Reins sind auf fertig ausgebildeten Pferden angenehme Zügel beim Reiten im Gelände. Für alle anderen Pferde sind sie ungeeignet.

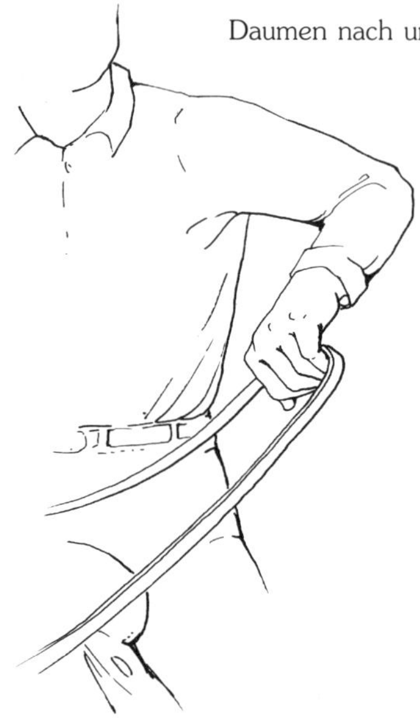
Daumen nach unten

Zügelpositionen: Wie die Hand, so der Sitz

Die Hand des Reiters bewirkt nichts, wenn sie nicht vom Sitz begleitet wird.

Dazu muß der Reiter nichts weiter tun, als seinen Körper locker zu halten, so daß sich jede Handbewegung in den Körper fortsetzen kann. Allerdings ist gerade das Lockersein in jeder Situation die Kunst, die man jeden Tag neu üben muß ...
1. Je schlechter das Pferd, desto höher die Hand!
Die erhobene Hand – Höhe Pferdehalsmitte bis über die Pferdeohren – verhindert, daß das Pferd sich auf den Zügel legt, um auf die Vorhand zu drücken. Bei Pferden, die zuvor mit hoher Hand schlecht behandelt worden sind, so daß sie Angst davor zeigen, läßt man die jeweils äußere Hand unten.
Die hohe Hand wirkt auf die Maulwinkel des Pferdes. Diese sind im Gegensatz zum Unterkiefer elastisch und nachgiebig. Das Pferd kann sich bei langsamer Steigerung des Zügeldruckes aussuchen, wieviel Druck es wirklich braucht.

Der äußere Zügel begrenzt das fortgeschrittene Pferd.

Die hohe Hand läßt den Reiter immer aufrecht sitzen – er fällt niemals vornüber. So bleibt der Reiterkörper im Gleichgewicht und kann dem Pferd helfen, seinerseits ins Gleichgewicht zu finden (siehe Abbildung Seite 114).
Das Gegenteil ist nur bei steigenden Pferden sinnvoll: Oberkörper zur Seite neigen, gleichseitige Hand tief und seitwärts weisend (siehe unten).
2. Je besser das Pferd, desto weniger Hand!
Um feststellen zu können, wieweit ein Pferd in der Lage ist, selbständig zu arbeiten, weil es sich selbst tragen kann, senkt der Reiter die Hand – bis sie auf dem Mähnenkamm liegt. Niemals tiefer, sonst zieht man das Pferd auf die Vorhand.
Vorsicht! Die tiefe Hand verleitet den Reiter gern dazu, sich nach vorn zu neigen. Deshalb reitet man hier besser einhändig mit Cross Reins: Die innere Hand im Zügel, die äußere griffbereit (siehe Abbildung Seite 145).
3. Auswärtsgedrehte Handkante (siehe Abbildung Seite 40). Das kann jeder gleich beim Lesen ausprobieren: Dreht man die Handkante vom Körper weg nach außen, folgt ihr zwangsläufig der Ellenbogen, und die Schulter hebt sich. Das Pferd bewegt sich in Richtung der Handkante = diese Zügelbewegung weist nach innen (innen ist da, wo das Pferd hinschaut).
4. Daumen nach unten (wie im alten Rom!). Das Pferd biegt sich auf der gleichen Seite im Genick.
5. Fingernägel nach oben – einwärtsgedrehte Faust.
Der Ellenbogen drückt sich an den Körper und bringt das Gewicht des Reiters auf den äußeren Sitzbeinknochen. Wieder bewegt sich das Pferd in Richtung der Handkante – nach außen (innen ist da, wo das Pferd hinschaut).

Wie man treibt

Wenn man – nach entsprechender Vorbereitung – zum ersten Mal in den Sattel eines Jungpferdes steigt, wird es sich freiwillig kaum vorwärts bewegen. Selbst wenn man es zu einigen Tritten vorwärts überreden kann, bleibt es doch schnell wieder stehen, um sich mit der ungewohnten Last auf seinem Rücken auszubalancieren und zunächst in Ruhe über diese seltsame, neue Situation nachdenken zu können. Die Lust an der Vorwärtsbewegung kommt erst mit dem Zutrauen in die eigenen Kräfte, sich mit dem Reiter auf dem Rücken auch wirklich bewegen zu können.
Das junge Pferd versteht von der treibenden Wirkung der Reiterschenkel soviel wie die Kuh vom Tanzen, nämlich gar nichts. Es folgt zunächst der aufmunternden Stimme des Menschen im Sattel und dessen Erwartungshaltung, die sich in Stimme und Körperbewegungen ausdrückt. Wir machen immer unbewußte Körperbewegungen, wenn wir etwas sagen – und das versteht das Pferd. An den treibenden Schenkel und die Bedeutung seiner unterschiedlichen Positionen muß es erst gewöhnt werden.
Westernpferde lernen vom ersten Tag an, dem treibenden Schenkel auszuweichen. Da es hierfür keine bindende Reitlehre gibt, kann der Reiter heutzutage auf fremden Westernpferden noch manch unliebsame Überraschung erfahren: Die Pferde stürmen zum Beispiel los, sobald der Schenkel sie berührt. In der Zukunft werden solche Pferde sicher-

lich seltener werden, da sich die moderne Westernreiterei aufgeschlossen für die konventionelle Dressurreiterei interessiert, um hier zu entlehnen, was zur Verbesserung der eigenen Pferde sinnvoll erscheint. Dazu gehört vor allem der gezielte Einsatz des treibenden Schenkels. Daß es trotzdem immer ein bißchen anders als auf einem Dressurpferd ist und sein wird, liegt daran, daß die Anlehnung am Zügel fehlt.

Drei einschneidende Erfahrungen machen Umsteiger immer wieder, wenn sie zum ersten Mal auf einem gut gerittenen Westernpferd sitzen:

1. *Man ist in den Sattel gestiegen und will vorwärts losreiten, aber das Pferd läuft rückwärts.*

Solche Pferde haben gelernt, sich ohne Zügeleinwirkung rückwärts treiben zu lassen. Damit sie vorwärts gehen, muß man sich völlig entspannen und ganz leicht die Beine anlegen. Auf jedes Quentchen Spannung mehr im Reiterkörper reagieren so fein gerittene Pferde rückwärts.

2. *Endlich läuft das Tier vorwärts, da hält es auch schon wieder an!*

Wieder sitzt man auf einem besonders fein abgestimmten Pferd. Die kleinste Verlagerung des Oberkörpers nach vorne oder auch energisches Schließen beider Schenkel veranlassen das Pferd zum Anhalten. Der Westernreiter macht sich darüber keine Gedanken, weil er es gewohnt ist, seinen Körper locker und entspannt auszubalancieren. Seine „Faulheit", sich nicht mehr zu bewegen, als unbedingt notwendig, läßt das Pferd auf jede Körperbewegung reagieren. Ist sie nicht eindeutig, hält es vorsichtshalber lieber an. Solch ein Pferd fängt im Gelände niemals an zu zappeln, wenn es sich in einem heimtückisch aufspringenden Stück Stacheldraht verfangen hat, sondern wartet ruhig ab, bis sein Reiter es aus dieser Gefahr befreit hat.

3. *Man ist glücklich in den bequemen Galopp gekommen, da reagiert das Pferd völlig irritiert auf die „Schenkelzange", mit der sich der Reiter festhalten will.*

Die einen Pferde stoppen hart, die anderen geben Gas ohne Ende. Westernpferde gehen selbständig; einen ihren Leib umklammernden Schenkel kennen sie nicht.

Folgendes Bild verdeutlicht den Sinn aller reiterlichen Einwirkungen auf das Westernpferd:

Man denkt sich das Pferd wie in einem ganz kleinen Paddock eingezäunt. Man kann dazu auch sagen: Das Pferd bleibt im Rahmen.

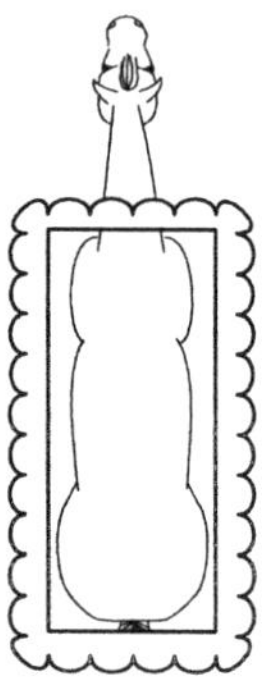

Das Pferd im Rahmen

Immer wenn das Pferd mit einem Körperteil versucht, diesen Rahmen zu verlassen (und das versucht es ständig), wird es vom Reiter begrenzt: durch die Zäumung oder durch die treibenden Schenkel. Man muß sich das so vorstellen, als ob das Pferd, immer wenn es den „Rahmen" verläßt, gegen eine Mauer

Das Pferd prallt gegen eine Mauer.

anläuft oder vom Gleis fällt. Sobald es sich in den „Rahmen“ zurückbegibt, ist der Widerstand der Mauer, ist die Gefahr, daß es abstürzt, weg.

Sobald das Pferd der reiterlichen Einwirkung nachgibt, hört sie auf.

Die treibenden Einwirkungen im einzelnen:
1. Vorwärts
Manche Westernreiter lehnen sich leicht nach vorne, andere setzen sich schwer in den Sattel, wieder andere entspannen sich total und berühren das Pferd leicht mit den Waden. Ich bevorzuge die letzte Variante. Grundsätzlich bedeutet das Umfassen des Pferdes mit beiden Waden: Bewege dich geradeaus! Ob vorwärts oder rückwärts, signalisiert die Haltung und Spannung des Körpers. Die Schenkel liegen dabei direkt hinter dem Sattelgurt. Hier ist also das „Gaspedal“.
2. Rückwärts
Der Reiter sitzt schwer im Sattel, so als ob er stoppen wollte. Er treibt das Pferd an den Ellenbogen, wenn es auf ein leises Schnalzen („Setz dich in Bewegung!“) nicht rückwärts gehen will. Tritt das Pferd vorwärts, läuft es gegen das Gebiß, das in diesem Fall die Mauer bildet. Gut ausgebildete Pferde lassen sich bei tiefem Sitz auch mit den Schenkeln direkt hinter dem Gurt rückwärts treiben.
3. Ausweichen in der Schulter
Alle Pferde neigen dazu, ständig auf die innere Schulter zu fallen. Sie versuchen auf diese Weise, ihr diagonales Hinterbein zu entlasten, denn von Natur aus laufen alle Pferde mit dem Gewicht auf der Vorhand. Das fein gerittene Pferd weicht in der Schulter, wenn man es direkt hinter dem Sattelgurt treibt. Weniger einsichtige Pferde werden gegen den Ellenbogen getrieben. Dazu eignet sich besonders die Innenseite der Steigbügel.
Voraussetzung ist jedoch ein Sattel, der die notwendige Freiheit in der Aufhängung der Bügelriemen gewährleistet – und ein lockeres Reiterbein, das sich nicht verkrampft, wenn es sich gegen den Ellenbogen bewe-

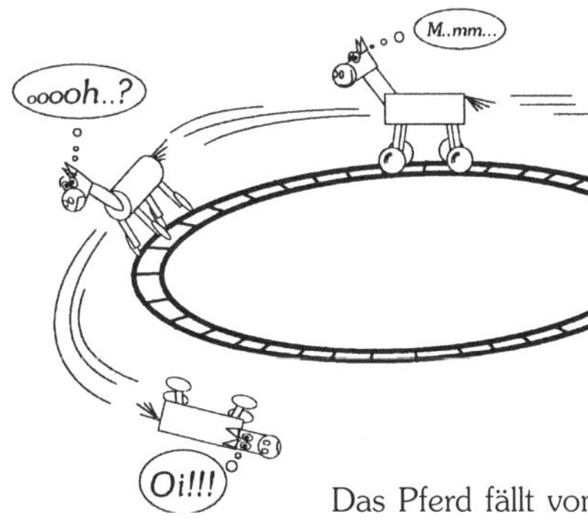

Das Pferd fällt vom Gleis.

gen soll, was eine völlig verbogene Sitzposition nach sich zieht. Erfahrungsgemäß haben Reitanfänger damit überhaupt keine Probleme. Alle anderen müssen zunächst ausgiebig Altlasten bekämpfen.
4. Ausweichen in der Hinterhand
Dazu legt man den Schenkel zwei Handbreit hinter den Sattelgurt. Das Pferd weicht mit der Hinterhand dem treibenden Schenkel aus. Das funktioniert beim fein gerittenen Pferd in beide Richtungen, also sowohl nach außen, als auch nach innen, sowohl vorwärts, als auch rückwärts. Immer dort, wo man den Schenkel zwei Handbreit hinter den Gurt legt, weicht das Pferd mit der Hinterhand in die andere Richtung aus. Ist das nicht der Fall, schlägt man unter „Dem Schenkel ausweichen“ nach und übt das, bis es sitzt!
Die Schulterkontrolle steht immer vor der Kontrolle der Hinterhand! Wenn das Pferd in der Hinterhand weicht, darf es nicht gleichzeitig auf die diagonale Schulter fallen (und das versuchen alle Pferde immer wieder).
5. Antraben
Beide Waden schließen sich um den Pferdeleib, bis das Pferd im Trab ist. Zur Beeinflussung des Trabtaktes schwingen beide Schenkel gleichzeitig locker aus dem Sitz an den Rippenbogen des Pferdes.
6. Angaloppieren
Im Vergleich zur konventionellen Dressur ist der Westernreiter sehr faul. Er setzt sich einfach auf die Außenseite, um den äußeren Hinterfuß des Pferdes zu belasten, weil mit ihm der Innengalopp beginnt. Dazu treibt er

mit dem äußeren Schenkel direkt am Gurt oder eine Idee dahinter. Legt er den Schenkel weiter zurück, wie es viele konventionelle Reiter aus alter Gewohnheit tun, gibt das Pferd die Kruppe herein, oder es bockt, denkt aber überhaupt nicht daran anzugaloppieren.

7. Richtungsänderung

Das fein gerittene Westernpferd benötigt zur Änderung der Richtung überhaupt keine Zügeleinwirkung, sondern „nur" den treibenden Schenkel, von dem es weggehen und das Reitergewicht, unter das es treten soll. „Nur" steht deswegen in Anführungszeichen, weil es vom Reiter eine lange Zeit der Übung verlangt, bis er in der Lage ist, sein Gewicht in die Bewegungsrichtung des Pferdes zu bringen, ohne sich in den Schultern zu verlehnen, was das Gegenteil erreicht.

Knieschluß

Damit bezeichnet man das Zusammendrükken der inneren Oberschenkelmuskulatur, was die Knie an den Pferdekörper herandrückt. Konventionelle Reiter machen daraus manchmal ein Gesellschaftsspiel, das wie Armdrücken funktioniert.

In der Westernreitweise ist der Knieschluß völlig unbrauchbar, weil allein aus der Balance heraus geritten wird. Das bedeutet, daß man auf dem Westernpferd völlig entspannt und losgelöst sein Gleichgewicht sucht, um daraus mit so wenig Muskelspannung wie möglich auf das Pferd einzuwirken. Deswegen hat der Westernsattel auch keine Kniepolster (= Pauschen). Wer sich also die Knie wund reitet, trägt entweder die falsche Jeans oder drückt die Knie ans Pferd.

Leider weist der untrainierte Mensch heutzutage oft Muskelverkürzungen auf, die ihm einen derart lockeren Sitz auf dem Pferd unmöglich machen. Dazu kommt noch die Angst vor der unkontrollierten Bewegung des Pferdes, die die Muskeln zusammenzieht oder verkrampft. Erstaunlicherweise haben Reitanfänger damit weniger Probleme als Umsteiger.

Der tiefe Absatz

Wer gehofft hat, daß in der Westernreitweise auf den Sitz wenig Wert gelegt wird, weil der Westernreiter doch so faul ist, wer also bislang gedacht hat, daß er sich im Westernsattel herumlümmeln kann, wie er will, der wird hier mit einer nüchternen Tatsache konfrontiert: Auch in der Westernreitweise wird der Absatz niemals hochgezogen!

Der natürliche Mensch ist der irrigen Ansicht, daß er das Pferd besser treiben kann, wenn er den Absatz hochzieht. Das macht jedoch nicht nur die Wade – das eigentliche treibende Element des Reiterbeins – zu Pudding, sondern es zieht auch das Knie nach oben, läßt den Unterschenkel zurückrutschen und den Oberkörper nach vorn kippen, womit jede sinnvolle Einwirkung auf das Pferd zunichte wird. Damit Sie gar nicht erst in schlechte Gewohnheiten verfallen, stellen Sie sich vor, daß Sie in den Steigbügeln auf dem Fußboden stehen. Anders ausgedrückt: Sie müssen immer die Verbindung zum Erdmittelpunkt suchen – und die ist aufgrund der Erdanziehungskraft nun einmal senkrecht.

Wer sich jetzt mit tiefem Absatz voll in die Bügel stellt, hat zumindest erreicht, daß sich sein Bein nach unten streckt. Leider gibt er dabei den Sitz auf, weil er die Beine steif macht. Das ist im Gelände durchaus sinnvoll, wenn das Pferd im Trab oder Galopp mit sehr viel Tempo geht. In der Bahn wird immer „gesessen", was bedeutet, daß die Sitzbeinknochen immer das volle Gewicht des Reiters tragen. Ist das im Trab nicht auszuhalten, wird eben wie bei den konventionellen Reitern leichtgetrabt.

Leichttraben

Darunter versteht man das Aussitzen eines Trabtrittes und das entlastende Aufstehen im nächsten Trabtritt. Man belastet dabei also eine Beindiagonale und entlastet die andere. Der Reiter bewegt sich „rauf, runter, rauf,

runter" und entgeht so den harten Stößen der Trabbewegung des Pferdes.
Nun soll kein Reiter denken, das sei „English" und komme deswegen in der Westernreitweise nicht vor! Richtig ist, daß das Leichttraben in keiner Western-Turnierdisziplin vorkommt. Wer es dort dennoch praktiziert, wird mit Strafpunkten bedacht. Das bedeutet aber noch lange nicht, daß das Leichttraben auch im Trainingsalltag des Westernreiters verpönt ist, auch wenn heutzutage noch manche Westerntrainer dieser Ansicht sind.
Das Leichttraben kann sogar sehr hilfreich sein, da es ja nicht nur eine Entlastung des Reiterkreuzes darstellt, sondern auch eine Entlastung einer Beindiagonale des trabenden Pferdes.
In der Reitbahn wird immer auf dem inneren Hinterfuß leichtgetrabt. Das bedeutet, daß sich der Reiter hinsetzt, wenn das innere Vorderbein des Pferdes vorschwingt, denn gleichzeitig tritt aufgrund der Tatsache, daß das Pferd immer zwei diagonale Beine im Trab vorschwingen läßt, auch das äußere Hinterbein vor.
Wenn der Reiter jetzt noch weiß, daß das äußere Hinterbein der Motor für den Innengalopp ist, hat er gleichzeitig eine effektive Möglichkeit, das Pferd zu veranlassen, im Innengalopp anzuspringen, wenn er es im Leichttrab immer dann auf der Außenseite antreibt, wenn er sich hinsetzt. Dann muß er nur noch darauf achten, daß das Pferd den Trabtakt beibehält, daß es also keine kurzen Trippeltritte zum Umsortieren der Hinterfüße macht – und schon wird es immer richtig im Innengalopp anspringen! Leichttraben hilft dem Reiter demnach enorm dabei, den Trabtakt zu finden und zu beeinflussen.
Außerdem ist das Leichttraben im Gelände sehr sinnvoll, um das Pferd kräftesparend einzusetzen. Dazu wechselt man am besten alle fünf Minuten die Trabdiagonale, um sicherzugehen, daß man nicht ein Beinpaar mehr strapaziert als das andere („Fußwechsel" nennt das die konventionelle Reitweise). Da Pferde wie Menschen eine Lieblingsseite haben, neigen die Pferde dazu, den Reiter im Gelände unbemerkt auf ihre „starke" Seite umzusetzen, und da beide sehr oft rechtshändig sind, sind sie sich in Sachen Be- und Entlastung unbewußt einig, was zwangsläufig zu einer einseitigen Überlastung eines Beinpaares und damit zu frühzeitigem Verschleiß führen muß.
Ich kenne Westernreiter, die das Leichttraben strikt ablehnen. Für sie ist das „English Style". Ob sie nur nicht in der Lage sind, im Leichttraben den Fuß zu wechseln?
Jeder Reiter sollte sich dahingehend überprüfen, ob er beim Aussitzen nicht heimlich leichttrabt, indem er in das Vorschwingen der starken Beindiagonale tiefer einsitzt als in das der schwächeren. Schauen Sie sich die Sitzfläche Ihres Sattels an: Ist eine Seite abgewetzter oder eingedrückter als die andere?

Tips zum Kauf eines Westernsattels

Ein Westernsattel ist nicht nur ein Sattel mit einem Horn am vorderen Ende – und seitdem die Westernreitweise auch außerhalb der USA viele Anhänger findet, wird er auch in Ländern mit niedrigen Lohnkosten hergestellt, vor allem in Mexiko, in Südamerika und neuerdings auch in Indien.

Die Herkunft eines Westernsattels festzustellen, ist heutzutage selbst für den Fachmann kein Kinderspiel, da sogar sehr teure und hochwertige US-Sättel in Mexiko teilgefertigt werden, einfach weil dort handwerkliches Geschick – vor allem im Bereich der Handpunzierung (hand-tooled) – zu wesentlich günstigeren Stundenlöhnen zu bekommen ist als in den Staaten selbst.

Um einen Westernsattel als Billigprodukt oder schlichtweg als unbrauchbar zu verurteilen, reicht das Reizwort „Mexiko" (siehe unten) heute nicht mehr aus. Trotzdem ist es für den Fachmann auch heute noch sehr leicht, Schrott von Brauchbarem zu unterscheiden.

Wer dagegen seinen ersten Westernsattel kauft, fällt leider oft auf die Unbrauchbaren herein. Wenn er dann mit dieser Erwerbung an einem Westernreitkurs teilnimmt, erfährt er mit fassungslosem Kopfschütteln, daß er Schrott gekauft hat. Die Problematik dieser Sättel ist nämlich die gleiche wie bei anderen Sätteln exotischer Herkunft: Sie passen nicht aufs Pferd, lassen den Reiter nicht richtig sitzen und weisen darüber hinaus noch gravierende Mängel auf, die die Sicherheit des Reitens gefährden. Rausgeworfenes Geld!

Zum Reizwort „Mexiko":
Die Mexikaner verfügen über eine lange Tradition in der Anfertigung von Sätteln. Sie selbst verwenden bis heute den Charro-Sattel, der aus einem rohhautbezogenen Holzbaum ohne Lederüberzug mit ebensolchem niedrigen, breiten Horn besteht und mit Steigbügelriemen mit echt silbernen Verzierungen und einer direkt auf dem Baum befestigten Gurtaufhängung versehen ist. Solch ein echter Charro-Sattel ist hierzulande ohne Silber für ca. DM 3500,– DM zu haben.

Echter Texaner

Darüber hinaus fertigen die Mexikaner schon seit sehr langer Zeit Westernsättel für den US-Markt an. Sie werden unter dem weiten Begriff „Ranchsättel" gehandelt, sind qualitativ recht hochwertig und langlebig, passen jedoch aufgrund ihres eigenwilligen Baumes nur auf wenige Pferde, etwa Warmblüter mit viel Widerrist. Selbst der Fachmann sieht diesen Sätteln ihre mexikanische Herkunft nur selten an. Sie gelten eben als texanische Ranchsättel. Außerdem stellen die Mexikaner zahllose Billigsättel her, sowohl Charro- als auch Gringo-Style.

Oldtimer

Das gleiche kann dem unerfahrenen Käufer mit alten US-Sätteln passieren, deren Gurtungsposition weit hinter der Fork liegt. Diese Sättel wurden für sogenannte „Hundefutter-Pferde" (*Broomsticks* = Besenstiele) gebaut, wie sie jahrelang als billige Arbeitsmittel auf den Ranches verwendet wurden. Das waren eingebrochene Mustangs, klein und dürr, die geritten wurden, bis es nicht mehr ging. Auf unseren weidebäuchigen Freizeitpferden rutschen diese Sättel auf die Schulter, wo kein vernünftiges Reiten mehr möglich ist. Solche Sättel eignen sich hierzulande höchstens für Distanzreiter, deren Pferde kein Gramm Fett am Leibe haben.
Zum Glück werden sie hierzulande kaum noch angeboten, da sich auch in den Staaten ein eigener Markt für solche Oldtimer entwickelt hat, der sie zu beliebten Sammlerstücken hat werden lassen.
Von „modernen Oldtimern" wird später noch die Rede sein.

Der Western-Freizeitsattel

Wer ein wirklich dickes Pferd mit breiter Schulter sein eigen nennt, hat gute Aussichten, für wenig Geld einen einfachen US-Westernsattel zu erstehen. Diese Sättel werden als Massenproduktion zu möglichst geringen Kosten hergestellt, auf einem einheitlichen Kunststoffbaum, der in den Staaten auf die Mehrzahl der Quarter Horses im Ranch-Typ paßt. Solch ein Sattel wird von fast allen großen Herstellern angeboten und kostet zur Zeit etwa DM 750,–. Er hat einen Wildledersitz von 38 cm Sitzlänge, ist komplett mit Blumenmuster verziert, hat einfache Doppeldornschnallen an den Steigbügelriemen und häufig unbezogene Kunststoffsteigbügel. Seine weit vorn angebrachte Gurtaufhängung läßt viel Platz für den dahinterliegenden Weidebauch.

Wer nur am Wochenende ein bißchen ausreitet, ist auch in der Lage, die verhältnismäßig kleine Sitzfläche von 38 cm = 15″ durch Längerschnallen der Bügelriemen auszugleichen. Dann reicht er auch für größere Reiter aus; robust genug ist er. Allerdings muß er aufs Pferd passen, und dazu muß das Pferd wirklich breit sein.
Eine Warnung noch für schwergewichtige Reiter: Ein Kunststoffbaum schwarzer Farbe ist nicht besonders haltbar. Er weist auf ein US-Billigprodukt hin, das gerade noch leichtgewichtigen Sonntagsreitern auf dikken Pferden gute Dienste leistet – aber mehr auch nicht.
Ansonsten sind diese US-Billigsättel erstaunlich haltbar. Das liegt an der scharfen US-Gesetzgebung bezüglich der Produkthaftung: Wer in den Staaten einen Unfall aufgrund mangelnder Qualität der Ausrüstung erleidet, kann den Hersteller dafür belangen. Deswegen weisen US-Produzenten solche Sättel als Pleasure- oder Show-Sättel aus, sie eignen sich also weder für die Lasso-Arbeit mit Rindern noch für den harten Dauerge-

Einfacher Freizeitsattel

brauch im Gelände bei jedem Wetter. Aus dem gleichen Grund weisen US-Hersteller mit anhängenden Schildern immer wieder darauf hin, daß Leder reißen kann und man seine Ausrüstung vor jedem Ritt auf Schwachstellen kontrollieren soll.
Westernsättel werden nur nach ihrem Verwendungszweck unterschieden. Deswegen gibt es in allen folgenden Kategorien einfache, preiswerte Gebrauchsversionen, ein solides Mittelmaß ebenso wie sündhaft teure Einzelstücke – und natürlich auch unbrauchbare Billigproduktionen ...

Pleasure- oder Showsättel

In diesem Bereich ist die Unterscheidung ganz besonders wichtig. Denn unter diesen Begriff fallen zunächst einmal alle Sättel, mit denen man nicht ropen darf, also alles, was kein Arbeitssattel sein kann, weil man um das Horn dieser Sättel kein Lasso wickeln darf, an dessen Ende ein Rind hängt. Das Horn oder sogar der vordere Teil des Sattels könnte dabei abreißen.
Die Begriffsverwirrung entsteht dadurch, daß „Pleasure“ einerseits Freizeitvergnügen, andererseits eine weit verbreitete Turnierdisziplin bedeutet. Und in *Western Pleasure,* der Turnierdisziplin, ist es angesichts der großen Konkurrenz besonders wichtig, „professionell“ auszusehen, das heißt im Klartext, eine besonders wertvolle Ausrüstung zu verwenden und sehr viel Wert auf die Kleidung zu legen. Solche Turniersättel weisen sehr viel „Silber“ auf, wobei es sich in der Regel bei diesem glitzernden Schmuck um einen Hauch von elektrolytisch aufgebrachtem Sterlingsilber auf einer andersartigen Metallgrundlage handelt.
Allerdings läßt sich der Richter von der mehr oder weniger prachtvollen Aufmachung des Teilnehmers kaum beeindrucken. Da *Western Pleasure* aber eine große Anzahl von Reitern gleichzeitig in die Arena bringt, ist es sinnvoll, mit einem guten Pferd optisch

Pleasure-Showsattel

aufzufallen, damit man vom Richter in der Masse möglichst schnell wiedergefunden werden kann – und mit dem Eindruck eines möglichen Siegers während der Prüfung in seiner Erinnerung bleibt.
Dabei spielt die Aufmachung des Sattels allerdings die geringste Rolle ...
Ob solch ein Sattel auf einem rohhautbezogenen Holzbaum oder auf einem weitaus preiswerteren Kunststoffbaum aufgebaut ist, spielt nur eine untergeordnete Rolle. Der Richter einer *Western Pleasure Class* achtet auch überhaupt nicht darauf, ob der Sattel handgefertigt ist oder nicht. Der Sattel muß nur dem aktuellen Aussehen eines Turniersattels entsprechen, damit man nicht unangenehm auffällt. Es ist überhaupt eher die Konkurrenz, die auf das Aussehen des Sattels achtet, als der Richter, der sich mehr auf das vorgestellte Pferd konzentriert, ein schlampiges Allgemeinbild andererseits jedoch auf keinen Fall dulden wird.
Western Pleasure ist eine Show-Disziplin, ein Jahrmarkt der Eitelkeiten. Nirgendwo wird so viel Geld für Ausrüstung und Bekleidung ausgegeben wie in den reinen Show-

Klassen. Dazu gehören auch *Western Riding* und *Western Horsemanship*.
Ein guter Pleasure-Turniersattel weist einen nach vorn verlagerten Schwerpunkt auf, der eher dem konventionellen Dressursattel entspricht als einem klassischen Western-Arbeitssattel. Gleichzeitig befindet sich die Bügelaufhängung unter dem Schwerpunkt des Reiters, um ihm den gestreckten Sitz des modernen Equitation-Seat zu erleichtern.
Die *Rigging,* die Gurtungsweise des modernen Pleasure-Sattels, richtet sich in erster Linie nach dem Pferd, da in den Pleasure Classes in der Regel Halter Horses und im Vollbluttyp stehende Quarter Horses vorgestellt werden, die aufgrund ihrer Unterschiedlichkeit völlig verschiedene Sättel verlangen. So ist das moderne Halter Horse, also ein Pferd, das am Halfter zur Exterieurbeurteilung vorgestellt wird, sehr muskulös und leider häufig überbaut. Das erfordert einen anderen Sattelbaum und eine andere Gurtungsposition als bei einem reinen Pleasure-Pferd, das heute mehr im Vollbluttyp steht, also größer und schmaler ist.
Da der Pleasure-Reiter nicht die Beinfreiheit eines Reiners oder Cutters benötigt, wählt er gern eine aufgelegte *Rigging* in *Full Double Dee Position.* Sie sorgt dafür, daß der Sattel nicht auf die Schulter des Pferdes rutscht. Das Fehlen eines Fender-Gleitleders kommt ihm entgegen, weil es ihm hilft, die Beine mehr senkrecht zu halten.
Gleichzeitig eignet sich ein solcher Pleasure-Sattel überhaupt nicht für *Reining.* Das wird bei der Besprechung des Reining-Sattels und seiner besonderen Eigenschaften deutlich. Um ein Hochkippen und Schwanken der hinteren Sattelhälfte auf den schwierigen Rücken der Halter Horses zu verhindern, gibt es nicht nur speziell geformte Sattelbäume, wie sie in sehr modernen Showsätteln zu finden sind, sondern auch zurückgelegte *Three Way Inskirt Riggings,* 3-Wege-Gurtungen, die in der Auflage des Sattels eingearbeitet sind, um das hintere Ende des Sattels herunterziehen zu können. Zwar eignet sich dazu die sogenannte *Cowboy's Rigging* besser, aber da sie aus einem doppelt genähten, auf die Auflage des Sattels aufgelegten Lederbogen mit eingearbeiteter Metallöse besteht, empfinden Pleasure Reiter sie als störende Masse zwischen sich und dem Pferd. Sie macht den Sitz breiter, weil sie die Oberschenkel des Reiters weiter auseinanderdrückt, was die Ausübung des Equitation Seat behindert.
Den Cowboy in seiner harten Alltagsarbeit interessiert es kaum, ob er „schön" auf dem Pferd sitzt. Er bevorzugt diese Gurtungsform, weil sie den Arbeitssattel auf nahezu jedem Pferd gut, sicher und schmerzfrei positioniert, so daß er mit einem Sattel alle Arbeitspferde reiten kann.

Reiningsättel

Hier in Deutschland fragen die turnierambitionierten Westernreiter heutzutage in erster Linie nach Reiningsätteln. Denn der Reiningsattel erlaubt dem Reiter aufgrund seiner Freiheit in der Beweglichkeit der Bügelriemen ebenso, das Pferd in den Show Classes *Western Pleasure, Trail, Western Riding* oder *Western Horsemanship* vorzustellen. Aber er ermöglicht ihnen vor allen Dingen einen korrekten Sitz in den in Reining geforderten Spins und Sliding Stops. Denn verbunden mit einem tief ausgelegten Sitz ermöglicht er unbegrenzte Beinfreiheit nach vorn durch frei schwingende, vor dem Schwerpunkt des Reiters angebrachte Bügelriemen. In einem guten Reiningsattel kann man eben alles reiten, sogar *Working Cowhorse* und *Cutting,* weil das Training des modernen Reining-Pferdes ein Höchstmaß an Rittigkeit und damit an Training voraussetzt.
Ein guter Reiningsattel ermöglicht dem Reiter deswegen ebenso, Bestandteile konventioneller Dressur zu reiten. Er ist der Vielseitigkeitssattel der Westernreiterei schlechthin, solange man nicht ropen will.
Den guten Reiningsattel zeichnet ein exzellent ausgearbeiteter, tiefer Sitz in Verbindung mit einer vor dem Schwerpunkt des Reiters angebrachten, frei schwingenden Bügelriemenaufhängung aus. Das macht ihn

Reiningsattel

für die Verwendung als Geländesattel dringend gewöhnungsbedürftig. Die Aufhängung der Bügelriemen so weit vor dem Schwerpunkt des Reiters erschwert das Leichttraben und Ausstehen auf langer Strecke und führt leicht zu Schmerzen in den Knien. Wer also in erster Linie ausreiten und lange Strecken bewältigen will, wählt lieber einen guten Roping- oder Ranch-Sattel – oder zieht für diesen Zweck die Bügelriemen seines Reiningsattels ein gutes Stück zurück. Daß dies möglich ist, scheint allerdings den wenigsten Westernreitern bekannt zu sein.

„Reiner" legen sehr viel Wert darauf, daß möglichst wenig Leder zwischen ihnen und dem Pferd ist. Deswegen haben viele Reiningsättel eine *Full Leather Inskirt Rigging,* eine in die Auflage des Sattels eingearbeitete, metallose Gurtung, der durch eingenähte Rohhaut die notwendige Stabilität verliehen wird und die es ermöglicht, den *Tie Strap* (Gurtungsriemen) auf eine breite Fläche zu verteilen. Ebenso wählen sie gern einen Bügelriemen, der nicht unter den Fendern weiterverläuft, sondern an dessen oberem und unterem Ende befestigt wird. All das vermindert *bulks,* zu deutsch „Ledergeknubbel", zwischen Reiter und Pferd. Daß es auf Kosten der Langlebigkeit des Sattels geht, interessiert den Reiner weniger. Er ist gern bereit, viel Geld für eine stabile Gerbung des Leders zu investieren und auch häufiger neue Bügelriemen und *Tie Straps* (Gurtungsleder oder -nylons) zu kaufen, wenn er dafür näher am Pferd sitzt. Daß seine Bügelriemen und *Tie Straps* immer noch wesentlich länger halten als die vergleichbaren Teile eines konventionellen (englischen) Sportsattels, erscheint in diesem Zusammenhang von einiger Wichtigkeit.

Der Reiningsattel ist ein moderner Sportsattel für Hochleistungs-Turniersport und nicht für die alltägliche Cowboy-Arbeit auf der offenen Fläche bei jedem denkbaren Wetter.

Cuttingsättel

Cutting ist eine Spezial-Disziplin im modernen Western-Turniersport, die sich von allen anderen Disziplinen dadurch unterscheidet, daß das Pferd im entscheidenden Moment, nämlich beim Cutting, völlig selbständig arbeiten muß, so daß jede sichtbare Hilfe des Reiters vom Richter mit Fehlpunkten bestraft wird. Um die enorm athletischen Bewegungen des Pferdes, welches das Rind selbständig von der Herde fernhalten muß, ausbalancieren zu können, muß der Reiter möglichst fest und tief im Sattel sitzen, ohne die Bewegung des Pferdes zu stören. Dabei darf er sich mit der freien Hand am Horn seines Sattels festhalten.

Cuttingsättel sind Spezialsättel für eine Spezial-Disziplin, die mit nichts anderem in der Welt des Reitens zu vergleichen ist. Die *Bars* (Auflagen) ihrer Bäume sind besonders flach und lang, damit das Reitergewicht auf dem Pferderücken verteilt werden kann, damit der Reiter das Pferd nicht stört. Das macht sie leider anfällig für Brüche im Sattelbaum.

Ihr vorderer Aufbau, bestehend aus der *Fork* und dem Horn, ist besonders steil und hoch. Dabei fällt das Horn besonders auf, weil es sehr dünn und lang ist, damit der Reiter es bequem mit der Faust umfassen kann. Der Sitz des Cuttingsattels ist der längste unter allen Westernsätteln; dazu ist er sehr flach, so daß der Reiter viel Platz hat, um seinen Sitz den Bewegungen des Pferdes anpassen zu können.
Die Bügelriemenaufhängung ist so weit vorn wie möglich, damit der Reiter bei vergleichsweise kurzen Bügelriemen tief und weit hinter dem Schwerpunkt des Pferdes sitzen kann, um derart all die extremen Bewegungen des Pferdes mitmachen zu können, die nun einmal zu der rasanten Cutting-Disziplin gehören. Das Pferd bewegt sich so gleichzeitig mit dem Rind, daß die Cutter sagen: Es tanzt mit ihm „Boogie Woogie" – und Rinder können verdammt schnell sein!
Aufgrund ihrer sehr speziellen Form eignen sich Cuttingsättel eigentlich nur für Cutting, darüber hinaus noch für *Team Penning*, eine Prüfung gegen die Stoppuhr, in der drei Reiter versuchen, so schnell wie möglich drei Rinder mit der gleichen Rückennummer aus einer Herde auszusortieren, um sie in einen Pferch zu treiben.
Sicherlich eignete sich der Cuttingsattel auch für Reining, wäre da nicht das lange, dünne Horn der Reiterhand im Wege.

Veränderung der Bügelriemen-Position

Im Gegensatz zum konventionellen (englischen) Sattel sind die breiten Bügelriemen des Westernsattels nicht in Sturzfedern oder schmalen Metallösen eingehängt, sondern verlaufen um die *Bars*, die Auflagen des Sattelbaums. Deswegen kann man bei fast allen Westernsätteln die Position der Bügelriemen verändern, indem man sie um mehrere Zentimeter nach vorn oder hinten zieht. Sollte das nicht möglich sein, kann ein geschickter Sattler diesen Zustand schnell ändern. Er ist auch in der Lage, die Bügelriemen in einer vom Reiter gewünschten Position zu fixieren. Dieser Freiheit werden nur durch die vorhandene Gurtung und die Befestigung des Sitzes am Sattelbaum Grenzen gesetzt. Nicht möglich ist dies bei einigen wenigen Westernsätteln, deren Bügelriemen durch eine im Baum verankerte Metallöse verlaufen. Sie sind aber sehr selten. Schwierig, aber nicht unmöglich ist die Veränderung der Bügelriemen-Position bei Sätteln mit Kunststoffbaum, die speziell ausgesparte Bereiche für die Bügelriemen haben. Ein fähiger Sattler wird dieses Problem lösen.

Der Sinn unterschiedlicher Bügelriemen-Positionen:
Je weiter die Bügelriemen unter dem Schwerpunkt des Reiters angebracht sind, desto senkrechter kann er seine Haltung auf dem Pferd ausbalancieren – desto länger kann er seine Bügelriemen verschnallen und desto kleiner wird die Sitzfläche sein, die ihm Halt gibt.
Entsprechend ihrer Verwendung findet sich diese Bügelriemenaufhängung bei Western-Sportsätteln für *Western Pleasure* usw., *Barrel Race* und *Pole Bending* – und bei Distanzsätteln, bei Western-Arbeitssätteln für das Reiten im Gebirge (Mountain Saddles), für die Jagd im Gebirge (Hunting Saddles) und bei Sätteln des *Buckaroo Style*, sogenannte Oldtimer-Sättel.
Je weiter die Bügelriemenaufhängung vor dem Schwerpunkt des Reiters angebracht ist, desto tiefer und fester sitzt der Reiter im Rücken des Pferdes, desto schwerer fällt ihm aber auch gleichzeitig das Einnehmen eines Entlastungssitzes.
Diese Aufhängung der Bügelriemen findet sich bei Western-Sportsätteln für *Reining, Working Cowhorse, Cutting* und *Team-Penning* bei handgemachten Arbeitssätteln für die Rinderarbeit auf den Ranches und dem Rodeo – in erster Linie texanischer Herkunft – und bei den sogenannten Bronc Saddles, hornlosen Sätteln, die beim Rodeo zum Reiten wilder Pferde verwendet werden.

Sattelzubehör

Back Cinch

Der hintere Bauchgurt gehört zu allen Roping-, Arbeits-, Ranch- und Cuttingsätteln beim Kauf dazu. Viele andere Sättel haben Ringe oder Durchlässe, um einen Back Cinch zu befestigen.
Wirklich notwendig ist er nur beim Ropen und beim Reiten im Gebirge. Auch zur Befestigung auf heftig bockenden Pferden kann er hilfreich sein. Auf keinen Fall läßt sich die schlechte Lage eines Sattels durch einen Back Cinch korrigieren.

Vorderzeug

Im Gegensatz zum Back Cinch bietet das Vorderzeug auch dem Flachlandreiter einen entscheidenden Vorteil: Ein V-förmig geschnittenes Vorderzeug verhindert, daß der Sattel seitlich vom Pferd rutscht. Man muß den Bauchgurt also nicht knalleng anziehen. Dafür sind besonders Wanderreit- und Distanzpferde sehr dankbar. Auch auf verfetteten Freizeitpferden ist ein Vorderzeug sehr hilfreich. Wer vom Sattel aus Äste, Weidepfähle oder Feuerholz schleppen will, kommt ohne ein Vorderzeug nicht aus. Im Gebirge hält es den Sattel beim Klettern in Position.
Es korrigiert jedoch auf keinen Fall die Lage eines schlecht passenden, nach hinten rutschenden Sattels.

Sattelunterlagen

Man unterscheidet sie in *Pads* und *Blankets*. Während *Blankets* sehr leicht als doppelt oder einfach gelegte gewebte Decken aus unterschiedlichen Garnen zu identifizieren sind, bestehen *Pads* aus allen nur denkbaren Materialien und deren Kombinationen.
Dünne *Blankets* legt man auf ein *Pad*, dikkere, doppelt gelegte verwendet man direkt auf dem Pferderücken. Die billigsten sind aus Nylon oder gemischten Fasern, die gängigsten sind aus Baumwolle, die wertvollsten aus reiner Wolle. Dicke Baumwoll-*Blankets* nehmen sehr viel Schweiß auf, werden dadurch aber um so schwerer. Der Nachteil von *Blankets* ist, daß sie sich bei windigem Wetter draußen nur schlecht satteln lassen, daß sie schlecht trocknen und nur selten maschinenwaschbar sind.
Pads bestehen aus allem, was sich mit dem Pferderücken verträgt. Besonders beliebt sind sogenannte *Kodelpads*, deren Plüsch aus mehr oder weniger hochwertiger Kunstfaser oder aus Schurwolle besteht. Hochwertige *Kodelpads* haben den Vorteil, daß sie antiallergisch, antistatisch und antibakteriell sind. Zudem trocknen sie innerhalb kurzer Zeit an der Sonne und lassen sich einfach in der Waschmaschine waschen. Daß sie keinen Schweiß aufnehmen, scheint die Pferde auch auf langen Strecken ebensowenig zu stören wie die Tatsache, daß es unter diesen Kunstfasern recht heiß auf dem Pferderücken wird. Das sind jedenfalls meine Erfahrungen auf unzähligen Distanzkilometern. Das *Kodelpad* hatte keine negativen Einflüsse auf die Puls- und Atemwerte, und es zeigten sich keinerlei Beeinträchtigungen der Haut, wie ich sie bei der Verwendung anderer Sattelunterlagen beobachten konnte.
Der Reiter wird also die Sattelunterlage danach auswählen, wofür er sie verwenden will. Deswegen seien an dieser Stelle nur Grundsätze genannt.

Je dünner das Pferd, desto dicker die Sattelunterlage.

Umgekehrt kommt ein fettes Pony mit einer dünnen Navajo-Decke aus, auf dem Wanderritt mit zwei dünnen Navajo-Decken oder mit einer solchen Decke und einem dünnen *Kodelpad* auf dem Rücken.
Auf dem Wanderritt gleichen zwei Unterlagen die Eigenbewegung des Sattels gegen den Pferdrücken besser aus, weil hier Textil gegen Textil reibt und nicht direkt gegen die Haut des Pferdes. Außerdem werden Pferde auf einem Wanderritt schlanker.
Ein steifes *Pad* läßt sich am schnellsten sat-

teln, trocknet aber unter Umständen schlechter. Neopren-Unterlagen verhindern ein Blankscheuern des Pferderückens im Fellwechsel; daß die Pferde darunter stark schwitzen, scheint sie nicht zu stören. Filz wirkt stoßdämpfend, scheuert jedoch im Fellwechsel.

High Tech-Pads können zu weite Sättel ausgleichen und wirken enorm stoßdämpfend – nicht nur für die Pferde, auch für den Reiter! Im Turniersport sind zur Zeit übergroße *Blankets,* von denen man unter dem Sattel auch noch etwas sieht, die Mode. Darunter paßt jedes *Pad,* das man im täglichen Training verwendet. Für die wertvolle Webung interessieren sich die Richter weniger, es hilft ihnen jedoch, ein Pferd-Reiter-Paar anhand der Farbwahl von *Pad* und Reiterkleidung aus der Masse heraus zu identifizieren.

Satteldecke auf dem Pferderücken

Wie man sattelt

Im Gegensatz zum konventionellen Sattel stülpt man den Westernsattel tunlichst nicht auf den Pferderücken, wenn man nicht Schaden an der eigenen Wirbelsäule davon tragen will. Selbst der leichteste Westernsattel ist immer noch schwerer als ein konventioneller Sportsattel. Mit folgender Anweisung schaffen es sogar rückengeschädigte Frauen, einen schweren Arbeitssattel gezielt auf den Pferderücken zu bringen:

Man legt die Sattelunterlage zu einem Drittel auf den Pferdehals. Man faßt durch beide Steigbügel – oder zumindest durch den linken, wenn man von links satteln will – mit der rechten Hand in das Griffloch vor der Fork und legt sich den Sattel auf den rechten Oberschenkel. Die linke Hand greift von vorn unter die Fork. Der rechte Oberschenkel gibt dem Sattel Schwung und läßt ihn auf das untere Drittel des Pferdehalses fliegen, wo die Sattelunterlage liegt. Der Schwung wird vom linken Unterarm gebremst, so daß der Sattel weich auf dem Pferd landet. Die Unterlage wird zurechtgezogen, und dann werden Sattel und Unterlage zusammen langsam nach hinten in die Sattellage gezogen. Die Unterlage wird unter der Fork eingekammert, also gegen die Fork hochgezogen. Dann rückt man den Sattel durch Druck auf das Horn in die richtige Position. Wenn der Sattel dort nicht unverrückbar liegenbleibt, paßt er nicht aufs Pferd. Dazu muß man allerdings berücksichtigen, daß sich fast alle Pferde aufplustern, wenn sie den Sattel auf ihrem Rücken spüren. Der

So faßt man den Westernsattel.

Links, von oben nach unten:
So „fliegt“ der Sattel auf das Pferd.

Der Sattel wird in Position gebracht.

Unten und rechts (von links oben nach rechts unten):
Angurten

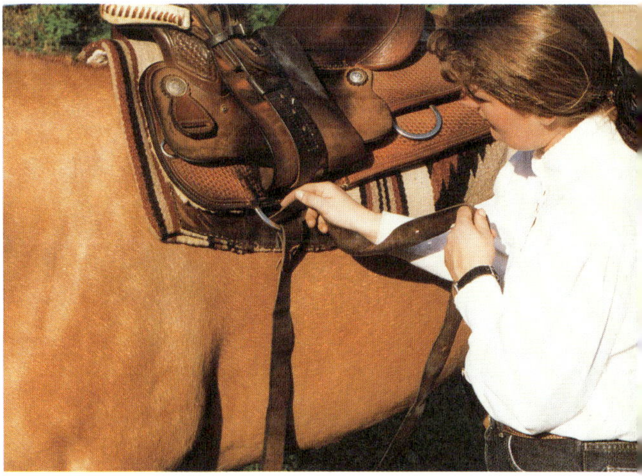
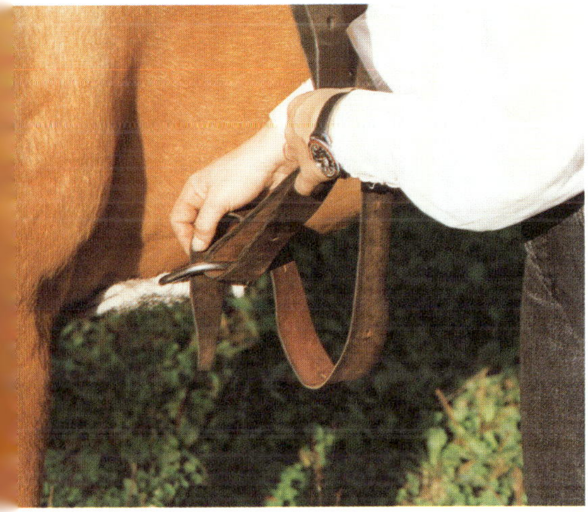
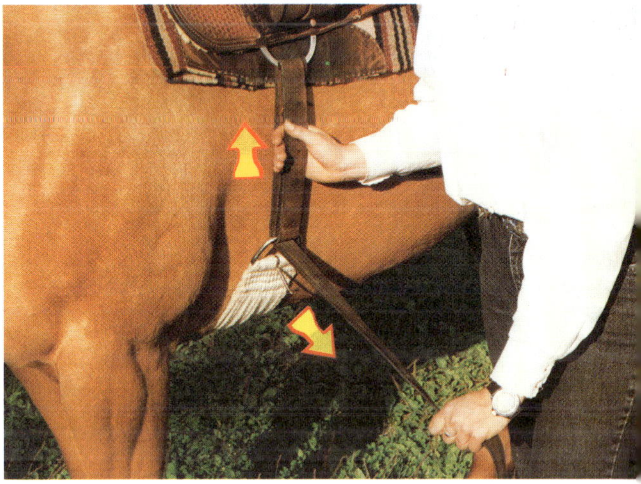
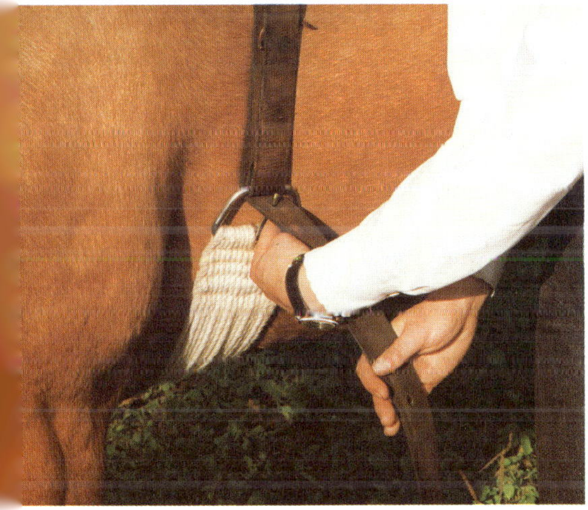

Fertig gesattelt.

Sattel gehört hinter den Widerrist, so daß er die Schultern des Pferdes nicht behindert.
Pferde, die das Anziehen des Sattelgurtes nicht mögen, läßt man ein paar Schritte vorwärts gehen, bevor man den Gurt nachzieht.
Bei Pferden mit Sattelzwang – das sind solche, die sich gern hinwerfen, wenn man den Gurt anzieht – gurtet man langsam nach, während das Pferd im kleinen Kreis herumgeht. Die Gurtaufhängung des Westernsattels sieht nicht vor, daß man vom Pferd aus nachgurtet, wie es bei konventionellen Sätteln möglich ist.
Man muß sich deshalb zum Angurten des Westernsattels vor dem Aufsteigen unter Umständen etwas mehr Zeit lassen.

Wie man aufzäumt

Es kann mich wirklich wild machen, wenn ich sehe, wie manche Reiter ihren Pferden das Kopfstück überstülpen und über die Ohren würgen!
Entweder geschieht es aus Gedankenlosigkeit, oder solche Reiter sehen in der Zäumung ein Zwangsinstrument, das auch entsprechend auf den Kopf des Pferdes gezerrt werden muß. Wenn das Pferd dann auch noch auf der Stallgasse bereits ausgebunden

Rechts (von links oben nach rechts unten):
Das Pferd nimmt das Mundstück.

So streift man das Genickstück über die Ohren: erst das rechte Ohr ...

... dann das linke Ohr ...

... ohne es zu knicken!

wird, um gut gefesselt und geknebelt die Reitbahn zu betreten, damit es „nicht die Haltung verliert", erscheint es mir dringend an der Zeit, daß sich in der Einstellung dieser Reiter zum Pferd etwas ändert.
Die nebenstehende Bildfolge ist nicht gestellt, sondern gängiger Alltag: Pferde, die ihre Nase gern und völlig freiwillig in das Zaumzeug stecken, die ihr Gebiß selbständig aufnehmen und das Genick senken, damit man bequem das Leder über die Ohren streifen kann. „Streichle" das Zaumzeug auf den Kopf deines Pferdes!
Sicherlich braucht das im Anfang etwas Zeit, ganz gleich, ob man mit einem grünen Jungpferd oder mit einem durch schlechte Erfahrungen mißtrauisch gewordenen alten Hasen arbeitet. Aber man schafft vom ersten Augenblick an eine angenehme Arbeitsatmosphäre.
Ich verlange von meinen Pferden sehr viel Leistung, aber ich achte darauf, daß um sie herum eine Situation besteht, die ihnen Lust an der Arbeit und an der Leistung verschafft.

Western-Turniersport

Warum überhaupt Turniere?

Werfen wir einen Blick auf die anderen Reiter, die die Westernreiter so gerne als Englisch-Reiter bezeichnen, obwohl das eigentlich eine Beleidigung für deutsche Turnierreiter ist, stellen sie doch Olympiasieger und Weltmeister in ihren Disziplinen.
Der Begriff des Englisch-Reitens stammt aus den USA. *English Style* bedeutet dort zuerst einmal nichts anderes als Reiten in Nicht-Western-Ausrüstung, also mit Sportsattel und dazugehöriger Zäumung – eben so, wie es in Deutschland „normal" ist. Interessanterweise werden seit einigen Jahren sogar die als klassische Westernpferderasse geltenden Quarter Horses in eigenen *English Classes* turniermäßig vorgestellt.
Die deutsche Reiterei bezieht ihre Tradition aus der militärischen Verwendung des Pferdes. Als die Kavallerie an Bedeutung verlor, entwickelte sich der bis dahin einer Elite vorbehaltene Turniersport zum Sport für jedermann. Ich vermeide hier absichtlich den Begriff „Breitensport", weil der zur Zeit für die Masse der nicht auf Turnieren startenden Reiter verwendet wird. Der Turniersport gelangte als Exportware – zusammen mit Warmblutpferden vornehmlich hannoverscher und westfälischer Abstammung – auch in die USA.
Zur Beruhigung angehender deutscher Westernreiter sei gesagt, daß die Amerikaner in Dressur, so wie sie hierzulande „normal" ist, mindestens genauso schlecht sind wie wir in bezug aufs Westernreiten. Aber die Zeiten ändern sich, und Gegensätze verlieren an Schärfe.

California contra Texas Style – eine Stilfrage?

In den USA bezieht sich die hierzulande gern zitierte Unterscheidung zwischen *California Style* und *Texas Style* der Western-

reiterei nur auf die Ausrüstung und einige Traditionselemente, die sich in der modernen Western-Turnierreiterei aufgelöst haben.
Zum *California Style*, auch *Buckaroo Style* genannt, gehören u. a. der Sattel mit runder Auflage, schmaler *A-Fork* und hohem *Cantle* ohne *Cheyenne Roll*, *Romal Reins* und scharfe Kandaren mit Silberauflage, dazu eine langfristige Ausbildung in der *Klassischen Hackamore* (hierzulande in der Regel einfach *Bosal* genannt) – oft aus extrem feingeflochtener Rohhaut und entsprechend sündhaft teuer –, die Umstellung des Pferdes auf Kandare über die Doppelzäumung aus Kandare und *Klassischer Hackamore* und die Verwendung einer *Mecate* am Trensengebiß. Der Reiter trägt vorzugsweise *Chinks*, befranste Chaps, die nur bis zu den Knien reichen, darunter hochschäftige Stiefel, in die die Jeans gestopft werden, und silberverzierte Sporen mit *Jingle Bobs*, klirrenden Anhängern an den Sporen.
Zum *Texas Style* gehören der Sattel mit eckiger Auflage, einer *Fork* mit *Swells* und flachem *Cantle* mit *Cheyenne Roll*, dazu *Splitreins* und vergleichsweise milde Kandaren. Hier wird das Pferd vornehmlich auf Trense ausgebildet, die mit Splitreins geritten wird. Wenn ein Bosal verwendet wird, geschieht dies nur kurzzeitig zu Ausbildungszwecken. Es besteht dann in der Regel nicht aus Rohhaut, sondern aus einem Stück Lasso, Strick oder anderen Materialien. Auch die relativ früh eingesetzte Kandare – in der Regel ein schlichtes *Grazer Bit* ohne Verzierungen – wird mit Splitreins geritten. Der Reiter trägt kurze Stiefel, die Jeans darüberfallend, und lange, weite *Batwing Chaps*.
Der *California Style* beruht auf spanischer Tradition und zeigte u. a. ein gebogenes, eher traditionell dressurmäßig gerittenes Pferd, das beispielsweise den Spin eher wie eine Pirourette sprang und im Stop entlastet geritten wurde.
Der *Texas Style* kam völlig ohne Biegung des Pferdes aus, zeigte einen getrabten Spin und einen ausgesessenen, harten Stop.
In der heutigen Western-Turnierreiterei haben sich diese Stilrichtungen völlig aufgelöst, da das Pferd im Training gebogen wird und sich auf den Zirkeln leicht gebogen darstellen soll, der Spin rasant schnell getrabt wird und der Stop eher einem Schliddern gleicht, bei dem das Pferd in der Hinterhand blokkierend untersetzt und mit der Vorhand weitertrabt.
So stellt sich das Westernpferd im Turnier nicht als perfektes Arbeitspferd, sondern als Kunstform dar – genauso wie andere Turnierpferde auch.
Die Verwendung traditioneller Ausrüstungsgegenstände der einen oder anderen Stilrichtung richtet sich heutzutage nach dem Gesetz der Mode und dem Diktat des Geldbeutels. So erfreuen sich gerade die sündhaft teuren Rohhaut- und Silberarbeiten des *California Style* vornehmlich in *Show Classes* bei der Wahl des Zaumzeugs großer Beliebtheit. Die dazugehörigen Buckaroo Saddles findet man hier dagegen nur sehr selten.

Westernreiten und Freizeitsport

Die Westernreiterei bezieht ihre Tradition aus der amerikanischen Verwendung des Pferdes zum Rinderhüten. Mit der Gründung der American Quarter Horse Association entwickelte sich die Bandbreite des modernen Western-Turniersports, der vor allem die vielseitige Verwendung des amerikanischen Quarter Horse dokumentiert. Da aber auch heute noch das Pferd bei der Arbeit mit Rindern in den USA unerläßlich ist, bleibt die Beziehung zwischen Arbeits- und Turnierpferd lebendig.
Dadurch gestaltet sich gerade die Westernreitweise als ideale Grundlage einer modernen Verwendung des Pferdes zur Freizeitgestaltung auch in unserer beschränkten europäischen Landschaft, die auf die Weiten der US-Ranges verzichten muß, aber dennoch das Pferd außerhalb von Reitbahn und Reithalle einsetzen möchte – zum Vergnügen und zur Entspannung des Menschen. Und

dieser Mensch möchte seinem Pferd möglicherweise mehr abverlangen, als es das reine Ausreiten zur Entspannung erfordert, und sei es auch nur, um die langen, dunklen Monate zu überbrücken, in denen man auf eine Reithalle angewiesen ist, weil es die Arbeitszeit des Menschen nicht anders ermöglicht.

Aus dem Turniersport – deutsch oder Western – bezieht der Reiter seine Impulse zur Arbeit mit dem Pferd, auch wenn er sich vielleicht niemals auf einem Turnier sehen läßt.

Das sollte man nicht vergessen, auch wenn man das harte Training der Turnierpferde, gleich welcher Richtung, ablehnt und als Pferdeschinderei verurteilt. Ohne die Turnierveranstaltungen, auf denen sich Westernpferde und -reiter seit vielen Jahren dem Urteil der Öffentlichkeit stellen, hätte die moderne Westernreitweise sicherlich nicht solchen Zuspruch unter den Freizeitreitern gefunden, eine Tendenz, die weiterhin steil aufwärts führt.
Westernreiten ist eben nicht nur die sicherste und zwangloseste Möglichkeit, sich mit einem Pferd durchs Gelände zu bewegen, sondern auch ein faszinierender Umgang mit dem Pferd im Training.
Die Westernreiterei bietet dem Reiter, dem bisher nur Springen, Dressur, Vielseitigkeit und neuerdings vielleicht auch Breitensportveranstaltungen bekannt waren, ein weites Feld turniermäßiger Betätigung:

Die Turnierklassen

Sie werden als erstes nach dem **Alter der startenden Pferde** unterschieden:
Drei- und fünfjährige Pferde starten in den *Junior Classes*.
Ältere Pferde starten in den *Senior Classes*.
In *All Ages Classes* starten Junior- und Seniorpferde zusammen.

Zweitens werden sie nach dem **Status der Reiter** unterschieden:
Einsteiger dürfen noch keine Erfolge erzielt haben. Das wird von den verschiedenen Westernreitverbänden unterschiedlich festgelegt. Sie werden auch *Rookies* genannt.
Amateure dürfen kein Geld (oder nur ganz wenig) mit Pferdeausbildung und Unterricht verdienen. Bei einigen Verbänden dürfen sie auch nur ihre eigenen Pferde in der Amateurklasse vorstellen. Fast alle Verbände geben Amateurkarten heraus, ohne die man in dieser Klasse nicht starten darf.
Jugendliche (bis 18 Jahre) haben ihre eigenen Klassen. Sie werden auf größeren Veranstaltungen in die Altersgruppen 13 Jahre und jünger und 14 Jahre und älter unterteilt.
In der Offenen Klasse müssen alle Profis starten. Amateure dürfen hier auch starten.

Western Pleasure

Vergleichbar mit Materialpferdeprüfungen der FN ist die *Western Pleasure* eine Reitpferdeprüfung. *Pleasure* heißt übersetzt Vergnügen, und es soll eine reines Vergnügen sein, ein Westernpferd mit langsamen und extrem bequemen Gängen zu reiten. Dabei wird auch das Exterieur (der Körperbau) des Pferdes mitbewertet.
Die Pferde werden im *Walk* (Schritt), *Jog* (abgekürzter Trab) und *Lope* (abgekürzter Galopp) nach Weisung des Richters vorgestellt, das heißt, er läßt die geforderte Gangart oder Wendung auf die andere Hand bekanntgeben.
Im Walk wird ein natürlicher, flach auffußender, taktreiner Schritt verlangt, im *Jog* ein weicher, raumgreifender, langsamer und taktreiner Trab, der den Reiter überhaupt nicht wirft. Auch wenn der Richter *Extended Trot* (verstärkten Trab) verlangt, ist damit – ähnlich wie in der FN-Materialprüfung – nur eine Trittverlängerung gefordert, die immer noch bequem zu sitzen ist.
Der *Lope* ist ein leichter, langsamer und rhythmischer Galopp im deutlichen Dreitakt. Die Geschwindigkeit in allen Gangarten soll zwar langsam und daher bequem, aber auch natürlich und zum Pferd passend

Western Pleasure-Pferd im Jog

sein, wobei sich das Pferd in extremer Losgelassenheit präsentiert, Kopf und Hals natürlich strecken soll, sie aber auch nicht so tief tragen darf, daß die Ohrenspitzen tiefer als der Widerrist sind. Ebenso darf seine Nasenlinie nicht hinter die Senkrechte kommen. Beides wird so hart mit Fehlerpunkten bestraft wie ein Außen- oder Vierschlag-Galopp. Das Pferd soll nämlich in einer Haltung vorgestellt werden, die zu seinem Exterieur paßt, also möglichst natürlich und auf keinen Fall in versammelter Aufrichtung. Außerdem soll sich das Pferd ohne Widerstand rückwärtsrichten lassen.
Der Reiter führt sein Pferd dabei immer an einem angemessen losen Zügel bei möglichst unsichtbarer Einwirkung.

Western Horsemanship

Ähnlich dem FN-Reiterwettbewerb beurteilt *Western Horsemanship* den Reiter nach Sitz und Einwirkung auf das Pferd. Dazu entwirft der Richter eine Einzelaufgabe, die er vor Turnierbeginn bekanntgeben läßt. Sie kann beispielsweise so aussehen:
1/2 Zirkel Rechtsgalopp, Stop, Rollback, geradeaus Linksgalopp, Stop, Rückwärtsrichten – oder 360 Grad Hinterhandwendung oder ähnliches.
Dabei beurteilt er, ob der Reiter in der Lage ist, sein Pferd bei möglichst unsichtbarer Einwirkung an den markierten Punkten in das geforderte Manöver zu bringen.
Nach Beendigung der Einzelaufgabe ruft der Richter die besten Reiter zur *Railwork* (Abteilungsreiten) in die Bahn und verlangt von ihnen die Vorstellung des Pferdes in *Walk, Jog* und *Lope* – wie in der *Western Pleasure,* nur daß hier der Reiter im Vordergrund steht.

Trail

Trail ist Geschicklichkeitsreiten um, über und durch Hindernisse, die einem kniffligen Gelände entlehnt sind. Im Vordergrund der

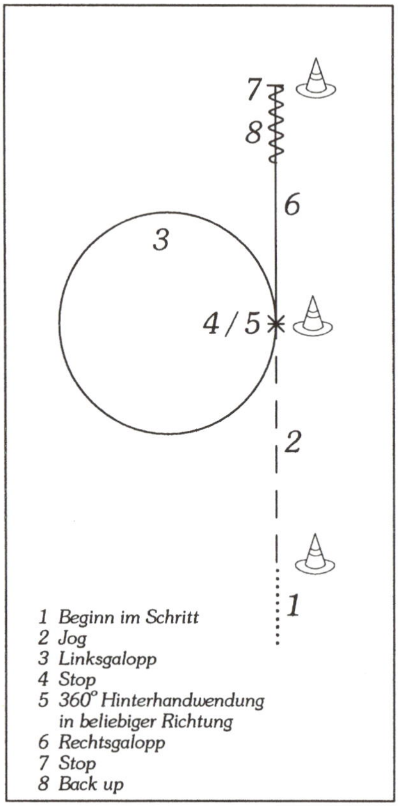

Beispiel eines Western Horsemanship Pattern

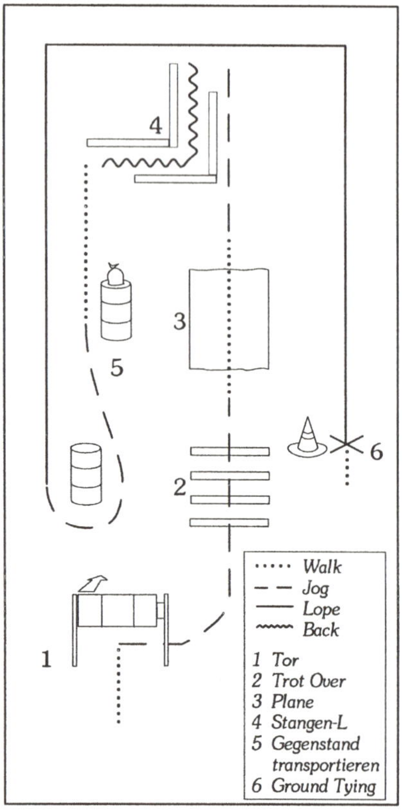

Beispiel eines Trailparcours

Bewertung stehen das Pferd und seine ruhige, aufmerksame und vorsichtige Bewältigung der Hindernisse. Wiederum sollen die Einwirkungen des Reiters möglichst unsichtbar bleiben. Auch hier soll die gesamte Vorstellung natürlich, ja selbstverständlich wirken. Es geht nicht um Geschwindigkeit, sondern um Präzision.

Pflichthindernisse in jedem Trailparcours sind das Öffnen und Schließen eines Tores, wobei sich der Richter hinter dem Tor eine Herde Rinder und rechts und links daneben einen Stacheldraht denkt, ein Überreiten von mindestens vier Stangen im Schritt, Trab oder Galopp und rückwärts durch ein Stangen-L, -U, Zickzack oder um Pylonen.

Trailreiter am Hindernis

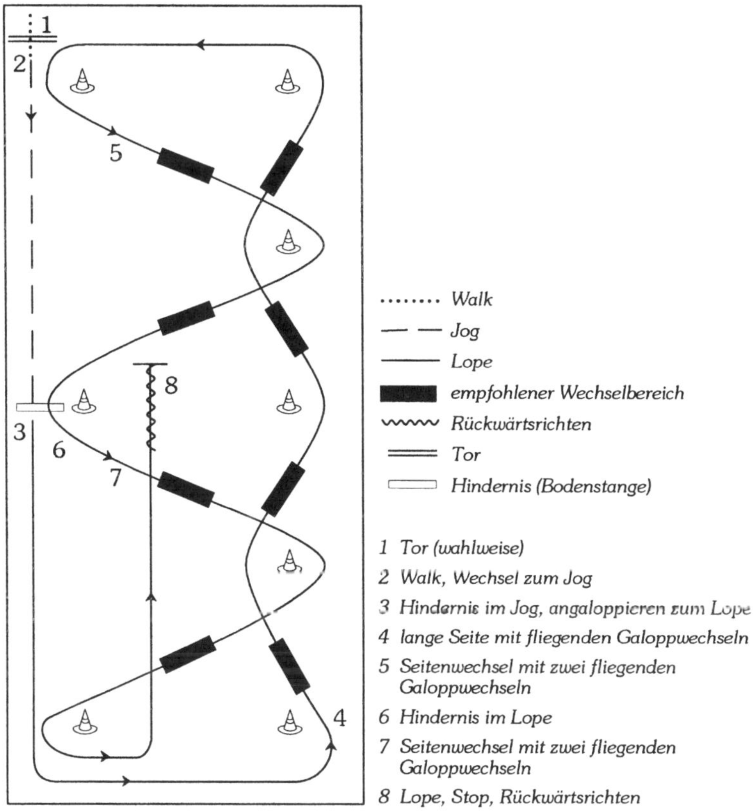

Beispiel eines Western Riding Pattern

Darüber hinaus ist alles möglich, sofern es die Sicherheit von Reiter und Pferd nicht gefährdet: Transport eines Gegenstandes, Seitengänge über eine Stange, *Ground Tying* (Stehenlassen des Pferdes ohne Reiter) usw. Der Phantasie des Parcours-Chefs sind hier nur in puncto Sicherheit Grenzen gesetzt.

Western Riding

Das ist eine Kunstform der Western-Dressur: ein sensibles, sich frei und leicht bewegendes Pferd, das nach seinen Gängen, seiner Rittigkeit, seinen Galoppwechseln und seiner Leichtigkeit in der Bewegung bewertet wird. Das wird natürlich durch die möglichst unsichtbaren Einwirkungen des Reiters unterstrichen.

Eine Aufgabe für *Western Riding:*
Öffnen und Schließen eines Tores an der linken Reitbahnseite, geradeaus im *Jog* über eine Stange am Boden, danach angaloppieren und an der nächsten langen Seite mit vier fliegenden Galoppwechseln um fünf Pylonen, nach der kurzen Seite in Schlangenlinien durch die ganze Bahn mit zwei fliegenden Galoppwechseln um je einen Pylon, danach im Linksgalopp über die Stange, danach weiter in Schlangenlinien durch die ganze Bahn mit zwei fliegenden Galoppwechseln um je einen Pylon, danach auf die Mittellinie abwenden, anhalten und rückwärtsrichten.
Dabei soll das Pferd möglichst genau zwischen den Pylonen fliegend wechseln. Alles andere zieht Strafpunkte nach sich.

Reining

Das ist die andere Form der Western-Dressur. Während die *Western Riding* langsam geritten wird, ist *Reining* eine atemberaubende Kombination aus Perfektion und Tempo. Sie besteht aus:
Spins (schnellen Drehungen um die Hinterhand, bis zu maximal viereinhalbmal herum), *Sliding Stops* (das Pferd gleitet auf der Hinterhand, während die Vorderbeine weiterlaufen), *Rollbacks* (schnellen, präzisen Hinterhandwendungen in den Galopp), schnellen und langsamen Zirkeln, perfekt rund und mit unsichtbar gerittenem Tempounterschied *(=Speed Control),* dazwischen fliegende Galoppwechsel und rasantem *Back up* (Rückwärtsrichten).

Der Sitz des Reiters ist Nebensache, wichtig ist, daß das Pferd jedes Manöver punktgenau einhält, sonst gibt es Fehlerpunkte, ebenso natürlich auch für grobe Einwirkungen des Reiters, die Maulaufsperren oder Kopfschlagen verursachen.

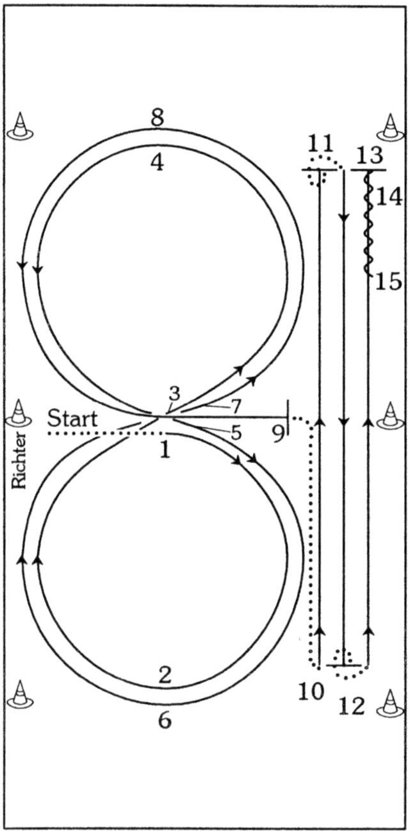

Schritt vom Start zu 1
Beginn aus dem Stand oder Schritt

1 *Rechtsgalopp*
2 *schwungvoller, großer Zirkel nach rechts*
3 *einfacher oder fliegender Galoppwechsel*
4 *schwungvoller, großer Zirkel nach links*
5 *einfacher oder fliegender Galoppwechsel*
6 *schwungvoller, großer Zirkel nach rechts*
7 *einfacher oder fliegender Galoppwechsel*
8 *schwungvoller, großer Zirkel nach rechts*
9 *klares, konsequentes Halten mit deutlichem Verharren, ruhiges Stehen; im Schritt zu 10*
10 *Linksgalopp, geradeaus zu 11*
11 *Stop und Verharren, Hinterhandwendung 1 1/2 mal nach rechts, ruhiger Rechtsgalopp zu 12*
12 *Stop und Verharren, Hinterhandwendung 1 1/2 mal nach links, ruhiger Linksgalopp zu 13*
13 *Stop, 10 s Verharren und ruhiges Stehen*
14 *8-10 Tritte gerade und flüssig rückwärtsrichten*
15 *zur Inspektion von Gebiß und Zaumzeug zum Richter kommen*

Beispiel eines Einsteiger – Reining Pattern

Superhorse

Superhorse ist eine Kombination aus *Pleasure, Trail, Western Riding* und *Reining*: Tor, Stangen-L rückwärts und seitwärts, *Lope over,* fliegende Wechsel um Pylonen, 2 Diagonalen *Extended Trot,* Galoppzirkel, *Spins, Stop* und *Back up.*
Superhorse wird nur von der EWU angeboten.

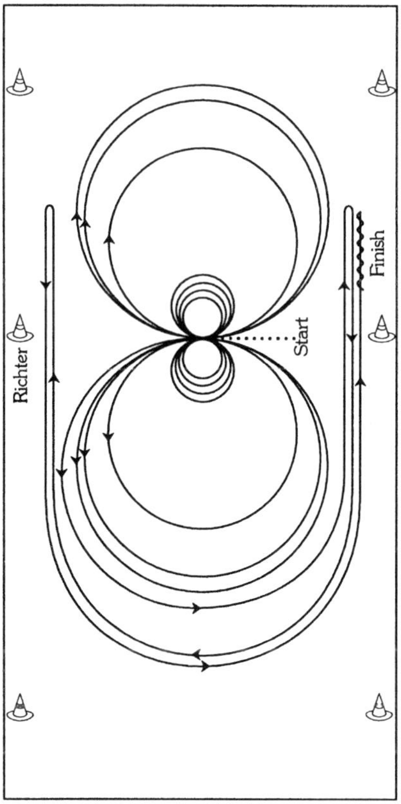

Beginn des Manövers aus dem Stand oder Schritt

1. *Im Schritt zur Bahnmitte und 4 Spins nach rechts. Verharren.*
2. *4 Spins nach links. Verharren.*
3. *3 Zirkel auf der linken Hand: 2 große, schnelle Zirkel, 1 kleiner langsamer Zirkel. Galoppwechsel.*
4. *3 Zirkel auf der rechten Hand: 2 große, schnelle Zirkel, 1 kleiner langsamer Zirkel. Galoppwechsel.*
5. *Einleiten eines großen, schnellen Zirkels nach links. Vor Abschluß des Zirkels Run down entlang der langen Seite über den Mittelmarker hinaus und Rollback nach rechts mindestens 3 m von der Bande entfernt.*
6. *Weiter im Verlauf der Zirkellinie. Run down an der gegenüberliegenden langen Seite über den Mittelmarker hinaus und Rollback nach links mindestens 3 m von der Bande entfernt.*
7. *Zurück im Verlauf der Zirkellinie. Vor Abschluß des Zirkels Run down entlang der langen Seite über den Mittelmarker hinaus und Sliding Stop. Gerades Rückwärtsrichten bis zur Bahnmitte oder mindestens 3 m.*
8. *Verharren, um den Abschluß der Aufgabe anzuzeigen.*
9. *Zur Inspektion von Gebiß und Zaumzeug zum Richter kommen.*

Beispiel eines Reining Pattern

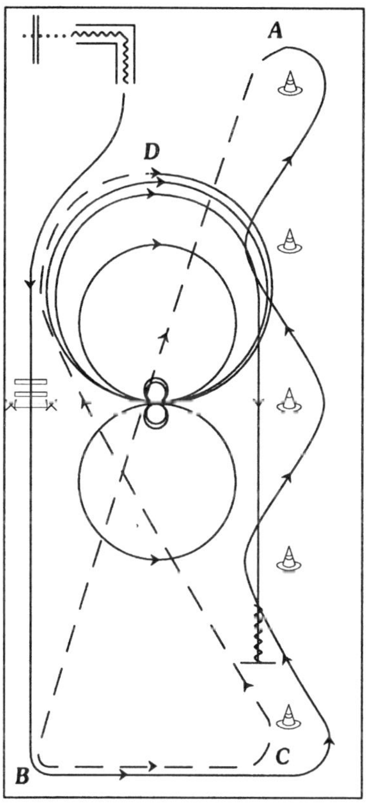

.... Walk
— — Jog
——— Lope
~~~~ Rückwärtsrichten

Trail - Abschnitt

1 Öffnen, Durchreiten und Schließen des Tores

2 Rückwärtsrichten durch ein Stangen-L

3 Angaloppieren zum Linksgalopp, Lope Over und Sprung über eine max. 35 cm erhöhte Stange

Western Riding - Abschnitt

4 Fliegende Galoppwechsel auf der langen Seite

Western Pleasure - Abschnitt

5 Starker Trab von A nach B
Jog von B nach C
Starker Trab von C nach D

Reining - Abschnitt

6 1 1/2 große, schnelle, 1 kleiner, langsamer Zirkel nach rechts

7 Stop, 2 Spins rechts

8 1 kleiner, langsamer Zirkel nach links, Stop, 2 Spins links

9 3/4 Zirkel rechts und gerader Run down, zwischen vorletzter und letzter Pylone Sliding stop, 10 Tritte rückwärtsrichten, im Schritt zum Richter zur Inspektion von Gebiß und Zaumzeug

Das Superhorse Pattern

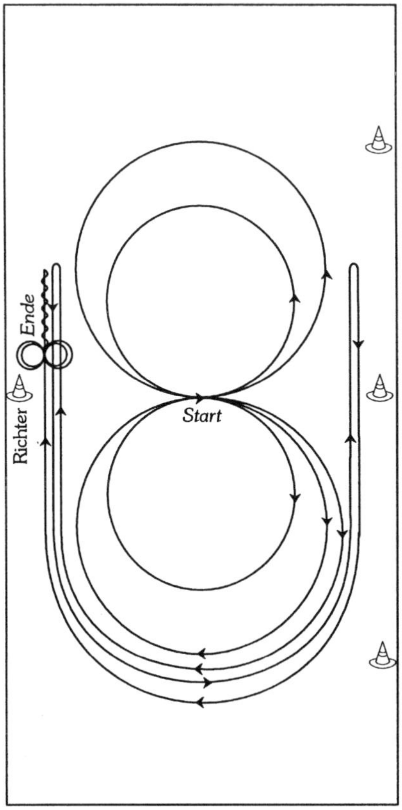

1. Beginn in der Bahnmitte 2 Zirkel nach rechts; 1. klein und langsam, 2. groß und schnell

2. Galoppwechsel in der Bahnmitte 2 Zirkel nach links; 1. groß und schnell, 2. klein und langsam

3. Galoppwechsel in der Bahnmitte Einleiten eines großen, schnellen Zirkels nach rechts. Vor Abschluß des Zirkels Run down entlang der langen Seite über den Mittelmarker hinaus und Rollback nach links mindestens 3 m von der Bande entfernt.

4. Weiter im Verlauf der Zirkellinie. Run down an der gegenüberliegenden langen Seite über den Mittelmarker hinaus und Rollback nach rechts mindestens 3 m von der Bande entfernt.

5. Zurück im Verlauf der Zirkellinie. Vor Abschluß des Zirkels Run down entlang der langen Seite über den Mittelmarker hinaus und Sliding Stop.

6. Gerades Rückwärtsrichten bis zur Bahnmitte oder mindestens 3 m.

7. 2 Spins rechts

8. 2 Spins links

9. Verharren, um den Abschluß der Aufgabe anzuzeigen

10. Im Schritt zum Richter zur Inspektion von Gebiß und Zaumzeug.

Beispiel eines Working Cowhorse Pattern

Working Cowhorse

Hier sind wir zum ersten Mal in einer Rinder-Diszipin und damit dem Ursprung des Westernreitens in der Arbeit des Cowboys noch fühlbar nahe. *Working Cowhorse* besteht aus zwei Elementen:
1. *Dry Work* = eine vereinfachte *Reining*-Aufgabe.
2. *Fence Work* = Arbeit mit einem Rind in der Bahn. Dabei soll das Pferd zunächst an der kurzen Seite der Bahn unter Beweis stellen, daß es in der Lage ist, ein Rind an der Stelle zu halten *(= Boxing)*. Danach läßt der Reiter dem Rind Gelegenheit, die lange Seite der Bahn entlangzulaufen, um es rechtzeitig vor Erreichen der kurzen Seite abzustoppen. Dies tut er mehrmals, bis das Rind so gefügig ist, daß er es zirkeln, das heißt, mit dem Pferd auf einer runden Linie halten kann – einmal rechtsherum, einmal linksherum oder umgekehrt.
Hat er das Rind nicht jederzeit unter Kontrolle, erhält er Fehlerpunkte oder wird disqualifiziert.

Cutting

Die andere Rinder-Disziplin: Der Reiter geht tief in die Rinderherde hinein und löst ein Rind heraus. Danach darf er das Pferd nicht mehr beeinflussen, es muß selbständig das Rind von der Herde fernhalten = cutten (abschneiden). Das erfordert nicht nur ein sehr athletisches Pferd, es muß darüber hinaus auch noch ein eigenes Interesse daran haben, das Rind kontrollieren zu wollen *(= cow sense)*. Jede Einflußnahme des Reiters mit Zügel oder Sporen wird als Fehler bewertet.

Welches Pferd zu welchem Zweck? Welches Pferd paßt zu mir?

Ein paar ganz persönliche Gedanken zu Pferderassen und zur Auswahl des geeigneten Pferdes:

Beginnen werde ich mit dem Ehrgeiz: Mit welchem Pferd kann man Europameister in einer Westerndisziplin werden?

In *Cutting, Reining, Working Cowhorse, Pleasure:* mit einem Top-Pferd der Rassen Quarter Horse oder Paint Horse, das schon aufgrund der Abstammung für eine dieser Disziplinen spezialisiert und qualifiziert ist.

Dabei ist *Western Pleasure* eine ganz spezielle Disziplin. Keine andere Pferderasse der Welt wurde derart auf „Slow and Flat Motion" selektiert, wie spezielle Zuchtlinien der Quarter Horses und Paints. Sicherlich können das auch Appaloosas und Araber, aber wenn es um die Meisterschaft geht, wird wohl immer ein Quarter Horse vorn liegen.

Cutting: die Athletik, ein Rind selbständig von der Herde fernzuhalten, bringen in der heutzutage geforderten Rasanz nur Quarter Horse-Spezialisten und wenige Paint Horses mit sich.

In den USA gibt es eigene Shows (= Turniere) für Araber, Appaloosas und viele andere Rassen, auf denen auch Cutting-Prüfungen ausgeschrieben werden; hierzulande wird es wohl noch einige Zeit dauern, bis solche Vergleichswettkämpfe speziell für einzelne Rassen zustandekommen. Aber auch wenn NCHA, NRHA und NRCHA für alle Rassen offen sind, ist eigentlich immer ein Quarter Horse der Sieger.

In *Working Cowhorse* zeigt hierzulande seit vielen Jahren der Warmblüter Chip, über dessen Abstammung die wildesten Gerüchte kursieren, daß man kein Quarter Horse braucht, um vorn mithalten zu können. Aber Chip lief in seiner Glanzzeit auch in den Renndisziplinen *Barrel Race* und *Pole Bending* so manchem Quarter Horse davon.

Chip ist eine Ausnahme. Und genauso mag es immer wieder Ausnahmen geben unter anderen Pferderassen, die grundsätzlich fürs Westernreiten geeignet sind, aber selten bis nach ganz oben gelangen.

Fazit: Wer den ganz großen Ehrgeiz befriedigen muß, wird tief in die Tasche greifen müssen, um einen Spezialisten für seine Lieblingsdisziplin erwerben zu können.

Ganz anders sieht das in *Superhorse, Western Riding* und *Trail* aus: Hier gewinnen vielfach Pferde anderer Rassen, denen entweder der fliegende Galoppwechsel oder die geradezu wissenschaftliche Ernsthaftigkeit für Hindernisse und Geschicklichkeit in die Wiege gelegt sind: Araber und deren Kreuzungen, Appaloosas, moderne Fjordpferde und insbesondere im Trail auch Haflinger und Reitponys. Und wenn es nicht gegen die ganz große Konkurrenz geht, brillieren solche „normalen" Pferde auch in *Reining,* wenn sie aufgrund ihrer Rittigkeit und Ausbildung ein fehlerfreies Pattern am losen Zügel zeigen.

Alle folgenden Äußerungen über einzelne Pferderassen sind wirklich rein subjektiv, sollen keine Rasse diffamieren, sondern nur mit ihnen gemachte Erfahrungen wiedergeben.

Ganz allgemein möchte ich noch eine These aufstellen, die mancher Pferdebesitzer als provokant empfinden wird, in der mich aber bestimmt jeder Pferdezüchter und jeder, der etwas von Pferden versteht, unterstützen wird:

Ein gutes Pferd, gleich welcher Rasse, kann alles leisten.

Es ist also falsch zu glauben, daß ein Pferd, welches den Standards seiner Rasse aufgrund von Exterieurmängeln oder psychischen Problemen nicht entspricht, vielleicht ein brauchbares Westernpferd werden kann. Ausgenommen von dieser These sind hervorragende Warmblüter und Kleinpferde, die aufgrund ihres Stockmaßes die vorgegebene Norm nicht erfüllen, weil erstere zu klein und letztere zu groß geraten sind.
Knallhart: Pferde, die sich nicht taktklar und kraftvoll in ihren Grundgangarten bewegen können, und Pferde, die psychisch nicht belastbar sind, werden niemals brauchbare Westernpferde!

Quarter Horse-Wallach Doc's Buck Chex (von Dox Chex aus der Miss Fox Four)

Quarter Horses

Die Geburtsstunde dieser noch relativ jungen Rasse schlug, als einige Pferde auf der Viertelmeile unschlagbar schneller liefen als die Konkurrenz. Daher stammt auch der Name. Noch heute laufen Quarter Horses Rennen, gezielt gezüchtet, um schnell zu laufen. Sie sind auch mit Abstand die teuersten.
Abgesehen von den Rennbahn-Spezialisten sind Quarter Horses die Pferderasse für alle Westernreitdisziplinen schlechthin und gelten als die vielseitigste Pferderasse der Welt. Das trifft bis auf wenige Ausnahmen sicherlich zu.
Als Distanzpferde spielen sie eine absolut untergeordnete Rolle, wobei ich nicht glaube, daß sie dazu allesamt nicht fähig sind. Vielleicht liegt es daran, daß sich ambitionierte Distanzreiter lieber für einen Vollblutaraber entscheiden, und für weniger Ambitionierte ist das Quarter Horse einfach zu teuer.
Man muß jedoch wissen, daß Quarter Horses heutzutage gezielt für einzelne Diszipli-

nen des Westernreitens gezogen werden, wobei in den USA die *Halter Classes,* das ist das Vorführen des optimal gestalteten Muskelprotzes am sündhaft teuren Halfter, eine wichtige Rolle spielen. Solche Pferde eignen sich in der Regel höchstens noch für *Western Pleasure* oder *Trail,* wobei gerade für Western Pleasure heutzutage eine ganz eigene Selektion verfolgt wird, die unter anderem gezielt geeignete Vollblüter einkreuzt, damit die Pferde größer und schlanker werden. Das liegt auch am steigenden Interesse der Amerikaner an den sogenannten *English Classes,* dem Vorstellen des Quarter Horse unter englischer Ausrüstung. Das hat mit unseren Vorstellungen von FN-Turnieren wenig gemeinsam, weswegen ich mich auch gegen die bei Westernreitern so gängige Bezeichnung „Englisch-Reiten" wehre, die sie immer dann verwenden, wenn sie sich gegen die konventionelle Reitweise in Deutschland abgrenzen wollen. Seit einigen Jahren werden Quarter Horses (und Paints) auch sehr erfolgreich in Dressur, Springen und Vielseitigkeit vorgestellt.
Die vielseitigsten Quarter Horses findet man unter den reingezogenen „Cow Horses". Das sind Pferde, die aufgrund ihrer Abstammung für die Arbeit mit Rindern prädestiniert sind. Aber auch hier wird selektiv gezüchtet: für *Roping, Cutting* und *Reining.*
Roping kollidiert in Deutschland mit dem Tierschutz in bezug auf die Rinder. Es bedeutet, ein Rind je nach Disziplin auf unterschiedliche Weise möglichst schnell mit einem Lasso einfangen zu können. Dabei fliegen die Rinder schon mal heftig durch die Luft und verletzen sich erheblich.
Roping ist in den USA ein sehr beliebter Sport, mit dem man als Profi sein Geld verdienen kann. Deswegen ist es wenig wahrscheinlich, daß gute Roping Horses nach Deutschland exportiert werden. Aber unter denjenigen, die hierzulande für weniger Geld als Freizeitpferde angeboten werden, befindet sich durchaus das eine oder andere Pferd mit Roping-Ausbildung. Experten erkennen sie aufgrund ihrer Abstammung schnell: Roper schwören auf den Hengst „Joe Hancock" und seine Nachfahren.

Freitzeitreiter stellen bei solchen Pferden fest, daß sie ohne Tie Down (Stoßzügel, der am Reithalfter befestigt wird, ähnlich dem englischen stehenden Martingal) fast nicht zu reiten sind und daß sie sich bei Longierversuchen seltsam benehmen - haben sie doch gelernt, ein Seil straffzuhalten.
Solche Pferde werden in den USA auch heute noch zur Arbeit auf großen Ranches oder Schlachthöfen verwendet, wo sie helfen, Rinder zu sortieren und zu treiben.
Sie geben in der Regel sehr gelassene Freizeitpferde ab, die man unter allen Bedingungen im Gelände reiten kann. Eine Verwendung zu Western-Turnierzwecken gestaltet sich dagegen problematisch, da sie sehr breit und steif sind und darüber hinaus ständig nach der gewohnten Anlehnung am Tie Down verlangen. Ohne diesen Ausbinder schlagen sie ständig mit dem Kopf oder gehen sogar durch.
Pferde mit reiner Cutting- oder Working Cowhorse-Abstammung sind zwar die vielseitigsten, verlangen aber aufgrund ihrer selektierten Aggressivität gegenüber dem Rind einen sehr fähigen Reiter. Das gleiche gilt für reine Reining-Pferde, da sie über eine enorme Sensibilität verfügen, die mit der eines Arabers vergleichbar ist.
Als Freizeitpferde eignen sich die sanftmütigen Pleasure-Pferde oder auch sogenannten Allarounder am ehesten – sie sind jedoch nicht billig.
Bei der Wahl des geeigneten Quarter Horse sollte man sich daher unbedingt vorher sachkundig machen oder sich am besten von jemandem beraten lassen, der etwas von dieser Rasse versteht, denn die allgemeine Aussage, daß alle Quarter Horses leichtrittig sind, kann ich nicht bestätigen. Das gilt vor allem für Importpferde: Die guten bleiben in den Staaten – oder kosten richtiges Geld.
Zum Temperament: Das Quarter Horse läßt sich am ehesten als kräftiger, muskulöser Vollblüter beschreiben. Und so verhält es sich auch: sanftmütig und sensibel. Das macht den alltäglichen Umgang mit diesen Pferden angenehm leicht; sie sind vorsichtig, sehr lernwillig und ausgesprochen men-

schenbezogen. Aufgrund ihrer Vollblütigkeit neigen einige zur Explosivität; intelligente Vertreter der „Cow Horses“ sind keine Anfängerpferde.
Die Vielfältigkeit innerhalb der Rasse ist zu groß, um sie allgemein als robust bezeichnen zu können.

Paint Horses

Das ist die gescheckte Variante des Quarter Horse. Da Schecken von der AQHA nicht registriert werden, gibt es für Paint Horses einen eigenen Zuchtverband, bei dem auch die einfarbigen Nachkommen eingetragen werden. Einmal Paint Horse, immer Paint Horse, denn auch die einfarbigen Nachfahren tragen das Scheck-Gen in sich. Deswegen nennt man solche Pferde Breeding Stock (Zuchtmaterial).
Für Paint Horses gibt es die gleichen, ungeheuer vielseitigen Einsatzmöglichkeiten wie für Quarter Horses, auch hierzulande, wo alle Wettbewerbsmöglichkeiten rassespezifisch vom PHCG angeboten werden.
Bei Paint Horses spielt die Farbigkeit der Scheckung eine ganz wichtige Rolle. Deswegen sollte man sich unbedingt einen Fachmann für Paints bei der Auswahl des geeigneten Pferdes zur Hilfe nehmen, damit das Pferd nicht nur schön bunt ist, sondern auch den reiterlichen Wünschen und Anforderungen entspricht.

Sehr typvolle Paintstute

Appaloosas

Appaloosas sind eine ganz eigenartige Rasse, die auf der Grundlage eines gefleckten Indianerpferdes aus dem Palouse Country seit einigen Generationen viel Quarter Horse-Einfluß erfahren hat. Auch wenn sie in der Regel nicht solche Spitzenleistungen vollbringen wie einige Quarter Horses, sind sie sehr bemüht, ihrem Reiter alles recht zu machen. In dieser Hinsicht kann man sie durchaus mit dem Araber vergleichen. Aber in der Regel ist ihr Temperament sanftmütiger, was sie zu guten Familienpferden macht.
Unter Quarter Horse-Leuten gelten Appaloosas als verrückt, als krank im Kopf. Wahrscheinlich liegt das an dem rassespezifischen weißen Ring ums Auge. Solche Pferde gelten auch unter konventionellen Reitern als unberechenbar.
Auch wenn ich diese Rasse aufgrund ihrer Optik nicht besonders mag, kann ich solche Vorurteile jedoch nicht bestätigen. Zu bedenken geben möchte ich aber, daß für Appaloosas das gleiche gilt wie für Quarter Horses und Paints: Innerhalb ihres Verbandes werden sie für die gesamte Bandbreite der öffentlichen Präsentation verwendet und entsprechend gezüchtet – ein heißer Barrel Racer wird selten ein angenehm ruhiges Familienpferd!
Auch hier kann nur ein Fachmann gezielte Hilfe beim Kauf leisten, sonst ist das Pferd zwar schön bunt, aber eben doch total verrückt.

Warmblüter

Gerade die Disziplin *Western Riding* mit ihren sieben bis acht fliegenden Galoppwechseln müßte doch eigentlich eine Herausforderung für dressurmäßig gut gerittene Warmblüter sein, aber man sieht dort leider kaum einen von ihnen. Und wenn doch, sind sie meistens so hektisch, daß sie die gestellten Anforderungen nicht erfüllen können. Das liegt sicher nicht an der Rasse, sondern offensichtlich am Ausbildungsweg. Warmblüter unterscheiden sich untereinander durch ihren Vollbluteinfluß: je mehr Vollblut, desto sensibler, man kann natürlich auch sagen, desto hektischer und nervöser – und desto einfühlsamer und ruhiger der dazugehörige Reiter ... Dann sind es geradezu lernwütige Exemplare unter den Pferden!
Der reingezogene Warmblüter denkt, handelt und lernt langsam, im Vergleich zu anderen Pferden im Zeitlupentempo. Aber keine Pferderasse freut sich derart, wenn sie etwas gelernt hat, wie der Warmblüter. Er ist nur zu gern bereit, das Gelernte immer und immer wieder vorzuführen.
Je größer, desto langsamer, im Denken, Handeln und Lernen – das ist das physikalische Gesetz von der Trägheit der Masse. Aber auch desto dankbarer, das sagt die Erfahrung. Dann wundert man sich, wie klein sich so ein Riese in engen Trailhindernissen machen kann, wie präzise er seine fliegenden Wechsel springt, überhaupt wie wenig Fehler er macht.
Leider haben bis jetzt nur wenige Warmblüter die Chance zu zeigen, daß sie als Westernpferde geeignet sind.

Hannoveraner Wallach Luxor (von Lungau, Mutter von Wöhler)

Vollblutaraberwallach Marib ox (von Euben aus der Medica von Celebes), Starpferd der Autorin.

Vollblutaraber

Während mein Vollblutaraberwallach beim abendlichen Training in einer Turnierarena gerade mal wieder ausprobierte: „Wie viele Bocksprünge und Eskapaden hält sie aus, ohne runterzufallen?“ (als Vorbereitung, um

am nächsten Tag die *Superhorse* der offenen Klasse souverän zu gewinnen), fragte mich ein anderer Teilnehmer: „Araber?" Ich nickte lachend zwischen den Bocksprüngen. „Zu allem fähig und zu nichts zu gebrauchen!" kommentierte er die Albernheiten meines Pferdes.
Ich glaube, daß dieser Ausspruch den Araber wirklich treffend charakterisiert.
Leider gibt es viele Araber, die aufgrund ihrer Hinterhandkonstruktion zu gar nichts zu gebrauchen sind. Aber selbst bei diesen armen, eigentlich bedauernswerten Kreaturen bin ich immer wieder verblüfft über ihren enormen Willen, dem Reiter zu gefallen, es ihm recht zu machen und sich dabei über körperliche Unzulänglichkeiten soweit wie möglich hinwegzusetzen.

Der Araber ist eine reiterliche Faszination – ein reitbarer Araber ist ein Geschenk!

Fjordpferdwallach Paw (von Kronborg Heid II), erfolgreich sogar in der Offenen Klasse. Mit ihm fing alles an ... (auf dem Foto 22 Jahre alt!)

Reitbare, das heißt, in der Hinterhand kräftige Araber, findet man am ehesten in den polnischen und russischen Zuchtlinien. Traumhafte Pferde – man muß sie nur reiten können!
Ein Nachteil: Araber sind keine Gewichtsträger.
Ein großer Vorteil: Reingezogene Araber sind fast frei von Verschleißerscheinungen der Gliedmaßen. Sie sind zwar vergleichsweise spätreif, bleiben aber bis ins ganz hohe Alter leistungsfähig.
Darüber hinaus ist mir aufgefallen, daß das bewegungsbetonte Araberpferd Boxenhaltung mit wenig Auslauf sehr schlecht verträgt. Das quittiert es schnell mit chronischem Husten bis zur Dämpfigkeit und mit Verspannungen der gesamten Muskulatur.

Shagya-Araber

Etwas größer und kräftiger als der Vollblutaraber wird diese in Deutschland eher seltene Rasse von Araberzüchtern nicht so richtig anerkannt. Entstanden aus Vollblutarabern und Stuten der ungarischen Landespferdezucht, stehen sie genau zwischen dem zerbrechlichen Vollblutaraber und dem vergleichsweise stabilen Warmblüter. Starke, belastbare Kavalleriepferde waren sie früher; heute stellen sie gut brauchbare Westernpferde für den Reiter, der arabische Sensibilität liebt, aber etwas mehr Gewicht in den Sattel bringt.

Fjordpferde

Ich unterscheide sie in zwei Gruppen: Billigtrecker und Traumpferde. Letztere unterscheiden sich vom Araber nur in ihrer äußeren Erscheinungsform und in ihrem Auftreten gegenüber dem Menschen. Fjordpferde sind äußerst dickköpfig und eigenwillig, aber die sensible Variante reitet sich wie ein Araber.
Für die Billigtrecker, die schweren Nach-

kommen preiswerter Wirtschaftspferde, gilt das gleiche wie für die armen Araber, die aufgrund seltsamer Zuchtvorstellungen kaum noch reitbar sind: Ihr Bemühen, dem fähigen Reiter alles recht zu machen, ist unübertroffen. Aber wehe, wenn man nicht genug reiten kann ...
Dann transportieren sie einen im besten Falle sicher durchs Gelände, schalten aber bei jeder Anforderung, die darüber hinausgeht, ihren unerschütterlichen Dickkopf ein.
Beim Fjordpferd ist es wie beim Araber: „Zu allem fähig", aber wer fordert sie schon dazu auf? Moderne Fjordpferde sind keine Gewichtsträger, solche des schweren, alten Schlages dagegen wohl. Leider wird aufgrund der geringen Population wenig gezielt gezüchtet; man nimmt eben den Hengst, der nicht so weit weg steht. Deswegen wird man sich vor dem Kauf eines Fjordpferdes unter dem Kriterium des Leistungspferdes unbedingt sachkundig machen, welche Linien welchen Typ verkörpern.

Fjordstute Hulda (von Musse)

Haflinger

Das Fjordpferd ist ein minimal domestiziertes Urviech – der Haflinger ein kleiner Kaltblüter mit Arabereinschlag.
Für mich sind beide Rassen unvergleichlich verschieden.
Der Haflinger ist ein Trampel, aber wenn er erst einmal begriffen hat, daß er nicht auf, sondern zwischen die Bestandteile eines Trailparcours treten soll, ist er großartig. Der Haflinger verzeiht seinem Reiter fast alles: „Was der nicht kann, brauch' ich auch nicht zu können." Ich habe noch keinen Haflinger erlebt, der – erbost über die Unfähigkeit seines Reiters – geradeaus durch den Reitbahnzaun bricht – bei Fjordpferden ist das normal.
Haflinger sind wirklich ideale Familien- und Freizeitpferde.
Ob es an den Versuchen, aus ihm etwas Reitponyartiges hervorzuzüchten, oder an der Einkreuzung von Arabern liegt, weiß ich nicht, aber einige Haflinger sind angenehm

Haflingerstute Blondie

sensibel – und dann weniger gute Familienpferde. Wenn diese über eine kräftige Hinterhand verfügen, geben sie außerordentlich gute Westernpferde ab.
Kräftige Hinterhand!? Sie wird beim Haflinger als selbstverständlich vorausgesetzt, weil er doch so eine kräftige Statur hat. Trotzdem zeigen viele Haflinger unterm Sattel Schwächen in der Hinterhand. Meist sind es Pferde mit sehr kurzem, steilgestelltem Oberschenkelknochen. Das ermöglicht ihnen vielleicht eine gute Zugfähigkeit, aber das kräftezehrende Abdrücken, das vom Westernpferd in Rollbacks und Spins verlangt wird, setzt solchen Pferden schnell Grenzen. Außerdem scheinen gerade die etwas kaltblütigeren Typen Probleme mit der Atmung zu haben; sie sind schnell kurzatmig und erschöpft.
Viele Haflinger, die ich kennengelernt habe, zeigten bereits in jungen Jahren Verschleißerscheinungen an den Gliedmaßen und Neigung zur Dämpfigkeit. Aber unter denen, die durchhalten, sind genug, die die Quarter Horse-Reiter im *Trailparcours* das Fürchten lehren.

Vollblutwallach Abendgott xx (von Mister Rocks's xx aus der Alpengöttin xx). Nach verletzungsbedingtem Ende seiner erfolgreichen Rennbahnkarriere ein begeistertes Westernpferd.

Tölter

Ganz gleich, ob Isländer, eine andere Pferderasse mit Töltveranlagung oder ein einzelnes Pferd einer Rasse, die eigentlich nicht töltet – die Veranlagung, eine Gangart auf der Lateralen = Paßtölt oder auf der Diagonalen = Trabtölt zu brechen, disqualifiziert das jeweilige Pferd als Westernpferd, denn alle töltveranlagten Pferde haben große Probleme, einen sauberen Dreitakt im Galopp zu zeigen – und der Galopp ist nun einmal eine der wichtigsten Gangarten des Westernpferdes.
Mit einem Tölter kann man sich in der Disziplin *Trail* noch erfolgreich darstellen, da hier zur Zeit die zwischen den Hindernissen gezeigten Gänge eine vergleichsweise untergeordnete Rolle spielen (sie werden nur mit 0 bis 5 Punkten bewertet). Allerdings zeigen sich Tölter an den einzelnen Hindernissen oft sehr aufgeregt, und das kann zu keinen hohen Punktzahlen führen.

Vollblüter

Unter einem sensiblen Reiter, der ihrer Psyche gerecht wird, geben sie feine Westernpferde ab, auch wenn ihre Ausbildung mehr Zeit in Anspruch nimmt.
Die Sensibilität des Vollblüters ist anders als die des Vollblutarabers; in ihm ist mehr „Rennbahn-Aggressivität", vor allem, wenn er bereits Rennen gelaufen ist. Ihn darf man niemals wirklich rennen lassen, wenn er ein ruhiges, gelassenes Westernpferd werden soll. Das bedeutet, daß alle Fuchsjagden des Reitvereins und Ausritte mit undisziplinierten Reitern tabu sind. Ansonsten gibt es unter den Vollblütern ganz sanfte Typen, die jeder Leichtgewichtige reiten kann, und völ-

lig „Bekloppte“, die bei jeder sich bietenden Gelegenheit ausflippen.
Da der Vollblüter in erster Linie auf seine Leistung als Galopprennpferd gezüchtet wird, muß man bei der Auswahl eines solchen Pferdes als Westernpferd vor allem auf die Konstruktion seines Exterieurs achten. Ein Experte für Warmblutpferde kann hier unschätzbare Dienste leisten.

Reitponys

Wenn die Hinterhand kräftig genug ist, steht ihrer Ausbildung als Westernpferd nichts im Wege. Je nach Araberblut-Anteil keine Gewichtsträger.

Shetlandponys

Aufgrund ihrer geringen Größe und ihres überproportional großen Dickschädels scheiden sie als Westernpferde für den Durchschnittsreiter aus. Aber zur Zeit zeigt die Shetlandponystute Anja, wozu diese Rasse fähig ist, wenn sich ein kleiner, leichtgewichtiger Reiter findet, der mit Talent und geduldiger Hartnäckigkeit ein solches Urviech zu Höchstleistungen fördert.

Knabstrupper und andere Tigerschecken

Mit der allmählichen Gewöhnung der allgemeinen Reitszene an die teilweise exotisch aussehenden Westernpferde und dem Trend der letzten Jahre zum „besonderen“ Pferd, der durch die Equitana ausgelöst wurde und von ihr alle zwei Jahre neuen Aufschwung erhält, sind bunte Pferde so richtig in Mode gekommen.
Während die konventionelle Reiterei eine Vereinheitlichung des Typs bei Warmblütern

Welsh B-Stute Betty (von Berber), ein erfolgreiches Turnierpferd. Auf dem Foto 18 Jahre alt!

und Reitponys als Zuchtziel verfolgt und vermutlich aufgrund ihrer militärischen Herkunft Farbexoten ablehnt, sind Freizeitreiter geradezu wild auf bunte Pferde. Und da der Geldbeutel in vielen Fällen einen echten Appaloosa oder ein echtes Paint Horse nicht zuließ, erkannten findige Pferdehändler hier eine Marktlücke und importierten bunte Pferde aus Dänemark, den Niederlanden, England und Irland. Ganz Ausgebuffte verkauften sogar Noriker-Kreuzungen als Appaloosas. Hauptsache war die Tigerscheckung.
Nun gibt es in Dänemark und in den Niederlanden eigenständige Rassen oder Farbzuchten: den Knabstrupper und den Nederlandse Appaloosa. Da beide Rassen in Typ und Exterieur sehr ähnlich sind, ist eine Verwandtschaft naheliegend. Bis zu ihrer Neuentdeckung als Freizeitpferde wurden sie hauptsächlich im Zirkus eingesetzt.
Bis auf ihre Farbe und ihre Größe sind sie den einheimischen Warmblutrassen sehr ähnlich. Wer als Reiter bislang mit den in-

neren Eigenschaften eines Warmblüters einverstanden war, liegt mit diesen Pferden auf jeden Fall richtig. Als Westernpferde sind ihnen allerdings aufgrund ihres Exterieurs Grenzen gesetzt, denn im Gegensatz zum einheimischen Warmblüter, der seit Generationen auf ideale Reitpferdeeigenschaften hin selektiert wird, sind in diesen Farbzuchten Exterieurmängel vergleichsweise häufig. Spitzenpferde eignen sich bestimmt, aber für den kleinen Geldbeutel wird wieder einmal viel Ausschuß importiert.

Tinker

Unter dieser Rassebezeichnung werden zur Zeit Schecken verkauft, die im leichten Kaltbluttyp stehen. Eigentlich ist damit ein irisches Zigeunerpony gemeint, aber die derzeitige Nachfrage kann diese verhältnismäßig kleine Population bei weitem nicht befriedigen. Es wird sich also um gescheckte Kaltblutkreuzungen handeln, deren Herkunft nicht nachweisbar ist, da all diese Pferde ohne Abstammungsnachweis verkauft werden. Da die Farbe wichtiger zu sein scheint als jedwende Reitpferdeeigenschaften, darf man der Käuferschicht nicht unterstellen, daß sie gezielt ein Westernpferd sucht. Hoffentlich unterstellen die Käufer ihrer bunten Erwerbung nicht gleichzeitig Westernpferdeeigenschaften!

Pintos

Die Bezeichnung Pinto ist keine Rasse, sondern nur der Hinweis auf ein gescheckte Pferd. Die hiesige Zuchtvereinigung hat die Zuordnung der Pferde zu einem der folgenden Typen übernommen:
Hunter Type – großrahmige Pferde im Warm- bzw. Halbbluttyp
Pleasure Type – mittelgroße Pferde im Arabertyp
Stock Type – mittelgroße Pferde im Quarter Horse-Typ
Pony Type – kleine Pferde im Ponytyp
All das sagt nichts über die Eignung als Westernpferd aus, vor allem da die Pferde aus sehr unterschiedlichen Zuchten stammen. Hier kann man sich daher nur auf eine Beurteilung des Exterieurs und eine Vermutung der inneren Eigenschaften beziehen. Dabei ist es hilfreich zu wissen, welchen Ursprungs das gescheckte Pferd ist.
Scheckzuchten gibt es vor allem in Dänemark, Irland und England. Wenn also kein Abstammungsnachweis vorliegt, ist eine derartige Herkunft naheliegend. Heutzutage wird kein Reiter eines gescheckten Pferdes mehr mit Indianerrufen im Springparcours begrüßt. Wenn sich ein gescheckte Pferd weder zum Springen noch für die konventionelle Dressur (die sich weiterhin mit gescheckten, vor allem abstammungslosen oder ausländischen Pferden schwertut) eignet, neigen Pferdehändler gern dazu, solch ein buntes Pferd als Westernpferd anzubieten. Der ahnungslose Käufer fällt darauf zur Zeit noch zu gern rein!
Fazit: Eine bunte Scheckung macht noch lange kein Westernpferd!

Criollos (Argentinische Pferde)

Reinrassige Criollos, die Westernpferde Argentiniens, sind ganz selten in Deutschland. Sie unterscheiden sich vom Rest des argentinischen Imports erheblich, denn sie verfügen über einen Abstammungsnachweis, und im Pferdeland Argentinien gelten harte Kriterien für echte Criollos. Und sie sind teuer! Aber Pferdehändler haben in den argentinischen Schlachtpferdeexporten nach Italien einen Markt entdeckt und diese Pferde einige Jahre lang unbehelligt als Criollos in Deutschland verkaufen können.
Selbst diese Pferde könnten aufgrund ihres Exterieurs gute Westernpferde abgeben, wenn sie nicht aufgrund traumatischer Erfahrungen oft so extrem ängstlich wären. Obwohl seit neuestem in Italien kein Bedarf

an Schlachtpferden aus Argentinien besteht, werden diese verschüchterten Kreaturen weiterhin in großem Maße angeboten. Das sollte den Interessenten für solche Importpferde zu denken geben.
Auch in anderen Ländern Mittel- und Südamerikas gibt es hervorragende Westernpferde. Sie sind jedoch bislang für den europäischen Markt noch nicht entdeckt worden, da ihr Import mit erheblichen Kosten verbunden ist, denn diese Pferde haben bereits im Heimatland einen beträchtlichen Wert. Die wenigen, die ihren Weg nach Deutschland gefunden haben, machen sich bereits in der *Working Cowhorse*-Szene einen Namen.

Andalusier und Lusitanos

Teure Exoten, die gute Westernpferde abgeben, wenn die Psyche mitspielt, wenn also die Pferde nicht aufgrund eines traumatischen Erlebnisses, vor allem mit einem Stier, im Ursprungsland ausrangiert worden sind. Allerdings konnte ich in Showvorführungen vor allem Pferde dieser Rasse sehen, die aufgrund von Hinterhandschwächen nicht in der Lage waren, den Ansprüchen konventioneller Dressur oder der Westernreitweise gerecht zu werden.

Importe aus dem Osten

Nach der Öffnung der Grenzen wurde der deutsche Pferdemarkt mit Importen aus den ehemaligen Ostblockstaaten zu Dumpingpreisen überschwemmt. Quarantäneverordnungen geboten dann etwas Einhalt. Außerdem sind ganze Landstriche geradezu leergekauft.
Unter diesen Ostblockimporten, die ich gesehen habe, war alles vertreten: hochbegabte und völlig unbrauchbare Pferde. Leider auch hochbegabte Pferde, die aufgrund mangelnder Sorgfalt bei der Aufzucht eklatante Stellungsfehler aufwiesen, und auch solche, die trotz korrekter Stellung dem reiterlichen Alltag nicht standhalten konnten und mit frühzeitigem Verschleiß reagierten. Dieses Risiko geht man beim Erwerb eines solchen Billigpferdes ein, wenn man nicht durch Zufall ein echtes Steppenpferd erwirbt.
In den Staaten des ehemaligen Ostblocks wurde und wird mit Pferden nicht gerade zärtlich umgegangen. Im Klartext: Viele dieser Pferde haben in ihrem Leben nichts anderes als Gewalt und Unterdrückung erfahren. Hier hilft es wenig, diesen Tieren mit Liebe entgegenzutreten, denn sie kennen einfach keine entsprechend freundliche Antwort. Nur wer mit verhaltensgestörten Kindern gearbeitet hat, weiß, daß ihre oft gewalttätigen Reaktionen eigentlich Liebe meinen. Da sie aber nie gelernt haben, liebevoll zu reagieren, greifen sie auf gewalttätige Reaktionen zurück. So werden gerade Pfer-

Polnischer Wallach Goran

de aus dem Osten oft als bösartig angesehen, obwohl sie nur verhaltensgestört sind. Den Unterschied festzustellen, bedarf es in der Regel eines wahren Pferdemenschen, der mit dieser Art von Verhaltensstörung umgehen kann.

Ein paar allgemeine Anmerkungen zu Importpferden:
Eigentlich ist es ganz gleich, ob sie aus Irland, dem ehemaligen Ostblock, aus Nord- oder Südamerika kommen, ob sie einen Abstammungsnachweis haben oder nicht, ob sie billig oder teuer sind – man weiß nie, was vorher mit ihnen gemacht worden ist. Ihre Vorbesitzer haben sie für eine Handvoll Dollars hergegeben. Der Händler in Deutschland weiß aber nichts davon zu berichten, zu welchem Zweck das Pferd vorher eingesetzt worden ist oder wie man es behandelt hat. Nur bei den ganz teuren erfährt man, wer es zuvor wie trainiert hat und welche Erfolge es bereits verbuchen konnte, denn die rechtfertigen den hohen Preis.
Das gewaltige Heer der restlichen Importpferde stellt für den Käufer ein No Name Product dar: Er kauft die Katze im Sack. Möglicherweise wurde es vom Händler zum Zeitpunkt des Verkaufs medikamentös ruhiggestellt, aber das kann man später kaum noch nachweisen. Hat man das richtige Auge für die Qualität eines solchen vergangenheitslosen Pferdes, kann sich der Kauf als Schnäppchen erweisen, aber in den meisten Fällen geht der Schuß nach hinten los, und das Pferd stellt seine neuen Besitzer vor schier unlösbare Probleme.
Fazit: Wer selbst nicht genug von Pferden versteht, sollte einem Fachmann klipp und klar sagen, was er sucht, und sich von ihm beraten lassen.

Kaltblüter

Der Trend nach dem Besonderen verführt so manchen Reiter dazu, einen Kaltblüter zu seinem Reitpferd zu machen.
Dafür sprechen die Ruhe und Ausgeglichenheit dieses Pferdeschlages. Man darf dabei jedoch nie vergessen, daß diese Pferde im Vergleich zu allen anderen erheblich mehr Masse bewegen müssen, was viel Kraft kostet. Ein Kaltblüter ist niemals ein Ausdauerpferd, das haben die Erfahrungen des letzten Weltkrieges hinlänglich bewiesen.
Natürlich kann man einen Kaltblüter im Westernstil reiten und wird ihm damit einen großen Gefallen tun, aber er wird höchstens im *Trail* und vielleicht in *Horsemanship* Turniererfolge erzielen können. Darüber hinaus wird er seinem Reiter die fachgerechte Behandlung und Unterbringung durch ein Höchstmaß an Leistung danken, nur sind seinem Bewegungsfreiraum aufgrund seiner Masse einfach Grenzen gesetzt.

Das Traumpferd als Westernpferd

Jeder Reiter hat eine ganz besondere Vorstellung von seinem Traumpferd. Wer dieses Buch aufmerksam gelesen hat, konnte erkennen, daß man aus jedem Reitpferd problemlos ein Westernpferd machen kann, sogar ein auf Turnieren erfolgreiches Westernpferd, wenn man seine rassespezifischen Eigenarten und seine persönliche Vorgeschichte berücksichtigt und die dementsprechende Geduld und Hartnäckigkeit bei seiner Ausbildung aufbringt.
Dabei soll man auf den Rat von Fachleuten hören, aber aufmerksam, um feststellen zu können, wo deren Vorurteile liegen. Ein Pferd über seine physischen und psychischen Eigenschaften hinaus zu fordern bedeutet Tierquälerei. Deswegen soll sich niemand scheuen, den Rat von erfahrenen Pferdemenschen einzuholen, wenn es darum geht, die Grenzen des eigenen Traumpferdes festzustellen. Denn niemals darf der eigene Ehrgeiz dem Pferd Schaden zufügen.

Glossar

A-Fork: schmale Form der → *Fork* ohne → *Swells*

Allarounder: „Allzweck-Pferd", das nicht auf einzelne Disziplinen spezialisiert, sondern vielseitig einsetzbar ist.

Ausbinder: am Sattel oder Gurt befestigte Zügel, die Kopf und Hals des Pferdes in eine bestimmte Position bringen und beim Gymnastizieren helfen sollen.

Back Cinch: hinterer Bauchgurt am Westernsattel, verhindert das „Hochklappen" des Sattels, beispielsweise beim → *Roping*.

Back Jockey: Teil des Westernsattels, Lederfläche hinter der Sitzkante

Back up: Rückwärtsrichten

Barrel Race: Western-Turnierdisziplin, Rennen um drei Tonnen

Batwing Chaps: „Fledermausflügel" → *Chaps* mit überstehendem Leder, Zubehör des → *Texas Style*

Biegen: Gymnastik für die seitliche Flexibilität des Pferdes, bei der zunächst Kopf und Hals des Pferdes, danach die Schultern, dann Rippenbogen und Kruppe befähigt werden, sich längs der Wirbelsäule auf → *gebogene Linien* einzustellen. Kein Biegen ohne → *Stellen!*

Bit: Gebiß mit Hebelwirkung

Bosal: Teil der → *Klassischen Hackamore* (stabiler, flexibler Nasenring aus Rohhaut oder Leder geflochten; Begriff wird häufig auch zur Bezeichnung der kompletten Zäumung gebraucht)

Boxing: Teil des → *Fence Work* einer → *Working Cowhorse*-Prüfung, bei dem das Rind an der kurzen Seite gehalten wird.

Bronc: nicht eingerittenes, ungezähmtes Pferd

Buckaroo Style: = California Style, Stilrichtung der Westernreiterei, ursprünglich aus der altspanischen („Vaquero"-) Tradition kommend, heute vor allem eine Frage der Ausrüstung (Sattel mit runder Auflage, → *A-Fork* und → *Cantle* ohne → *Cheyenne Roll,* → *Romal Reins,* → *Spade Bit,* → *Klassische Hackamore,* → *Chinks,* Sporen mit → *Jingle Bobs,* Silberverzierungen)

California Style: = → *Buckaroo Style*

Cantle: hintere Sitzkante des Westernsattels

Chaps: lederne Überhosen, Beinschützer, in verschiedenen Formen (→ *Batwings,* → *Chinks,* → *Shotguns)*

Charro Saddle: klassische Form des Western-Arbeitssattels in Mexiko

Cheyenne Roll: flache Lederrolle am Ende des → *Cantle*

Chinks: kurze, bis zum Knie reichende, befranste → *Chaps*

Cow Sense: „Rinderverstand", Interesse und Aktivität eines Pferdes bei der Rinderarbeit

Cutting: Western-Turnierdisziplin, „Abschneiden" eines Rindes vom Herdenverband

Dry Work: → *Reining-Teil* einer → *Working Cowhorse*-Prüfung

Durchlässigkeit: Fähigkeit eines Reitpferdes, frontale und seitliche Hilfen bis in die Hinterhand „durchzulassen", um dort vermehrt Gewicht aufzunehmen.

Durchreiten von Ecken: Hufschlagfigur, in der das Pferd beim Passieren einer Reitbahnecke oder einer Kurve im Gelände auf eine Viertelvolte eingestellt wird. Dient der Flexibilität des Pferdes und der Sicherheit, nicht zu stürzen.

Elemente: die einzelnen Bestandteile eines → *Patterns,* auch → *Manöver* genannt

Einsitzen: Gewichtshilfe des Reiters; Zurückkippen des Beckens bringt vermehrt Gewicht in den Sattel.

Equitation Seat: dressurmäßiger Sitz des Westernreiters

Extended Trot: verstärkter Trab

Exterieur: äußeres Erscheinungsbild eines Pferdes

Fence Work: „Zaun-Arbeit", Teil einer →

Working Cowhorse-Prüfung, Arbeit mit dem Rind
Fender: Steigbügelblatt des Westernsattels
Flat Walk: flacher, raumgreifender Schritt
Fork: Vorderteil des Westernsattels, trägt das Horn
Full Leather Inskirt Rigging: metalllose Gurtung → *Rigging*
Gebogene Linien: vom Reiter geplante Bewegungsmuster des Pferdes: → *das Durchreiten von Ecken,* → *Zirkel,* → *Volten,* → *Schlangenlinien,* → *Rolback,* → *Spin;* → *Hufschlagfiguren*
Grazer Bit: starre Kandare mit kurzen, zurückgebogenen Anzügen, die dem Pferd das Grasen ermöglichen.
Gringo Style: = → *Texas Style*
Ground Tying: „Am Boden anbinden", Pferd bleibt ohne Reiter mit zum Boden hängenden Zügel stehen, → *hobbeln* → *Trail*-Aufgabe
Hackamore: eigentlich Sammelbegriff für → *Klassische* und → *mechanische H.,* häufig aber nur zur Bezeichnung der mechanischen Hackamore gebraucht
Halfturn: = → *Rollback*
Halter Class: „Halfter-Klasse", Vorstellen des Pferdes am Halfter
Heben der inneren Schulter: a) des Pferdes: bringt das Pferd ins Gleichgewicht, fördert Sicherheit und → *Kontrolle,* verhindert frühzeitigen Verschleiß; b) des Reiters: bringt den Sitz des Reiters auf → *gebogenen Linien* ins Gleichgewicht.
Herdholder: Helfer bei einer → *Cutting*-Prüfung, die die Herde zusammenhalten.
Hobbles: Beinfesseln aus Leder
hobbeln: dem Pferd z. B. zum → *Ground Tying* die Vorderfüße mit → *Hobbles* zusammenbinden.
Horsemanship: allgemein: sachverständiger Umgang mit dem Pferd; speziell Western-Turnierdisziplin: Reiterprüfung, bei der Sitz und Einwirkung beurteilt werden, bestehend aus Einzelaufgabe und → Railwork.
Hufschlagfiguren: Vom Reiter geplante Bewegungsmuster. Sie dienen der geistigen Disziplin des Reiters, indem sie ihm helfen, sein Pferd zielgerichtet zu bewegen.
Hunter: großrahmiges Pferd im Warm- oder Halbblut-Typ
Hunting Saddle: Westernsattel mit extrem tiefem Sitz, wird von reitenden Jägern verwendet.
Innen und außen: Innen ist immer dort, wohin die Nase des Pferdes zeigt!
Innere Schulter: Wird vom Pferd bevorzugt belastet. Fehlende Kontrolle, Sturzgefahr und frühzeitiger Verschleiß sind die gefährlichen Folgen. Gezieltes Training fördert die → *Kontrolle* und das → *Heben der inneren Schulter.*
Jingle Bob: klirrender Sporenanhänger, Zubehör des → *California Style*
Jog: stark verkürzter, weicher, erschütterungsfreier Trab
Kandare: Gebiß mit Hebelwirkung =*Bit*
Klassische Hackamore: gebißlose Zäumung, bestehend aus Nasenring (→ *Bosal),* Kopfstück sowie Führseil und geschlossenem Zügel aus einem geflochtenen Seil, meist aus Pferdehaar (Hair Rope, → *Mecate*)
Kontrolle: die Fähigkeit des Reiters, ein Pferd sicher und gezielt dahin zu bewegen, wohin er möchte.
Kontrolle der inneren Schulter: wesentlicher Bestandteil der Westernreitweise, der es dem Reiter ermöglicht, die Vorhand des Pferdes beliebig zu bewegen.
Lindell: = → *Side Pull*
Lope: verkürzter, weicher Galopp
Lope Over: → *Trail*-Hindernis, im Galopp zu überquerende Stangen am Boden
Manöver: bestimmte Form von Bewegungsabläufen des Pferdes (z. B. die Elemente eines → *Reining Patterns);* Begriff entspricht den Lektionen in der konventionellen Dressur.
Martingal: Hilfszügel, der ein Hochwerfen des Pferdekopfes verhindern soll.
Mecate: geflochtenes Seil (möglichst aus Mähnenhaar) der → *Klassischen Hackamore,* aus dem Zügel und Führseil geknotet werden.
Mechanische Hackamore: gebißlose, sehr scharfe „Außenkandare", wirkt über Nasenband, Kinnkette und Hebelarme.

Mountain Saddle: Westernsattel mit extrem tiefem Sitz zum Reiten im Gebirge
NRCHA: **N**ational **R**eined **C**ow **h**orse **A**ssociation. Verein, der speziell Working Cowhorse-Prüfungen ausrichtet.
NRHA: **N**ational **R**eining **H**orse **A**ssociation. Verein, der speziell Reining-Prüfungen ausrichtet.
Paß: laterale Fußfolge des Pferdes; beim Westernpferd unerwünscht
Pattern: „Muster", Ablauf einer Turnieraufgabe
Pinto: gescheckte Pferd, unabhängig von der Rassezugehörigkeit
Pirouette: im Galopptakt gesprungene Hinterhandwendung um mindestens 360°
Pivot: gesprungene Hinterhandwendung um 90°
Pivot-Fuß: innerer Hinterfuß, Drehpunkt bei → *Pivot*, → *Rollback* oder → *Spin*
Pleasure: allgemein: „Vergnügen", speziell Western-Turnierdisziplin: Vorstellen des Pferdes in den verkürzten, bequemen Grundgangarten: → *Walk*, → *Jog* und → *Lope*
Pylonen: Markierungskegel
Railwork: Reiten an der Bande, z. B. → *Pleasure*- und → *Horsemanship*-Prüfung
Ranch Saddle: strapazierfähiger Western-Arbeitssattel, der speziell für die Ranch-Arbeit gebaut wird.
Reined Cow Horse: = → *Working Cowhorse*
Reining: Western-Turnierdisziplin, rasante „Dressur"-Prüfung mit schnellen und langsamen Galopp-Zirkeln, fliegenden Galoppwechseln, → *Spins*, → *Sliding Stops*, → *Rollbacks* und → *Back up*
Reins: Zügel
Renvers: Dressurübung, bei der die Vorhand des Pferdes in die Bahn gestellt wird, das Pferd in Bewegungsrichtung gebogen ist und die äußeren Beine vor und über die inneren treten (s. a. → *Travers*)
Rigging: Gurtbefestigung des Westernsattels, am Sattelbaum befestigte (Offset R.) oder in das Leder der → *Skirts* eingearbeitete Ringe (Inskirt R.)
Rodeo: athletische Wettkämpfe, deren Ursprung in der Alltagsarbeit der Cowboys liegt (z. B. Calf Roping) oder den Cowboys einfach Spaß machen (z. B. Bull Riding, Bronc Riding).
Rollback: rasant gesprungene Hinterhandwendung um 180°
Romal Reins: geschlossene Zügel mit peitschenartiger Verlängerung, Zubehör des → *California Style*
Roping: Rinderfang mit einem Wurfseil (Rope) vom Pferd aus
Score: Punktzahl, Wertnote
Shotguns: enge, röhrenförmige → *Chaps*, häufig mit Fransen, Zubehör des → *Texas Style*
Side Pull: „Seitenzieher", gebißlose Zäumung, bestehend aus Nasenband, Kopfstück und seitlich angebrachten Zügeln
Skirt: auf dem Pferderücken aufliegende, mit Fell gepolsterte Lederplatten des Westernsattels
Sliding Stop: Stoppen eines Pferdes aus dem Galopp mit tief untergesetzter, auf den Hufen gleitender Hinterhand, Bestandteil einer → *Reining*-Prüfung
Slow Motion: Zeitlupe
Snaffle Bit: einfacher Trensenzaum ohne Hebelwirkung
Spade Bit: → *Bit* mit hohem, spatenförmigem Aufbau auf der Gebißstange, der auf den Gaumen des Pferdes wirkt, Zubehör des → *California Style*
Speed Control: „Temporegulierung", möglichst unsichtbar gerittener Übergang zwischen schnellem und langsamem Galopp, Bestandteil einer → *Reining*-Prüfung
Spin: möglichst flach und schnell gelaufene Hinterhandwendung um 360°, Bestandteil einer → *Reining*-Prüfung
Split-Reins: geteilte Zügel, Zubehör des → *Texas Style*
Stellen: Kopf und Hals des Pferdes durch Zügeleinwirkung so weit nach rechts oder links *stellen*, daß das jeweils innere Auge des Pferdes für den Reiter sichtbar wird.
Stoßzügel: → *Tie down*
Superhorse: Western-Turnierdisziplin, Vielseitigkeitsprüfung mit Elementen aus → *Trail*, → *Reining*, → *Pleasure* und → *Western Riding*

Swells: seitliche Wülste („Schwellungen") an der → *Fork* des Westernsattels
Team Penning: Western-Turnierdisziplin, Team aus drei Reitern sortiert drei Rinder aus einer Herde aus und treibt diese in einen eingezäunten Raum (Pen).
Texas Style: Stilrichtung des Westernreitens, heute vor allem eine Frage der Ausrüstung (Sattel mit eckiger Auflage, → *Fork* mit → *Swells,* flaches → *Cantle* mit → *Cheyenne Roll,* → *Split Reins,* einfaches → *Bit,* → *Shotguns* oder → *Batwing Chaps)*
Tie Down: = *Stoßzügel,* bestehend aus Nasenband und einem Ausbinder, der zwischen den Vorderbeinen des Pferdes am Sattelgurt befestigt wird und das Hochnehmen des Kopfes verhindert, wird vor allem beim → *Roping* verwendet
Tie Strap: Riemen am Westernsattel, mit dem der Sattelgurt angezogen wird.
Trail: allgemein: „Pfad", „Route", speziell: Western-Turnierdisziplin, bei der verschiedene Hindernisse (Tor, Brücke, Wippe, Stangen-L oder -U, Plane ...) vor-, rück- oder seitwärts im Schritt oder in höheren Gangarten zu überwinden sind.
Travers: Dressurübung, bei der die Hinterhand des Pferdes in die Bahn gestellt wird, das Pferd in Bewegungsrichtung gebogen ist und die äußeren Beine vor und über die inneren treten (s. a. → *Renvers*).
Trense: = → *Snaffle Bit;* Gebiß ohne Hebelwirkung
Trot: Trab
Trot Over: → *Trail*-Hindernis, im Trab zu überquerende Stangen
Turnback-Reiter: Helfer bei einer → *Cutting*-Prüfung, die verhindern, daß das aussortierte Rind flüchtet.
Tölt: gebrochene Variante des Trabes (= Trabtölt) oder des Paß (= Paßtölt); beim Westernpferd unerwünscht
Two Track: Seitengang, entspricht dem „Schenkelweichen", Pferd wird mit der Vorhand in die Bahn gestellt, aber nicht gebogen.
Verlehnen: a) des Pferdes: Problem bei gymnastizierenden Biegeübungen, der betreffende Körperteil kann wegen Steifheit, Muskelschwäche, Verspannung etc. nicht ausreichend gebogen werden, Pferd versucht, durch „Verdrehung" die gewünschte Stellung zu erreichen; b) des Reiters: seitliche Verlagerung des Oberkörpers außerhalb der Senkrechten Vertikalen Kontrolle
Verwerfen: = → *Verlehnen* des Pferdes speziell im Genick; Hals wird nicht wie gewünscht gebogen, sondern nur der Kopf schräggelegt, erkennbar an der tieferen Stellung eines Ohres.
Volte: Kreis mit ca. 6 m Durchmesser
Walk: Schritt
Walk Over: → *Trail*-Hindernis, im Schritt zu überquerende Stangen
Western Horsemanship: Western-Turnierdisziplin, siehe → *Horsemanship*
Western Pleasure: Western-Turnierdisziplin, siehe → *Pleasure*
Western Riding: allgemein: „Westernreiten", speziell: Western-Turnierdisziplin, die vor allem einen leichtfüßigen Galopp und ebensolche fliegenden Wechsel verlangt, die punktgenau ausgeführt werden müssen.
Workaholic: eigentlich ein Mensch, der ständig arbeiten will. Begriff paßt auch für ebenso veranlagte Pferde.
Working Cowhorse: = → *Reined Cow Horse,* Western-Turnierdisziplin, Kombination von Reining-Elementen (→ *Dry Work)* und Rinderarbeit (→ *Fence Work)*
Zirkel: beliebteste Hufschlagfigur der Westernreitweise, ein Kreis von ca. 20 m Durchmesser. Zirkelreiten unterstützt die Kontrolle der → *inneren Schulter.*

Register